錢穆先生全集

錢穆先生全集

［新校本］

雙溪獨語

九州出版社

圖書在版編目（CIP）數據

雙溪獨語 / 錢穆著. -- 北京：九州出版社，2011.7（2017.8 重印）
（錢穆先生全集）
ISBN 978-7-5108-1002-2

Ⅰ. ①雙… Ⅱ. ①錢… Ⅲ. ①錢穆（1895～1990）－文集 Ⅳ. ①C52

中國版本圖書館CIP數據核字（2011）第101571號

雙溪獨語

作　　者　錢　穆　著
責任編輯　劉瑞蛟　張　婷
出版發行　九州出版社
裝幀設計　陸智昌　張萬興
地　　址　北京市西城區阜外大街甲 35 號
郵　　編　100037
發行電話　（010）68992190/3/5/6
網　　址　www.jiuzhoupress.com
印　　刷　三河市東方印刷有限公司
開　　本　635 毫米 × 970 毫米　16 開
插頁印張　0.5
印　　張　32.25
字　　數　363 千字
版　　次　2011 年 7 月第 1 版
印　　次　2017 年 8 月第 2 次印刷
書　　號　ISBN 978-7-5108-1002-2
定　　價　68.00 元

雙溪獨語

錢穆

錢穆先生手迹

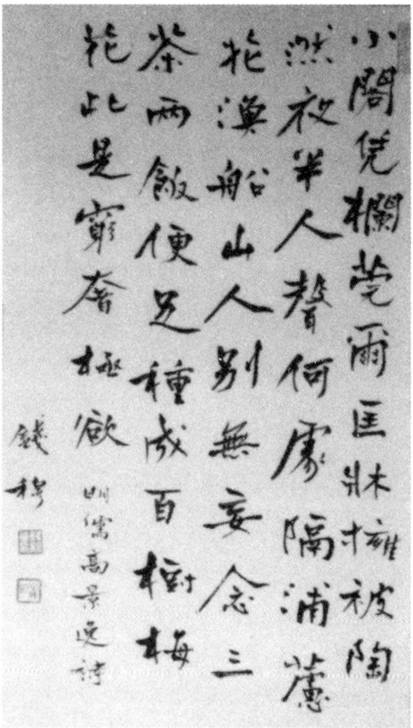
小閣凭欄看雨匡牀擁被陶
然夜半人聲何處隔浦蘆
花漁船山人別無妄念三
茶兩飯便足種成百樹梅
花此是窮奢極欲
明儒高景逸詩
錢穆

錢穆先生書法

新校本說明

錢穆先生全集，在臺灣經由錢賓四先生全集編輯委員會整理編輯而成，臺灣聯經出版事業公司一九九八年以「錢賓四先生全集」為題出版。作為海峽兩岸出版交流中心籌劃引進的重要項目，這次出版，對原版本進行了重排新校，訂正文中體例、格式、標號、文字等方面存在的疏誤。至於錢穆先生全集的內容以及錢賓四先生全集編輯委員會的注解說明等，新校本保留原貌。

九州出版社

出版說明

一九七二*年秋至翌年夏，錢賓四先生為中國文化學院歷史研究所講授「中國思想史」課程，就課堂所講內容，撰寫成文。曾絡續刊載於該校文藝復興月刊。因授課於臺北外雙溪素書樓，而所言又多為時人所少言者，故特名之曰「雙溪獨語」。全書三十篇，凡八十四節；篇、節並無分目。

本書所述，不蹈畦徑，別立機杼，首自衣、食、住、行，以至夫婦婚姻，五常五倫，人品雅俗，乃至三教異同，性理情欲；再進而就思想文化之專門觀念作深入之闡發，如道德與知識、進與止、常與變、久與速、內與外、爭與讓、群與己、職與權、工作與娛樂、儲蓄與消費、隱藏與顯露、少數與多數、文與質、偏與中等，皆竭其兩端，致廣大而盡精微。或引經據典，或能近取譬，而眞知灼見，溥博淵泉，不擇地而出，誠可具見先生爐火純青之功力焉。

是書於一九八一年元月由臺灣學生書局初版；一九八三年三月校正初版若干誤字，發行再版。

*新校本編者注：原文為「民國」紀年。下同。

今整編為全集，即以再版本為底本，新加入書名號、私名號、引號；至原書所引重要古籍，則提出另排，以期版式清朗，方便讀者閱讀。排校工作雖力求愼重，錯誤疏漏之處在所難免，敬希讀者不吝匡正。

本書由邵世光小姐負責整理。

錢賓四先生全集編輯委員會　謹識

目次

序

一九七二年秋迄於翌年一九七三年夏之一學年，余為陽明山華岡文化學院歷史系碩士博士班研究生授課，就其講堂所講撰寫成文，共得三十篇，絡續刊載於學院所編之文藝復興月刊，而名之曰「雙溪獨語」。因諸生皆來余寓素書樓受課，樓對外雙溪。余告諸生：「凡余所講，雖亦引經據典，述而不作，了無新義，然諸生驟聞之，或將疑其與平日所受課不同；即在報章雜誌及其他學人新著作中，亦少及此等話；不啻若為余今日一人之獨語。然苟留在心頭，他日多涉古籍，當亦知非余一人之獨語也。然歟！非歟！則待諸生自定之。」稿既成，擬續有改訂。乃余此下方忙於彙集舊作，編為中國學術思想史論叢一書，前後共八冊；①未及完編，而余雙目忽失明，不能見字。而此稿藏篋笥前後已達七載，再不能復有改定。棄之可惜，姑以付印。聊述其成書之緣起與經過焉。

一九七九年十一月下旬錢穆自識於臺北士林外雙溪之素書樓，時年八十有五。

---

① 編者案：錢穆先生於一九八八年曾續編成現代史部分，未及出版，先生遽然逝世。今整編全集，已將遺稿編為中國學術思想史論叢第九、第十兩冊。

篇一

一

近代人常以「自然」與「人文」作為相互對立的兩觀念。但此兩者間，實難有一明晰之劃分。中國古人分言「草昧」、「文明」。照理，草昧時代應更多接近自然，而文明社會則應人文方面更多。但不能説文明社會即違反了自然，而且草昧時代，更有許多反而不自然的。又且草昧與文明之間，也沒有一條可以明確劃分的界線。

中國古代，儒、道兩家思想，對自然、人文，偏輕偏重，或從或違，有着很多深微的分歧。姑從衣、食、住、行説起。人生不能脫離衣食住行，但衣食住行之逐步進展，究算是自然，抑算是人文？其間便多有異見。

先言「衣」，中國人每以「衣冠文物」連言。在儒家看來，衣代表着人文極重要的一項。孔子說：

微管仲，吾其被髮左衽矣。

易大傳說：

黃帝垂衣裳而天下治。

要治天下，便該有衣裳冠服之制。小戴禮說：

正其衣冠，尊其瞻視。

瞻視屬於身，衣冠乃身外之物，但不能衣冠不正而專求尊瞻視。正衣冠正是尊瞻視一項必然連帶的條件。瞻視屬於自然，但必要尊瞻視，便是把人文來加在自然上。所以說：「禮者，天理之節文。」若謂自然即是天理，也得要加以節文，但有了節文仍還是天理。可見由儒家言之，自然、人文並不能也不該劃然分界，更貴能相通合一。

孟子說：

室中有鬭，披髮纓冠而救之可也；鄉鄰有鬭，披髮纓冠而往救之則惑矣。

尤如子路在衛遇難，兵矢交集，還得正纓結冠而死。好像衣冠還重過了生命。日本武士道之切腹自殺，也成為一禮。在切腹前，剃鬚梳髮，沐浴既畢，便得改穿白衣，外加禮服。此種風習無疑乃演變自中國之儒家。此可說，衣冠決不是身外之物，而是我們生命中一種莊嚴表現。有了衣冠，生命纔莊嚴。子路之正纓，日本武士道之切腹，正為要莊嚴其生命，雖臨終也該有一個莊嚴的結束。滿清入關，嚴令薙髮，當時有「留髮不留頭、留頭不留髮」之峻令，但社會反抗迭起，有像畫網巾先生等人，冠髮尊嚴即代表着民族尊嚴，與孔子被髮左衽之説，先後兩千年，精神一貫。亦可說，變了冠服，可使生命血統失其莊嚴，並可使文化傳統失其存在。

道家看法便不同。莊子云：

宋人資章甫適諸越，越人斷髮文身，無所用之。

章甫乃遠自殷代以來沿用的一種禮帽，但越人裸體，在皮膚上刺花紋，不着衣裳。斷了髮，更不用戴帽子，何論是禮帽。在莊子口氣中，顯然有菲薄當時人文社會那一套冠裳之制的意思。莊子將死，弟子欲厚葬之，莊子曰：

吾以天地為棺槨，萬物為齎送，葬具豈不備。

弟子曰：「恐烏鳶之食夫子。」莊子曰：「在上為烏鳶食，在下為螻蟻食。奪彼與此，何其偏。」西漢有楊王孫，治道家言，遺命薄葬，亦只要裸體入棺，不煩衣服纏裹。可見道家把「衣」與「身」分別看，衣服只是身外物。東漢王充疑生人見鬼，僅是一種心理作用。謂果人死為鬼，衣服無生命，不能隨人同死。則鬼只應是裸體，不該見鬼穿衣服。王充喜道家言，在其心念中，衣服、身體，明屬兩事。人身來自自然，衣服則屬人文。儒家好言禮，坐必跪，不箕踞。管寧流亡海外，隨身一木榻，跪坐二十年，榻上膝印宛然。道家則箕踞自便。同屬此身，道家不喜禁跽拳曲，只放任自然。何論衣服是身外物，道家更不願在此上費講究。

古代希臘人雕刻人像，注重裸體，似認裸體纔見眞美。披上衣服，便把人體眞美部分遮掩了。直到近代，西方畫家描繪人像，必用模特兒。亦時有天體會，認為脫去衣服，始是接近自然。如劉伶脫衣裸形在屋中，謂：「我以天地為棟宇，屋室為幝衣，諸君何為入我幝中？」皆是同一意想。惟中國社會究是以儒家為骨幹，直至近代，我們的西畫家乃及藝術學校要雇用模特兒，還是一難事。

身體屬於天然，衣服出自人文。中國儒家講究「天人合一」，在身體上披穿衣服，事極自然，並不見有衝突，而且益增身體之美觀與大方。脫去衣服，反而覺是不成體，不像樣。換言之，削除了人為部分，反見得不自然。儒家主張，人文即從自然中來，而回成自然。強作分別，轉屬多餘。

二

接續說到「食」。衣服加在外面，飲食則進入體內，經過消化，融為己有。人生暫可無衣着，但絕不能不飲食。飲食是自然與人文之接榫處。細一層作分別，想要飲食是自然，眞個飲食，已屬人為。如此說來，豈不是要由人為來完成自然？驟看像是一句不合事實違背常情的話，實則千眞萬確。嬰孩啼哭索乳，此屬天；但吮吸母乳，此是人。天只賦嬰孩以吮吸乳汁之本能，但實幹此吮吸工作者，則是此嬰孩。若此嬰孩不加人力，不吮不吸，自然生命亦即停止。故雖說是有了天始有人，但頃刻間，便變為有了人始能再有天。孟子說：

食色性也。

在這「性」字裏，便已有天亦有人，「天」與「人」共同包涵在內。「性」即是一個「天人合一」。排除了人，於何見性，亦於何見天？欲知生命眞諦，先須知此小我之小生命。此一小我之小生命，乃自外面大自然大生命中來。但仍必回向外面大自然大生命中求持續、求發展、求完成。若割斷了外面大自然大生命，此一小我小生命即不存在。而大自然大生命，亦待此小我小生命為之發皇滋長。天人內外，所當合一以求。孔子以「性」「習」並言，較之中庸僅言「天命之謂性」，遠為平實，亦遠見高明。

試再看莊子。莊子似乎不僅不看重衣服，並亦不看重飲食，想把飲食在人生中的地位，也盡量減低減輕，所以說：

藐姑射之山，有神人居焉。肌膚若冰雪，淖約若處子。不食五穀，吸風飲露。

這是莊子所理想嚮往的人生，最好能不食五穀，吸風飲露。莊子為何要作如此想？因人賴五穀以生，轉輾相因，纔生出一切人文來。莊子深不喜此一切人文之轉輾引伸，而形成了人文界之種種病痛。所以莊子又說：

神人孰肯以物為事。

其實身亦還是一物。既不肯以物為事，自也不肯以身為事。但人之有身，應屬自然，亦屬天。那可在天與自然中把人與身抽出對立？

今當進而對莊子所抱之人生觀作深一層之探究。蓋莊子心中，很不看重「物」。他說：

假於異物，託於同體。

「假」是假借義。人身是假借了外面各項相異之物來暫時合成為一體。既屬假借，我不為主，不能長為我有。一旦還付外物，此暫合的體，也就解散無有。佛家以地、水、風、火為四大假合，正與莊子同觀。故人必須能離開了此四大湊合之「假我」，纔能來認識一「眞我」。但除了假，何處去認眞？此是一大問題，容後細細道來。

莊子說：

南郭子綦隱机而坐，仰天而噓，荅焉似喪其耦。顏成子游曰：「何居乎？形固可使如槁木，心固可使如死灰乎？」子綦曰：「善乎問！今者吾喪我。」

此處「耦」字有兩解。一解作「寓」，乃寄託義。一解作「偶」，乃配搭義。人生必有寄託，有配搭。也可說，人之生命，即寄託在此身，亦必與此身作配搭。南郭子綦之荅焉似喪其耦，即是丟棄了此寄託，擺脫了此配搭。到此境界，乃見眞我。吾之「喪我」，則是喪了一假我。見得眞我，則自能審乎無假，而不與物遷。眞吾自有此一「吾」，不向外面異物借來，始能不隨外面異物遷動。

此眞吾始是天。今且問此眞吾何由來？莊子說，由天而來。由天而來者，是神非物。故在莊子意想中，乃是天與人對，神與物對。神與天偶，人與物偶。莊子所說之「神人」，乃是一「天人」，亦即是「眞人」。莊子說：

物不勝天。

神人、天人，自當遠勝於憑物為生之一般人。故又說：

寓六骸，象耳目。

六骸耳目，都屬身，都只是物。這些都可說是人的生命之一種偶像。人自不認泥土木偶為眞佛，寗能認六骸耳目與此身之為眞人？人生能到達此境界，能認識到此身非眞我，始是到達了知識極點，所以又稱之為「至人」。此一境界超乎物外，無可範圍，無可計量，所以又說為「大人」。在莊子意想中，凡彼所稱之天人、神人、眞人、至人、大人，都不是指的此七尺之軀有六骸有耳目的自然人。

莊子此一番觀念，流傳後世，深入人心，影響甚大。尤其是一般詩人，多喜采用此觀念。晉詩人陶潛淵明有形影神詩，形贈影有云：

適見在世中，奄去靡歸期。

人之身生活，只是在此世中適見，奄然而去，那有長生久視之理。影答形有云：

此同既難常，黯爾俱時滅。

人生一切經營作為，只是身生活之一影。一旦身生活告終，一切影亦隨之俱滅。其神釋有云：

縱浪大化中，不喜亦不懼。

此生有眞吾，即神，則在大化中，常自縱浪，與身不同。大化即指天。神自天來，亦復與天同存。故得縱浪大化中，無須用其喜懼。若從身生活起念，豈能若是。但莊子此種觀念，似乎究是太偏一邊了。從一般觀念言，身生活也來自天。飲食究是身生活中一大事，不能眞以吸風飲露為生。孔子說：

飯疏食，飲水，樂在其中矣。

又說：

一簞食，一瓢飲，回也不改其樂。

人有此身，身生活自該善為處理。飲食之事，究亦何礙於人生。只不要為飲食而妨礙了人生便得。故荀子說：

莊子知有天，不知有人。

其實既不知有人，那還知有天。推義至盡，只知一偏，還如無知。瞎子摸象，只摸到象鼻，終是不知象。若認人身是象鼻，大自然應是一象。而莊子意中，則象非眞象，象外始有眞象。此始是莊子之自然觀。莊子心中之自然，與一般之所謂自然亦有分別，此暫不論。惟在天地萬物之背後，是否誠如莊子所想像，別有一生命泉源，或生命眞體，此雖運用近代科學知識，亦難解答。故莊子雖蔑視自然，而後人治莊子思想者，乃引起其對自然界種種研尋之興趣。並謂莊子即抱持自然主義。此實一種粗論，易滋誤會。

三

再次言「居住」。原始人穴居野處，後始易之以「上棟下宇，以待風雨」，於是而有宮室之制。此種人文興建，依然是一種自然趨勢，由自然中演出人文；而人文則仍還在自然中，不能擺脫自然，更不能違反自然而獨立存在。水有源，木有本，儒家講人文，主要在不忘本。故儒家重人文，亦重自然，更重在人文與自然之匯歸一致。

人生有兩大圈。人文在內圈，自然在外圈。由自然興起人文，是由外向內。而人文圈之最大意義，則在由內向外。但仍當使內外一體，不偏重，亦不相扞格。人之有身生活，屬自然生活，本易解決。身生活即是由內向外，但更貴能透過身生活來接觸到外面大天地。此始是人文要義。孟子曰：

養其小體為小人，養其大體為大人。

口腹之養，限於一身，是養其小體。心性之養，纔是由身生活推進向外到身以外的家、國、天下，而完成一大生活。至於「贊天地之化育」，則更由人文圈推進到自然圈。範圍更大，此是孟子之所謂大體。但大體仍從小體養起。固不能只養小體，但小體不養，何況養大體。人文要義，要在養小體中，便知兼顧到大體。

衣食如此，居住亦然。要能透過居住來接觸到居住以外的大天地。陋室窮巷亦可居，只為養小體的居住問題易解決，苟安苟完。固不必定要限制在像堯舜般的土階茅茨，但更不該窮奢極慾，要像秦始皇的阿房宮殿。土階茅茨之與阿房宮殿，同屬人文圈內安住問題中。但土階茅茨，反使人易於透進到外面大天地，而阿房宮殿則易把外面大天地隔絕了，使內外不易相通。又且要大大毀損了外面大天地來完成此宮殿，那更要不得。

孟子又說：

居移氣，養移體。

飲食之養，只在人身小體上；而居室之養，則在人之內心情意方面，驟似看不見、摸不到，而所養實大。孟子稱「養氣」，也可說，注意居住，也是養氣一項目。此意甚深甚該注意。固然如揚雄說，「高明之家，鬼瞰其室」，亦可為居移氣之一例，但此應分好與壞兩面觀。

我常愛中國古人的田園詩，更勝過愛山林詩。田園山林，同屬自然。但山林更自然，田園則多羼進了人文，故田園更可供大眾多數人長期享受，山林則只供少數人在特殊情況下暫時欣賞。伊尹耕於有莘之野，而樂堯舜之道。耕田鑿井人，易於在其心生有大天地。許由逃於箕山之下，洗耳不迭，反而心胸狹了。論許由所居住，似其外圍天地，比伊尹的更大；實則比伊尹的轉小。養以大天地，其所生氣自大；養以小天地，則使人困限在小氣中。故要由「養體」進而懂得「養氣」。居住本只為蔽風雨，但孟子指出「居移氣」一番道理，實是一極大啟示。

陶潛、謝靈運是同時兩大詩人，陶咏田園，謝咏山林。陶潛的生活，史稱其「環堵蕭然，不蔽風日。短褐穿結，簞瓢屢空。」他的衣食、居住，小體的身生活，似乎是貧薄已極。他詩自咏說：

> 結廬在人境，而無車馬喧。問君何能爾，心遠地自偏。采菊東籬下，悠然見南山。山氣日夕佳，飛鳥相與還。此中有眞意，欲辨已忘言。

此處可見陶之養心為人，有近莊老處，但實際是儒家。論其居住，固只是結一草廬，固只是環堵蕭然。他結廬只在人境，此即孔子所謂「我非斯人之徒與而誰與也」。論其居室之外，乃有籬下之菊可采，有悠然之遠山可見，又有晨夕之飛鳥，共此天空。俯仰周圍，這是何等活潑寬舒一大自然。論其生活，只是「白日掩荊扉，虛室絕塵想。時復墟曲中，披草共來往」。如彼所詠，只是居近而心遠，所以有一番欲辨忘言之眞意。

他又自詠如何愛其居室，有云：

孟夏草木長，繞屋樹扶疎。眾鳥欣有託，吾亦愛吾廬。既耕亦已種，時還讀吾書。

一廬一屋，只是小居住。繞屋有眾樹扶疎，卻是大居住。從居室透進了大自然。眾鳥巢林，巢是其小居住，其林及天空，乃是眾鳥之大居住。眾鳥之欣有所託，並不專託在其巢，須其巢在林，在天空，乃更可欣託。淵明所託，亦不專在其屋與其耕，更在耕種之餘之還讀吾書。人文圈中有書，乃使人從其短暫的百年身生活之外，接觸到自有人文以來千載長期的人生。田園中人，一面親就自然，一面又能在人文陶冶中，乃始是理想人生。

中國社會以農業為本，中國的人文精神，發源植根在農村。農民經濟，當然貧薄。居室建築，當然簡陋。然而中國文化主要精義，實乃從此發皇滋長。唐人詩：

綠樹村邊合，青山郭外斜。

此兩句十字描寫出一般中國農村之情況。綠樹青山，乃是一大自然。中國多數農村，數里數十里外可以望見青山的儘多。綠樹則可隨量栽植。農村全在大自然中，由自然美來裝點出農村美，正可代表中國文化精神一特殊的面貌。至於在農村中有讀書人，則更是中國文化理想所在。

謝靈運詩：「亂流趨正絶，孤嶼媚中川。」寫境精妙已極。王維詩：「空山不見人，但聞人語響，返景入深林，復照青苔上。」寫景清絶之至。此兩詩，一片天趣，卻少世情。缺乏世情，終非最上乘的詩。亦非最上乘的人生。在此孤嶼之上，空山之中，惜乎放不進人文圈。放進了人文圈，此自然圈之精妙清絶便會破壞消失。故不如陶潛與其他田園詩人所詠，能使人文圈與自然圈相得益彰，融成一體。至如靈運詩句如「雲日相暉映，空水共澄鮮」之類，此可謂之自然詩，田園詩中亦時有之，所當與山林詩分別而論。

中國的山水畫家，也有些像山林詩人，其畫中境界，雖極雄奇美秀，往往非人所居，或非多人可以長期安居。我獨愛倪雲林，江山平遠，寥寥幾棵尋常樹木，帶有一所牛亭，使人想像到農村不遠，近在人境。這些都是江南風景之寫實，平淡無奇，而使人有出塵之想。所以倪畫可以媲美陶詩。中國人的人生理想，大可從此等處透露。陶詩倪畫，即論其居住之境，也可使人移氣。

四

最後說到「行」。衣、食、住、行四項，即在原始時代人，便已缺一不可。由原始人演進到文化人，主要還是在此四項中演進。中國儒家，對此人類文化演進四大路徑向極重視。易繫辭傳有曰：

古者包犧氏作，結繩而為網罟，以佃以漁。神農氏作，斲木為耜，揉木為耒，耒耨之利以教天下。黃帝堯舜氏作，垂衣裳而天下治。刳木為舟，剡木為楫，舟楫之利以濟不通。服牛乘馬，引重致遠，以利天下。上古穴居而野處，後世聖人易之以宮室。

凡屬衣、食、住、行四項之演進，易傳作者皆以歸之於聖人之創作。則聖人何嘗要違離自然，聖人又何嘗輕視了物質人生。

但莊老道家對此四者似乎均不重視。莊子說：

列子御風而行，泠然善也，旬有五日而後反。此雖免乎行，猶有所待。若夫乘天地之正，而御六氣之變，以遊無窮者，彼且惡乎待。

莊子理想乃要免乎行而遊無窮。此則顯非自然，僅屬幻想。又曰：

夔憐蚿，蚿憐蛇，蛇憐風，風憐目，目憐心。

此喻一足不如眾足，眾足不如無足，無足不如無形，無形不如無動。貴能無動而神行。在莊子意中，連人類兩足行動之自然本能亦復加以輕視，則後世人文社會種種交通工具如舟車之發展，在莊子思想中，自不加以重視可知。但天地萬物是一大自然，其相互間不能不互有待。若要無待而後為自然，此則成為反自然。莊子之言自然，看輕了物，要想像一種無待於物之自然，此只是一種「超自然」，亦可說是一種「純自然」，其實則是一種「不自然」。無待於物，則只看重了一心，但心也不能離於物而獨成其為心。所以莊子思想，到底是一種幻想。

老子繼起，對於莊子此種絕對超自然的純自然想法，不再繼續發揮，而回頭來還就現實，對於人生衣、食、住三項，都能比較加以肯認，但對行的一項則仍主盡量限制。老子說：

小國寡民，使民重死而不遠徙。雖有舟輿，無所乘之。鄰國相望，雞犬之聲相聞，民至老死不相往來。

莊子書中有馬蹄篇，承接老子而來。亦曰：

山無蹊隧，澤無舟梁。

他們之意，只求人在衣、食、住三項獲得初步解決後，行的一項，亦只憑兩足，不再要舟車。他們之意，更有一要點，則認為所出愈遠，所見日增，將會長其羨慕心，生其爭競心。人文社會種種知識運用，由此轉滋禍害。莊子胠篋篇又說：

今遂至使民延頸舉踵曰：「某所有賢者」，贏糧而趣之，內棄其親，外去其主之事，足跡接乎諸侯之境，車軌結乎千里之外，則是上好知之過。上誠好知而無道，則天下大亂。

交通發達，易於增進知識。知識增進，接着是欲望增進。欲望增進，接着是衝突增進。人文界種種禍害，皆由知識欲望之無限增進而來。所以老子要使民無知無欲。在行的一項上作限制，使交通不發達，小國寡民，便是一種釜底抽薪之術。

而且老子又說：

不出戶，知天下。不窺牖，知天道。其出彌遠，其知彌少。是以聖人不行而知。

是老子意，遠行出外，增長見聞，不即是增長見識，反而會使知識迷亂。人文界種種禍害正從人文界範圍日擴、知識日亂開始。

陶淵明的桃花源記，亦是此種想法。他描述桃花源：

土地平曠，屋舍儼然。有良田美池桑竹之屬。阡陌交通，鷄犬相聞。其中往來種作男女衣着，悉如外人。黃髮垂髫，並怡然自樂。

此是理想中一個小型的人文圈，衣、食、住三項皆獲解決。更理想者，為其所處乃是一絕境，與外隔絕。把地理空間切小了，並把歷史時間也縮短，故使「不知有漢，無論魏晉」。此眞是一幅小國寡民無知無欲之具體寫照。若使洞口復開，問津者接踵而來，見聞紛雜，又何能長保此景象。亦可謂淵明之桃花源記，存心不僅為避亂，乃復計及避亂後之長治久安。則正貴能有此一絕境，能與外隔絕。只有與外隔絕，始可保此現狀。若如近代人或將以人口增殖問題來興難，其實此問題解決並不難，所難解決者，仍在交通問題上。如何使人能投入更大的外面，而仍能保持其內部之「自我」，此是人類文化進程中一絕大問題所在。人類知識，亦貴能有單純之穩定，不貴儘求複雜之變動。

儒家思想其實亦正注意到此處。而主張則積極前進。在修身、齊家、治國之上還得有「平天下」。中庸曰：

今天下車同軌，書同文，行同倫。

儒家理想，抱有世界人類全體大同太平之一境，從單純的穩定中，產生複雜之變動。顯與老子主張把天下分割成為小國寡民之意想有徑庭。但道家對人文社會所抱種種消極悲觀的想法，也有其眞知灼見，決非無的放矢。人文社會中自有種種病痛，而且此種種病痛，有愈演愈烈之勢。莊老道家則要從複雜變動仍回到單純穩定。他們的一套也實能確切指出了人文社會有其可悲觀該消極之所在，而提出其補救辦法。孔子曰：「雖小道，必有可觀者焉，致遠恐泥。」人生衣、食、住、行四大項，種種進展，道家一一加以指摘，尤於行之一項，指摘更深。其言實有可思。只是人生自然大趨勢，道家也無可遮攔。於是遂不免使自己理論落在後面，追隨不上此人生之前進。但其可觀處，卻仍值我們之深思。正如防病不即是養生，而養生卻不可不注意到防病。病後衛生，別自有道，與正常養生不同。終是小道必有可觀，不能專主儒家大道，而忽略了此小道。

篇二

五

天地生人，即賦之以一身。有此一身，便不免有衣、食、住、行種種自然要求。一切人文創制，全從此起，亦即全從自然來。人文本身即是一自然，其有演進，何能避免，何能阻擋。

天地生人，賦以一身，卻又有男女之別。男子生，願為之有室；女子生，願為之有家。人類有伉儷之求，家室之好，男婚女嫁，亦是自然。莊老道家，對此問題似亦漠視，不加討論。究不知莊老在此問題上，具何意見，抱何態度。

儒家則極重視此事。孟子曰：

> 飲食男女，人之大欲存焉。

告子曰：

食色性也。

性即是自然。在人性中，孟子未嘗不承認此「食」「色」兩大項。故稱之為「人之大欲」。人自呱呱墮地便要食，先把外面東西裝進自己肚裹去，人與外面物世界產生了親密無可分割的關係，食為其主要第一項。

但單為解決飲食，人類也可獨往獨來，自生自活。魯濱孫飄流荒島，日本軍曹横井莊一曾孤獨一人在關島山洞中生活了二十八年。只為人類有了男女婚配，纔開始正式踏入了人文界。所以中庸說：

夫婦人倫之始。

世界上有些宗教主張獨身，似乎視男女情欲為齷齪不乾淨之事，佛教最堪作其代表。但若無男女關係，人生又何以持續。原始人類之男女關係究經何等曲折而纔開始有夫婦婚姻，此不詳論，但男女婚姻也仍是自然。禽獸中有雌雄固定匹配的也不少，而且此等匹配，應尚早於人類之有婚姻。

中國古詩三百首開始第一首為關雎。詩曰：

關關雎鳩，在河之洲，窈窕淑女，君子好逑。

此是詩中之興。「興」者，興發、興起之義。人類觀於雎鳩之生有定耦而不相亂，常並遊而不相狎，未嘗乘居而匹處，而有其關關和鳴之樂；人類見此情況，發生羨慕。當知人文啟發，最先正是觀於自然，感發興起，正所謂由天啟之。此天不必是上帝，而卻可是禽獸。人類可以禽獸為師，正見人為萬物之靈之所在。但最先能從自然中得此興發者，還是少數。人能於雎鳩興起婚姻觀念，此若極自然，但已是人文開始。其開始乃在少數特出人。故女稱淑女，男稱君子。窈窕是幽閒意。因其窈窕，故稱淑女。若女方情意不幽閒，自不煩男方之來求。男方之求，既不橫肆強暴，亦不妄施輕薄，故稱為君子之好逑。而至於「寤寐思服，輾轉反側」。至於求得後之相處，如琴與瑟，如鐘與鼓。相異的樂器，在同一節拍下，奏出和樂的聲調。夫婦間和諧成一體，而各自不失其相異之個性，與各別之功能。大羣人生，亦即由此夫婦關係作開始、作榜樣。

此詩遠在三千年前。有情有禮，交融合一。情本乎性，屬自然；禮成乎人，屬人文。此下儒家人文理想，正在求情禮相配合。亦可說，儒家人文理想，乃以性情為主，以禮樂為配。禮樂正所以發揚、陶冶性情。如雎鳩之生有定耦，是其性，亦即是其禮。而中國詩人，亦常善用興體，乃見人文與自然訢合無間，天地萬物共為一體。如此生活，始是一樂，而夫婦匹配，則正為其最先最要之一關捩。

中國人以父子、兄弟、夫婦、君臣、朋友為五倫。父子兄弟屬天倫。但苟無夫婦，何來父子兄弟。是天倫乃由人倫中出，可證自然亦從人文來。自然生人，只生男女，不生夫婦。夫婦屬於人文創制。亦可謂父子與兄弟亦屬人文創制。正為看重了夫婦，纔連帶看重到父子以及兄弟。近代人把兄弟關係先看淡了，父子關係亦繼續看淡，於是而夫婦關係轉將覺得有些不自然。但若一任自然，有男女，無夫婦，則一切人文關係，均將隨而解體。可見禮正所以完成其性。要之，性亦不能是一純自然。所以告子說「食色性也」，而孟子不加以讚許。

儒家看重歷史演變，直從包犧、神農一路下來，到關睢一詩之興起，也已經歷了兩千年。在此兩千年長時期人文社會演進中，看出一自然大趨勢，纔來盡力提倡婚姻制度，看重夫婦關係，那已在西周文王周公時代。周公制禮作樂，關睢一詩，實是主要綱領，亦具有甚深義旨。

但人文社會之在演進中，不免時生弊病。莊老道家生在晚周文勝多敝之時，激於時代病，而對人文社會之一切摘疵指瘢，作種種苛刻之批評。意在挽救時代，但卻不免輕視了歷史。他們主張歸眞反璞，想把兩千年人文演進，一筆勾消。但因不講求歷史，而循至於不瞭解時代。主張回復自然，反近於不自然。老子尚猶有遷就現實之意，因此流入權謀術數功利之途。莊子更激昂，實抱一種超自然之理想。想要超自然，一切人文現實，全所忽視。故莊子妻死，則箕踞鼓盆而歌。其至友惠子弔之，曰：

與人居，長子老身，死不哭，又鼓盆而歌，不亦甚乎！

在莊子之意，則要在自然、人文兩界之上另尋根源，另闢路徑。但若在婚姻制度上亦求歸眞反璞，是否將回歸於原始人類之男女雜交？又若男中有君子，女中有淑女，是否將認為是眞璞，抑斥其非眞璞？可見太過重視了眼前之時代病，而迷惑了人類文化有其一條長途征程之來龍去脈，此種意態，即已犯了大病。

兩漢時代莊老敵不過儒家，但魏晉以下莊老盛行，又佛教傳入，雙方意態多有相通；只幸其對歷史相傳一切人文，仍未能多所破壞。當時大門第制度之維持，主要仍在婚姻制度上。今人重視時代現實，否則高談天地自然，但若蔑視了歷史演進，縱是原始要終，重視自然，針對現實，而忽略了中間一段過程，仍將藥不對病，於病無補。莊子思想，其病在此。老子雖若稍能注意原始與當前之中間一段過程，但窺測不夠，見得不眞不切。但無論如何，他們對於其當時時代病，則總有一番剴切指摘，遇到人文界發生病痛，總還有一服清涼劑作消毒去病之效。因此莊老思想在中國文化傳統中，時有其反面消極之功能。

六

人類之有心知，亦本天賦，屬於自然。動物界亦多有心知作用，其中少數，並有甚高之表現。但人類心知，遠非其他動物所能比擬。人類之應付自然界，建立人文界，種種演進，莫非心知是賴。人類之矯然特出於其他動物者在此。人為萬物之靈，其靈即在「心」。

但亦因人類有心知發展，纔引生出種種問題。自有人文界，因能羣力相助，其對付外在自然界者事遂見易。除卻不尋常之大天災，如火山爆發，洪水為患，大旱大雨，疫癘厲行，此等以外，人類已能在人文界小圈內自度其生。但不斷有問題，並非發生在外面自然界，轉而發生在人文界之自身內部。歷觀古今中外人類歷史演進過程，要求活命易，要求安心難。應付自然物界易，安排人文心界難。心問題之複雜錯綜，乃遠超過了身問題。

人類中各大宗教即由此起。各大宗教之所求解決者，全在人心，不關身生活。因於人文界發生了種種問題，人類纔有重回自然之想法，認為自然界有一上帝大主宰，人類一切，應聽命於上帝。而且認為塵俗凡世，終是要不得。當求死後靈魂重歸天堂。把靈魂、肉體分開，即是把心與身分開。宗教教義，對象即在人心。印度佛教，不認有上帝，但在大意義上，主在教人心，脫凡俗，則與其他各大宗教並無異致。中國古代，本亦有一套素樸的宗教教義與其上帝觀。但自儒、道兩家興起，對人心問題上揭發了極多甚深微之見解以及極親切之指示，而古代那一套素樸的宗教教義，乃退居於不重要之地位。

先言莊子。莊子極看不起自然界，只言萬物，更無萬物之上一大主宰如各大宗教之有上帝。莊子又對萬物平等齊視，亦並不認為人類在萬物中有其傑然獨出處。他說：

民濕寢則腰疾偏死，鰌然乎哉？木處則惴慄恂懼，猨猴然乎哉？三者孰知正處？民食芻豢，麋鹿食薦，蝍蛆甘帶，鴟鴉嗜鼠，四者孰知正味？猨，猵狙以為雌，麋與鹿交，鰌與魚游。毛嬙麗姬，人之所美，魚見之深入，鳥見之高飛，麋鹿見之決驟，四者孰知天下之正色？

他把人平放在萬物中，把人之居住、食、色三項，就其所安所樂所愛，亦平放在其他生物之所安所樂所愛之相異間，相互作比，感到任何一方無何值得特別珍貴處。

不僅惟是。居住、食、色三項，亦可只屬人身問題，歸入自然圈內。莊子又進而論及有關人文圈內之心問題，即思想情感問題。莊子說：

自我觀之，仁義之端，是非之塗，樊然殽亂，吾惡能知其辯。

莊子從大的自然圈來抹煞了小的人文圈。他認為人於居住、食、色三項只關身生活方面極自然的事，其心知所擇，尚是不足為憑，不能當作一標準，何論推擴到人生大道。儒言仁，墨言義，各持一說，相互是非，那能得出一定論！

但莊子也非全部看輕了人類心知。莊子對人類心知，自有他一套看法，應加闡釋。今姑借佛家語來說莊子。人之日常心態，應可稱之為「緣起心」。因其皆由外緣引起。即起自吾身之種種心態，亦屬外緣。如飢思食，渴思飲，以及上述人類於居住、食、色三項之所安所樂所愛，實莫非是一種緣起心。心由緣起，不由自主。外緣起，此心生。若無此緣，即無此心。而且外緣變，此心亦變。如此般的心，何值珍視，何值認眞。莊子既於自然界一切頗不重視，則人之緣起心，自亦不受重視可知。

但人類若無此身，是否可仍有此心？此是一大問題。又如說：人生究是先有了身纔有心，抑或先有了心纔有身？此又是一大問題。世界各大宗教都把身、心分開，信仰有靈魂。又從哲學、文學各方面言，似乎一般意見，亦多不願將心屬身，如此則心為身役，又何來有哲學、文學種種之產生。獨有近代自然科學家研究心理，都從生理、物理研入，乃有「無靈魂的心理學」產生。此問題暫擱起，且問除卻緣起心之外，是否尚有心之存在。莊子對此則持肯定意見。所以說：

墮肢體，黜聰明，離形去知，同於大通，此謂坐忘。

「形」即此身，此肢體。「知」則是種種緣起心，由身體器官而生出種種聰明，對外物作種種認識辨別。離去此一切，乃是一「忘」的境界。忘非無心，只是此心忘了一切外緣，而此心仍存在。此時的心，用莊子自己語來説，應可稱為「眞心」。因外緣假合非眞。此心忘了外緣，不因外緣而生起之心，乃始是眞心。莊子意，由眞心乃有眞知。若借用儒家孟子語，則應可稱此心曰「本心」。但孟、莊兩家論心，又有大不同。必深入到此處，乃可抉出儒、道兩家對人生問題所抱歧義之所在。

七

莊子指示人如何運用心知，首先着重一「忘」字訣。如顏子之「坐忘」，南郭子綦之「喪我」，皆是。莊子又託為女偊之言，曰：

三日而後能外天下，七日而後能外物，九日而後能外生。外生而後能朝徹，朝徹而後能見獨。見獨而後能無古今。無古今而後能入於不死不生。

此處所見之「獨」即是「心」，亦可謂是一單純之至之原始心體。莊子欲人擺脱自然界、人文界，把一切外緣，自天下之大，一物之細，乃至如我此生命之親切，全皆排除遣去；那時之我心，始如朝陽洞徹，豁然能有眞見。所見只是一單純之極之獨，更不有一切分別相。此獨即是此心，亦即是此知此見，並亦無能見、所見之別。常保此心，即常見此獨，因亦無前後古今相，因亦無死生相。以我此單純之極之心，達成我單純之極之生命，此始是原始眞心，或説原始眞生命。以此遊行於此殽亂紛擾之自然界、人文界中，而常保我此一大無礙之獨。莊子又稱此一心境曰「攖寧」。「攖」是指對外面所接觸之一切殽亂紛擾，「寧」是此心之沉靜安定。惟此單純之獨心，能外能忘，能遊能全。能具此一心境，全此一生命者，莊子稱之曰「神人」。莊子曰：

是其塵垢粃糠，將猶陶鑄堯舜，孰肯以物為事。

凡屬以物為事者，皆莊子意中之緣起心，而非至人之眞心。

莊子又設一喻，謂：

南海之帝為儵，北海之帝為忽，中央之帝為渾沌。儵與忽時相遇於渾沌之地，渾沌待之甚善。儵與忽謀報渾沌之德。曰：「人皆有七竅以視聽食息，此獨無有，嘗試鑿之。」日鑿一竅，七日而渾沌死。

「儵」「忽」言其神速，萬物中惟「心」行最神速，故莊子秋水篇有「夔憐蚿，蚿憐蛇，蛇憐風，風憐目，目憐心」之說。「渾沌」者，言其心和合無分別。渾沌即是此獨。人有耳目聰明，憑以分別外物，加以制馭，獲得生命所需。但此心聰明日開，分別日細，日與外物接觸，因於外物之萬異，而此心日求與之一一相鬬合，積習之久，遂使此心獨體亦成萬異。其形化，其心與之然。喜怒哀樂，慮歎變慹，儵忽遷轉，在內不單純，對外不和合。至此則渾沌已死，不見此心和定之「一」，只見外物殽亂之「萬」。人文圈中一切病痛災禍，多由此起。莊子意想中的渾沌境界，亦可謂其約略相當於原始人心中一番單純素樸的境界。須我們能外天下外物外生，忘乎一切，庶可回復到此境界。故曰：

魚相造乎水，人相造乎道。魚相忘乎江湖，人相忘乎道術。

莊子之所謂道術，亦即是一渾沌。此一片在內在外之渾沌，和合成一。一切人文，則全由此渾沌中造出。莊子之意，亦未嘗不是。但更要者，乃在如何能在人文界中仍還保得此渾沌，卻不要毀滅了此人文界來重回此渾沌。而不幸莊子之意，卻似後者更重過了前者。

莊子又言：

無聽之以耳，而聽之以心。無聽之以心，而聽之以氣。

耳只是軀體一器官，諸器官之本身，亦復各有分別，所以亦各有限制。耳止於聽，凡屬無聲即聽不到。專就耳言，非聞哭，不知其人之有哀。非聞呵，不知其人之有怒。其他各器官均如此。心則能和會軀體各器官而生出一綜合的知，並能忘卻此各器官之外界接觸而生出一超然之知。若只就外界接觸而綜合和會以為知，此等知，又只是「與接為構，日以心鬬」。只求與外面所接觸者架構配搭，求與外物一一鬬合。其心已勞，而亦未必得外物之眞。莊子則要人「徇耳目內通而外於心知」。人身諸器官，像似房屋開了窗，外面光氣，須從窗進。今則把窗亦拆除，外面光氣，一無障礙，任其進入，而不許此心生起種種認識分別，來與外面進入的萬物諸異構搭鬬合。此種種認識心、分別心，只是習心，在人生後早已存在，早已藏於心中；此已先成於心，莊子謂之「成心」。既有此成心，則未必能與外來萬物諸異和通合一。莊子之所謂「氣虛而待物」，非是無心，乃是心虛無成見，有覺而無知。「覺」則隨感而應，「知」則先在而內藏。藏此先在之知，即不能隨時隨地與外來萬物之異相通。必使此心一空無知，亦可說是無心。實非無心，乃是此心之虛無存藏，亦可說無渣滓。單純之極，非有成心成見。在此心境中所見，乃能如朝徹之見獨。有光明，能照見，無夾雜，無障礙，故曰：

至人之用心若鏡。

此一說，最為後人所樂道。然而有一大缺憾，此心如鏡，固是一大清明，但卻無情。無情的人生，則終是要不得。此處卻不見莊子更有闡說。

繼此當略釋莊子之言氣。莊子欲於萬物殽亂中覓出一頭緒，求此萬物之所由生與其所由變，而曰：「萬物者一氣之化。」盈天地只是一氣，此氣只是一化，此化則即是莊子之所謂道。莊子要人勿用其心於萬物暫若固定之形相或體狀上，萬物全在大化中，種種形相體狀，全無片刻停留。人之此身亦然。莊子於此極言之，曰：

浸假而化予之左臂以為鷄，化予之右臂以為彈，化予之尻以為輪，又為鼠肝，為蟲臂。

此身在大化中，豈能控摶為我私有，求保持其某一體狀而不變。身如此，生命亦然。故莊子要教人「遊於物之初」，「浮遊乎萬物之祖」，要能在一切萬物之本原處遊行自在。要能在未始有物處，亦即在此大化中遊行自在，如是始能物物而不物於物。要能「遊乎塵垢之外」，「遊乎天地之一氣」，「遊乎萬物之所終始」。萬物由此始，亦由此終，把握到此，始能「與化為徒」。莊子說：

日與物化，一不化者也。

如是始能：

不與物遷，命物之化而守其宗。

「宗」即指萬物之本原，天地之宗主。能遊心於此，達到此種境界者，莊子則謂之曰「神」。

如此說來，與其說莊子所抱是一種自然主義，不如說其是一種超自然主義。或說純自然主義。謂之純自然者，乃指其獨立存在於單純之極而無待於外，亦不見有外，此始是一種最自由最自然。但莊子於此上並不抱持一種如上帝造物之類之一神論。亦不是一種物物有神之泛神論。莊子只說一氣能化而此心如神。在此心之極單純，無存藏，無先成，無障蔽，只有覺而無知，只如朝徹見獨時，此心即是一氣，亦即是一化，而特稱之曰「神」。此處乃是天人合一、心物合一、內外合一、死生合一之大自然。但若太過移情於此一境界，便不免把人文界一切應有措施忽略了。上述莊子對衣食住行婚姻諸事之態度可證。釋家要尋「父母未生以前本來面目」，而以「涅槃」為終極境，亦復如是。亦可說莊子只認有一種心物合一之神化。此種神化，則即是一氣。莊子言氣言化，亦為後人所樂道。但莊子要抹煞了人來言氣、言化，此中仍復有缺憾。

八

莊子論氣化，論心神，要超自然，亦超人文。故說：藐姑射山之神人，其塵垢粃糠，猶將陶鑄堯舜。無可諱言，莊子思想在人文界實際事功方面，有其不可彌縫之缺陷。但其在人文界中之藝術方面，則確有其甚為超勝之想像，與其不可磨滅之價值。

因藝術乃由人文界與自然界融凝合一而始產出，亦可說藝術乃是人的心智與外面物質形體融凝合一而產出。莊子思想，要超人文超自然而達於會通合一，同於大通之境界，而又忽視實際事功方面，乃不期而深入於人生藝術之一面。

百里奚爵祿不入於心，故飯牛而牛肥。有虞氏死生不入於心，故足以動人。宋元君將畫圖，衆史皆至，受揖而立。舐筆和墨，在外者半。有一史後至，儃儃然不趨，受揖不立。因之舍，使人視之，則解衣般礴蠃。宋元君曰：「可矣，是眞畫者也。」

此心能忘外，能一切不在乎，始能透入藝術堂奧。然亦僅止於藝術。若如百里奚之治秦，舜之治天下，在其心忘爵祿、忘死生之外，尚有許多事須理會；而莊子則根本不喜理會此許多事，遂把治國治天下，亦只當一項藝術看。中央之帝渾沌，莊子謂其「應帝王」，恐亦只是一個藝術性的帝王，非眞能應付人文界，非人文界所眞切需要之帝王。

顏淵問仲尼：「吾嘗濟乎觴深之淵，津人操舟若神。吾問：『操舟可學邪？』曰：『善游者數能，沒人則未嘗見舟而便操之。』何謂也？」仲尼曰：「善游者數能，忘水也。沒人視淵若陵，視舟覆猶其車卻，覆卻萬方陳乎前，而不得入其舍。以瓦注者巧，以鉤注者憚，以黃金注者殙。凡外重者內拙。」

此只要人輕視外面，忘乎外面之一切，纔得善巧，而進入外面之深處。此亦惟從藝術方面言，則較為近情。若論實際事功，應猶有進。

仲尼適楚，林中見痀僂者承蜩，猶掇之。問：「巧乎，有道邪？」曰：「我有道。吾處身若橛株枸，執臂若槁木之枝。雖天地之大，萬物之多，而惟蜩翼之知。吾不反不側，不以萬物易蜩之翼。」孔子顧謂弟子曰：「用志不分，乃凝於神，其痀瘻丈人之謂乎！」

此處明白提出「神」字。其用心能忘乎一切，而專注在某一事上，乃能在此事上出神而入化。作畫、操舟、承蜩皆然。人間世凡屬一技之長皆需此。但人文圈內，並非事事只須僅止在此一技上，則莊子所論終有窒礙。

莊子又言：

其天守全，其神無郤，物奚自入。醉者墜車，雖疾不死。骨節與人同，而犯害與人異，其神全也。乘亦不知，墜亦不知，死生驚懼不入乎其胸中，故忤物而不慴。聖人藏乎天，故莫之能傷。

此處所藏之「天」即一純自然，亦即是神。心藏乎天故若神。此天即是萬物之同乎大通處，是「純氣之守」，故能止乎無所化。物必有化，無所化則已超乎物。此處所言非屬一技，乃言處世。然其處世，亦只止於能不受外物之侵害。如是用心，可以「一死生」。死生亦大矣，而可以不與之變。死生即是一化，一死生則是無所化。然亦如是而止。莊子此等議論，可視為人生中一大藝術。人生界中應有藝術，藝術人生可貴而不可缺。然人生不即是藝術，亦不盡是藝術。人生還需有實際事功。故人生大道，並不能僅止於藝術。

孔子觀於呂梁，縣水三十仞，流沫四十里，黿鼉魚鼈之所不能游，見一丈夫游之，使弟子並流而出之，問：「蹈水有道乎？」曰：「從水之道而不為私焉。」

此亦以譬處世。人能從人生共同大道處世而不為私，是亦可矣，然處世究不當與游水等量齊觀。人之游乎水，究不能與人之游於人羣中相類。人生大道果何若，莊子卻未深論。

梓慶削木為鐻，鐻成，見者驚猶鬼神。魯侯問：「何術以為？」曰：「有一焉。臣將為鐻，未嘗敢以耗氣。必齋以靜心。齋三日，不敢懷慶賞爵祿。齋五日，不敢懷非譽巧拙。齋七日，輒然忘吾有四肢形體。當是時也，無公朝，其巧專而外滑消。然後入山林，然後見成鐻，然後加手焉。以天合天，器之所以疑神者其是與。」

此仍是一「忘」字訣。以己之天，合乎外物之天，其所為器乃疑於神。此言削木為鐻，較之游乎呂梁之水又不同。由「應物」轉為「創物」。然所創亦只是一鐻，究非可比創造一理想的人文世界。故莊子此等理論，終是與儒家論道有別。

上諸所引，皆見莊子外篇達生，未必盡出莊子本人。蓋後人學莊子者所演申。莊子內篇養生主有云：

庖丁為文惠君解牛，文惠君曰：「技至此乎！」庖丁曰：「臣之所好者道，進乎技矣。始臣解牛之時，所見無非牛者。三年之後，未嘗見全牛也。方今之時，以神遇，不以目視。官知止而神欲行，依乎天理，批大郤，導大窾，因其固然，恢恢乎於游刃必有餘地矣。」

此處亦明白提出「神」字，並以「神欲」與「官知」對言。官知由身體耳目諸器官來，能認識，能分辨，然所知只滯於物之外面暫時形相上，故見牛只是牛。所知若精明正確，而不知牛身有許多文理，依此文理，剖之解之，自將不見有牛。莊子謂能是者，不是運用了心知，而是運用了心之神。心知由器官之知來，而心之神則異乎此等器官之知。只是想要如此便如此了。故曰「神欲」。官知之能，止乎一技，而無當於大道。其技亦止乎以我刀抵牛身。牛身雖解，我刀亦損。族庖折，月更刀。良庖割，歲更刀。今庖丁乃能依牛身中天然文理進刀，刀鋒進入此牛身天然所有之文理間，尚綽綽有餘地，可以轉動。故牛體解而刀不傷。此不賴官知，而賴神欲。文惠君曰：「吾聞庖丁言，得養生焉。」其實莊子言處世，其意亦只重在養生。天地萬物大自然全體如一牛，我能活潑寬縱遊行其間而無窒礙，不受傷損。故曰「人相忘於道術」，如「魚相忘於江湖」。江湖即魚之一大自然。人須忘了官知，乃得行乎神欲。此始是道術。然莊子究不免先自為道術定了一限制。一切人文豈僅止於養生？人在處世中固當懂得養生，但養生不即就盡了處世之能事。

莊子外篇在宥又說：「無視無聽，抱神以靜。神將守形，形乃長生。」此處把神說成了一物。心抱神，神守形，形長生，此乃後起神仙長生家言，與莊子言神之本義河漢相隔。又天地篇：「德全者形全，形全者神全」，更把「形」與「神」次序顛倒，與莊子本意大相違背。又說：「體性抱神以遊世俗之間」，又把「性」「神」並言，不知儒家提出「性」字，與莊子提出「神」字，雙方之意大有區別。此兩偽篇所云，皆從老子：「載營魄，抱一」一語來。惟莊老用意並不同。後人把莊老一意說之，則無不失莊老之眞。

要之莊子論心之神，只應看作是一種人生藝術，不能懸為人生大道。須待儒家言來為此作深一層之補充。

篇三

九

孟子與莊子略同時。莊子為求萬物之同於大通而言「氣」，孟子似乎為求萬物之同於大通而言「性」。不論有生無生，物各有性。下及宋儒，發揮「性即理」之說。宇宙間一切理，皆從物之各有其性來。而理則通於一，故宋儒又言「理一分殊」。分殊即由於物性之各別不同。孟子主要則在言人性，故辨人性與犬牛之性有別。人文界一切，皆從人性展演而來。則一切人文皆從宇宙自然中演出，而人文之在自然界，仍有其分殊之獨立存在，而不害其與整個宇宙自然之同於大通。大通中不害有小別，小別處不害其大通。莊子言大通，而忽其小別，故有齊物論。孟子言小別，正以見其大通。故曰：「物之不齊，物之情也。」莊子乃主超乎自然、超乎人文而言大通之道者，孟子則主即從人文與自然之內裏而言大通之道。莊子曰：「超乎象外，得其環中。」環中在象之外。孟子則是得其環中而不必超乎象外。環中即在象之內。

莊子言氣，主要在言氣之化。一氣之化，為萬物之所終始。此一氣之化，莊子謂之「神」。孟子言人性，就其本然與當然與可能之然而言皆曰「善」。極其所至則曰「聖」。故莊子言「乘化」，而孟子言「盡性」。莊子乃主於自然中解消人文，孟子則本於人文而會歸自然。此則孟莊之相異，亦即是儒道兩家之相異。

繼孟子而起者有荀子，言性惡，與孟子持相反之意見。荀子曰：

人之性惡，其善者偽也。

又曰：

性者，天之就也。不可學不可事而在人者謂之性，可學而能可事而成之在人者謂之偽。

荀子之分性、偽，即是分天、人。天命之謂性，人為之謂偽。亦可說性屬先天，偽屬後天。一切人文，必本於後天之人為。故荀子有天論篇，謂：

> 從天而頌之，孰與制天命而用之。錯人而思天，則失萬物之情。

荀子之分別天人似莊子，而與莊子輕重倒置，故曰：「莊子蔽於天而不知人。」又曰：「由天謂之，道盡因矣。」但荀子不知人為正必因於天性。孟子曰：「是不為也，非不能也」，可知孟子亦主為善為聖人，一本於人為，惟人為必本之於天性。故言性必兼先天、後天言。天地生人，不是必生聖人，聖人乃由人為。猶天地生男女，不生夫婦。夫婦亦出人為。但夫婦因男女而有，聖人亦因人而有。孟子又曰：「人皆可以為堯舜」，堯舜非由天命，乃出人為，惟人為因天命而來，不能有違棄天命之人為。若使違棄了天命，根本將不得為人，又烏得為堯舜，為聖人與善人。故盡其人為，乃所以完其天命。而人為必因天而起，不能革天而成。莊子不知人，正為其不知因。荀子不知天，亦為其不知因。因於自然界而始有人文界，而人文界即所以完成自然界，此在人文界之能因又能有為。此義惟孟子知之，而孟子所知，則上承孔子來。

子貢曰：「夫子之言性與天道，不可得聞。」可見當孔子時，多已注意到性與天道之兩觀念，惟孔子罕言之。僅曰：「性相近，習相遠。」性本天賦，屬於先天；習出人為，乃屬後天。但後天之習，亦從先天之性來；而先天之性，則待後天之習為之完成。故孔子兼言「性」「習」，其義最為圓滿。繼孔子後言性者日起，孟子曰：「盡性可以知天。」天命天意不可知，天既賦人以性，則盡我之性，庶可藉以上窺天命天意之所在。又曰：「盡心可以知性。」亦因性不易知，惟人心種種活動，其最先本原起於性，故盡我此心，庶可知性之究何若。如此則孟子言心，亦與莊子有不同。

饑思食，渴思飲，寒思衣，靜思動，勞思息，壯思偶。人文圈內衣食住行婚姻諸大端，皆出吾心所欲，皆由吾心所求。知我此心，便知吾性。若我無此性，何來有此心之諸欲。此心有種種欲求，故不免於向外。日與外物交接，而此心乃有種種變化。莊子批評人心，主要由此著眼。但心由性起，此是原始之心，孟子稱之曰「本心」。心之與外物相應接而起者，則為「緣起心」。此兩心最當審別。借易傳語，本心可稱曰「先天心」，指其先經驗而有。緣起心亦可稱為「後天心」，此心起於後天，指其與物相接，與經驗連帶而起，此亦可稱為「習心」。先天原始因性而起之心，此猶莊子之稱「眞心」，此心實為人生最珍貴當保持之心。後天緣起之習心，則往往易於受外物牽引，不由自主，失其本眞，莊子稱之曰「成心」。所謂成心，實已是變易之心，非原始本心，孟子則稱之曰「放心」。孟子曰：「耳目之官不思而蔽於物，物交物，則引之而已矣。」我心與外物相接，易為外物所蔽所引，緣起心用事，積為成心，而原始先天本心反而迷失。如鷄犬之放逸在外而不知返其原始本處，故曰「放心」。

簞食瓢飲，所為是饑渴。求解饑渴，乃人性，此處則是其原始本心。至於酒肉醉飽，則所為已不在饑渴，而別有所求。此非本心，亦非人性。今且問，「人性」與「非人性」，「本心」與「放心」，究應在何處劃出一界線？此是研討人生一最大問題。孟子意，赤子孩提，初投入人文界，較少緣起心，其心較無放失，較易見人之本心。但人生不能僅止於赤子孩提之階段，必日生日長，轉進為成人，又必轉進為大人。中國古人有冠笄之禮，表示其已達成人之年。男婚女嫁，生男育女，成家立業，則屬大人之事，非幼年人少年人之事。所以稱「大人」者，因其深入了人文圈，對於一切事牽涉漸廣大。到此階段，人生意義已不僅於為一身之饑渴。人若到此階段而其心德心情，仍能常保其簞食瓢飲心，不放逸，不流失，不轉而為酒肉醉飽心，斯纔眞實成為一大人。孟子曰：

大人者，不失其赤子之心者也。

赤子心即是簞食瓢飲心，衣食住行，僅求適度之滿足，繼此即當別有追尋，不僅限在衣食住行上。即如婚姻，成為夫婦以後，亦復當別有追尋，不專限在男女情愛上。人能善推此心，則可以及四海，此指人文圈之最大際限。凡其所思慮營幹，皆能由其赤子階段之先天原始本心而展衍擴充。此在孟子謂之能「盡心」。能盡心斯能知性知天。人文最高演進，即是自然之最高可能，此之曰「天人合一」。若僅在物質條件上轉進，由簞食瓢飲心而引生出酒肉醉飽心，此便是失其本心，雖不能說其不是性，而未能盡性。如人之夭折，乃是未盡天年。孟子曰：

養其小者為小人，養其大者為大人。

人生問題不僅限在人身問題上。人身只是一小體。人生尚有其大體。只知有此身，不知有此心，實非其本心所求，亦非其本性所欲。

性相近，心亦相近。人同此性，故亦同此心。孟子又提出了「人心同然」之一觀念。曰：

口之於味有同嗜，耳之於聲有同聽，目之於色有同美。

由於人性相似，故人身各器官所要求，亦有其大同。但在人身各器官之上猶有心，心為天君。各官體乃為天官，應受心君之主宰。人心同然，即見其先天之性。孟子又曰：

聖人先得我心之所同然。

由於聖人能保持其赤子原始本心於不失，故聖人心即猶赤子心，亦猶眾人心。但眾人心，則如鷄犬之放失，已離赤子原始本心甚遠，又不知尋回原處。此是習心用事，故眾人心則不即是聖人心。在眾人心上只見人心之各別。由聖人心乃見人心之大通。「性相近，習相遠」，其關鍵亦在此。

孟子言性善，又特別為「善」字提出一解說。孟子曰：

可欲之謂善，有諸己之謂信，充實之謂美，充實而有光輝之謂大，大而化之之謂聖，聖而不可知之謂神。

孟子此處亦提到「化」與「神」，但此化與神之兩階段，乃由人生以前各階段歷級升來。先須把捉善，為一善人。善是人之所欲而又是可欲者。如簞食瓢飲可欲，酒肉醉飽則有不可欲。酒肉醉飽之不可欲，因其滿足了此欲，將妨害了其他諸欲。簞食瓢飲之可欲，因其不至以此欲害彼欲。人生所欲，不止於飲食，須使諸可欲皆能實有諸己，又能充實其所有諸欲而使之有光輝，斯之謂大人。就一身言，「睟然見於面，盎於背，施於四體，四體不言而喻」，斯亦為充實而有光輝矣。大人之於家國天下亦如是，皆由其心情心德之充實而發出光輝。其影響所及，乃有不可以計度想像者。循是以上，乃可有「聖」與「神」之兩境。聖能化，自原始赤子心可化而至於為聖。然聖人猶可知，聖人以上猶可達於神之一境，則有不可知。孔子弟子謂孔子「學不厭」是知，「教不倦」是仁，「仁且知，夫子既聖矣。」是聖猶可知也。孔子曰：「知我者其天乎。」聖猶在人文界，神則進入自然界。人文界可知，自然界則有不可知。孔子曰「知天」「知命」，孔子之知，能知及自然界不易知之「天」與「命」，故不易為人所知。此則謂之神。孟子之言化與神如此。

亦可謂孟莊兩家，於人生嚮往之終極境界有其相似。但其建本立基處則大不相似。孟子提出一「性」字，又提出一「善」字，皆從實際人文界上透進到天地大自然。莊子則欲擺脫人文與自然，以求其所謂「化」與「神」。凡莊子所想像，只可謂是在人文界中一種藝術心情，求能於實際人生中開出一藝術境界。而孟子所主張，則是人文界中一種道德心情，求能於實際人生中開出一道德境界。大率言之，凡其心能訢合無間於外面自然物界者，可稱「藝術心」。凡其心能訢合無間於外面人事人心者，可稱「道德心」。故藝術心常縱放自在，而其表現在人文界中則不免於若玩世而不恭。道德心常見為循規矩而又自得，孔子所謂「從心所欲不踰矩」，此是道德心之最高境界。而其在自然界中，亦常見其能為主而不為役。故亦可謂道德即是人文界中一種最高藝術，而藝術則不能即算是人文界中之最高道德。推極孟子之意，可以包涵有莊子。推極莊子之意，則並不能包涵有孟子。而荀子則只注重在人文界中之禮法。不善言禮法而忘失了禮法原始之起因，則禮法不成為道德，亦不成為藝術，只於人生中加一拘束，此於三者中為最次。

一〇

孔子不多言天道與性，但對於人之先天原始本心，為一切人文動機所起，亦可謂是人類之最先第一心者，則孔子早在孟莊前已注意。孔子設教，言「人」不言天，言「心」不言性。其言心，又必多兼言「行」。其指導人文界中一切行為，莫不本諸人心，而言心則一本之於天與其所賦與人之性情之本原之眞。務使人生行事與心情合一，人文與自然之天合一，極高明而道中庸，是為孔子設教最偉大處。

孔子提出一「仁」字，即指此原始本心言。論語中提到仁字最多，亦最重要。仁乃孔子思想之主要基本所在。後世儒家，遵奉勿輟，亦可謂「儒道」即是「仁道」。但論語中並未為仁字下一明確定義。後世為此紛紛推論，惟孟子三語，最為確切明顯。

一曰：仁，人也。
二曰：仁，人心。
三曰：仁者愛人。

仁為人心之同然，凡人心必皆仁，故仁即是人之特性之標幟。其心不有仁，即不得謂之人。心具此仁，則必愛人。後來宋儒朱子說：

仁者心之德，愛之理。

此六字，即涵括孟子三語，非有異致。

漢儒鄭康成說：

仁者相人偶。

此「相人偶」三字，驟不易曉。其實鄭氏此語，自當遠有來歷。今試粗為闡釋，便知其前與孟子，後與朱子，義實一貫，仍無異致。兩人合成為一對稱偶，字亦作耦。古人耕田必用耜，耜廣五寸。一畝之間，廣尺深尺曰甽，甽是田間通水道。古人必兩人偶耕，即成雙成對而耕，亦曰耦耕。古稱一耜曰伐，二伐為耦。兩耜耦耕，適得一尺之寬，適當一甽之道。

其實人生處處皆須與人合作，不僅耕田為然。有如夫婦成家，生男育女，人道由是開始。左傳稱「嘉耦曰妃」，妃即配合義。配合好稱嘉耦，配合不好稱怨耦。晉荀息告獻公曰：「送往事居，耦俱無猜」，則君臣合作亦稱耦。又如射耦，古人射必有耦，左傳稱「射者三耦」。又如耦坐、耦語。史記作「偶」，漢書作「耦」。莊子稱南郭子綦「荅焉似喪其耦」，說者謂身與神為耦。今亦可說身與心為耦。可見人生無處不有耦。此之謂「相人偶」。許氏說文：

仁，親也。从人从二。

人心必有二人相親，始以為樂。亦必二人相處，始見有仁。鄭玄相人偶之解，正與許慎說文解字意相合。可知東漢儒生，亦均知此仁字眞解。又說文，古仁字作「忎」，千心相通相合為仁。其實仁是人心之同然。何論千心，即億兆人之心，億兆年人之心，亦可相通相合。此是孔子提出仁字為人生大道之大義所在。

人心之仁，不待成年後始見。人自初生，呱呱墮地，此心之仁即流露。人決不願封閉其心專在此軀體內，而更不向外。衣食居住，都須向外尋求。惟其所求以為滿足者，主要不只為此軀體。嬰孩初生，衣食有他人照料，此嬰孩亦未必即知起心尋求飲食衣着。但嬰孩初心，似乎自始即知要尋求一相人偶之同類他人以為樂，此即其內心之仁之最先流露。嬰孩必依存其父母以為生，然此事在嬰孩心中固所不知。嬰孩之心，只知必依存於父母以為樂。其實嬰孩心中，初不知其人為其父若母，在嬰孩心中亦只求有「相人偶」之樂而已。日漸乃知依存於其兄姐長輩日常相親之人以為樂。此心自人始生即有。小兒學語，亦必先學稱呼他人，如媽媽、爸爸、哥哥、姐姐之類，隨後始懂稱呼自己，然亦學他人之稱呼自己者為稱呼。最後始懂得自稱曰「我」。可證在嬰孩小兒心中，「我見」初不成立，待後始有。有子曰：

孝弟為仁之本。

今試為此語再作一新解。此言人之孝弟心，即是人心之仁之最先發端，亦即是人心之仁之本始流露。人不是先有了孝弟心乃始有仁心，乃是先有了仁心乃始有孝弟心。人非成年，不能自立，不能與人成配搭，相合作，故尚未成人，則不得行仁為仁，猶云不得擔當為仁之道。須俟其人能獨立成人時始能為仁事，行仁道。然在其未成年前，雖不能獨立為生，盡此仁道，卻已有孝弟心，知得與人相親相依以為樂。其最所相親依者，則為父母兄姐，斯其最所樂者即為孝弟。將來成人，能保得此心，則自能盡得仁道。此乃有子「孝弟為仁之本」一語之正解。

其實此心之仁，亦非人類始有，其他鳥獸動物，似已有之。宋儒程明道說：

觀雛鷄可以知仁。

鷄雛初生，常環聚在母鷄腹下腳傍，相守不散。偶或違離，亦不遠去。一俟得食，聞母鷄呼喚，即復羣集。此一情形，非可説是雛鷄之孝，卻可説是雛鷄之仁。但雛鷄不久成長，可以獨立營生，即遽散去，母鷄亦不復顧念此諸雛。此仁道一瞥即失，不再保存。即虎狼亦有此仁。幼者初生，亦必與生彼者相聚相處一時期。俟成長始離去。天地間之生生不絕皆賴此。生命愈進化，生事愈艱難，而仁道乃於此艱難中明顯透出。故人類之嬰孩期特長，三年始離父母之懷抱，至十六歲或二十歲，始得獨立成人。此一段艱難期特長，故在人羣中，仁道乃益得彰著。而又於仁道中生長出孝弟之道來。

孔子與此下儒家，乃特求保持此少年期一段孝弟之心於勿失，由此而使仁道益得昌明。孟子曰：

人少則慕父母；知好色則慕少艾；有妻子則慕妻子；仕則慕君，不得於君則熱中。大孝終身慕父母。五十而慕者，予於大舜見之。

人之年歲日長，生事日廣，心所慕好，亦隨而益變。但人情總是好相人偶。少年慕父母，成年慕少艾、講戀愛。中年慕妻子家庭。四十強仕後慕君，慕從事政治活動。凡此所慕好，都亦應該，非要不得。但到了後一期，卻忘了前一期。人生一段換一段。知識積累愈多，而情感則一節變一節，一心向外。有了前，忘了後。有了今天，沒有了昨天，先所依存，繼則捨棄。捨棄了此，再求依存於彼。人情既薄，仁道亦滅。實則人心之大不仁，亦仍是由心之有仁來。惟有大舜，五十攝政，身為天下元首，但他少年時一番慕好父母之心依然保持。實則保存了少年時此一番孝弟心，並不會妨害他此下娶妻成家攝政當國之逐步發展。此是愛心，此是仁道，此是人生一條正路直路，此是孔孟儒家提出仁道，而又指點出孝弟心來加以發揮之涵義所在。

一一

人能無彼己，無爾我，和通合一，互為相人偶之親，孔子稱此心曰「仁」。此心為赤子嬰孩所夙具。但此心難保易失。孔子曰：「回也，其心三月不違仁，其餘則日月至焉而已。」孔門諸賢尚如此，其他可知。惟孔子對於如何回復此心善保勿失之方法，亦早有明白精密之指示。顏淵問仁，子曰：

克己復禮為仁。一日克己復禮，天下歸仁焉。為仁由己，而由人乎哉。

此處兩「己」字，當分別解釋。克己之己，指己心之私言。赤子啼饑號寒，似乎惟以一己軀體為急。似乎赤子心惟知有私，其啼其號，惟以己心為出發。但深細觀察，赤子實是最無己私。其啼其號，一本天機之動。其內心實際，不惟不知有己，亦復不知有人。但知有饑，而不知為己之饑。知有寒，而不知為己之寒。啼焉號焉，亦不知為己而啼與號，更不知為此啼號而有他人來為解除其饑寒。赤子之心，無人我，無內外。饑則啼，寒則號，一片天機，正見此心之仁。既非麻木而不仁，亦非為己而自私。但此啼饑號寒之一片天機，苟非善為培養，加以教導，知識日開，其心日變，知有己，亦知有人。而己以外之人，乃盡成為滿足己私之工具。其與人相接，亦盡成為滿足己私之手段。「仁心」漸變為「己心」。宋儒稱此仁心曰「天理」，稱此己心曰「人欲」。仁心亦稱「道心」，己心亦稱「人心」。其實只此一心。惟仁心為固有，己心為後起。赤子時期，此心為仁。久而久之，此心變成為己為私。孔子教顏淵，則要克此己心以復禮。禮是人與人相接時一種規範準則。如子弟在家庭，侍父母兄長，有事服其勞，有酒食先生饌。此即是禮。在禮之中，己外又有人。而且禮則必在己有讓，對人有敬。人道中之禮，即由人與人間之相親相人偶而遂生出此一套規範準則。此則是此心之仁之一種表現。復於禮即克了己，非是沒有己，乃是「己」與「人」相人偶，「己」已在「仁」與「禮」之中。己與人成為一體，則己亦是公非私。

何以曰「天下歸仁」？亦可謂「禮」是超人我之一境，「仁」是超人我之一體。我能克己復禮，在此人我超然之一境中，則惟感有此人我超然之一體。一切人，一切事，盡在此一體中，故曰天下歸仁，乃是皆歸入此一體。赤子嬰孩心，最易感得此一體。只要無知識，無分別，略如莊子之言「渾沌」。孔子所言之仁，正屬此體，只已有知識，有分別，而又能超然於此知識分別之上，而感其和通合一而為一體。孟子曰：「大人者不失其赤子之心者也」，乃是不失其和通合一心，非謂不失其不識不知心。大人之心，有己亦有人，而只見為一相人偶之仁。

仁乃心體，故為仁必由此心；求去己私，仍賴此心。即是己心，非賴他心。故曰「為仁由己，而由人乎哉」。顏回請問其目，孔子曰：

非禮勿視，非禮勿聽，非禮勿言，非禮勿動。

人之視、聽、言、動，皆由己之軀體發出，易於陷入軀體之私。禮是人與人間之交接會通，人能一切視聽言動皆由禮發，即是無私之公，有當於相人偶之親，是即為仁道。顏淵問仁之外，復有仲弓問仁。子曰：

出門如見大賓，使民如承大祭。

見大賓，承大祭，皆是禮。人在禮中，則其心不僅專知有己，亦復兼知有人。又曰：

己所不欲，勿施於人。

禮之於人，則必有恭敬辭讓。不以對面人為爭奪之對象，亦不以之為役使利便之手段。乃又曰：

在邦無怨，在家無怨。

禮之用，和為貴。在邦在家，同此相人偶。無彼己，無爾我，同此一境，亦同此一體。求仁得仁，則又何怨。

人之失其本心之仁，而轉以己心為主，其事多起於軀體之私，乃及外物之誘。故孔子又曰：

剛毅木訥近仁。

多慾焉得剛。

巧言令色鮮矣仁。

此三語實一義。剛毅則不易為外物搖轉，木訥則不為巧言令色，專以向外取悅於人。其心多慾，則易輾轉遷就外物而不得剛。為仁由己，正須能剛以守中，木以應外。孔子又曰：

有殺身以成仁，無求生以害仁。

為求成全其心之仁，不惜殺身以赴，可謂剛之至，而更不知別謀求生之道，可謂木之至。然自然生命必有限，有生則必有死。人文生命，發展完成於心之仁；此心之仁，則廣及古今中外之全人類而不可死。若仁心死滅，則人道亦絕，回同於禽獸。亦將不獲如禽獸。其實人之殺身成仁，亦非起於此種計較與打算，只是此心之仁之剛毅木訥自然而至。即在禽獸，亦有殺身成仁之事。如鷹隼搏雛鷄，母鷄必奮身出鬥。此事不煩多舉，只一觀自然自見。

莊子欲絕滅外面一切萬物紛擾，並軀體亦所不顧，務使此心能塊然立於獨，而由獨生神。其主要養心之訣為一「忘」字。孔子則務保此心之仁，無彼己，無爾我，使全人羣各自達於相人偶之親，而人道大昌，還以贊天地之化育，而萬物亦並包在內，盡在此仁心仁道之化育中；此又非神而何？惟孔子對軀體之私，物欲之誘，亦備加防誡。孔子用「剛」字訣，用「克」字訣，曰：「一日克己復禮，天下歸仁。」又曰：「有能一日用其力於仁矣乎，我未見力不足者。」在此等處，亦可謂孔子用剛道，是頓法。莊周用柔道，是漸法。

一二

孟子始言「仁者愛人」，韓愈原道言「博愛之謂仁」，後人率常以「仁愛」並言。然仁固必有愛，而愛不即是仁。孔子曰：「唯仁者能好人，能惡人。」人有當好，亦有當惡。可見惡人不即是不仁。

如曰：「君子之於物，愛之而弗仁。」又曰：「親親而仁民，仁民而愛物。」又曰：「安土敦乎仁，故能愛。」則「仁」「愛」二字應有別。

愛必有所愛之對象。如愛寶劍名馬旨酒美人，皆是愛，然非仁。愛常滯着在對象上，並有占有此對象為己私之意。遂有偏愛、專愛、溺愛。父母對子女可稱愛，然子女對父母，當稱親，稱孝，避不稱愛。故慈愛可並稱，孝愛不得並稱，因父母生養子女，當其幼時，常易視子女為己有。子女為父母生養，豈可轉視父母為己有。墨子不喜孔門言孝，造為「兼愛」之論，教人「視人之父若其父」，而曰本於「天志」，斯其不識人心之仁可知。此乃等於違孝道而言泛愛。韓愈曰：「一視而同仁，篤近而舉遠。」不言一視同愛，較墨子言為勝。

愛有己私之愛，有仁心之愛。己私之愛非不可有，但不當以私愛妨仁心。即如愛親、愛家、愛國，亦有近私愛而害仁者。故孔子教仁不教愛。耶教言博愛，主以上帝心愛世人。此與墨子相似。然苟人心本無愛，則何復能愛上帝。且愛心偏於此，往往忽於彼。徒言泛愛、博愛，如以一瓶水沖進一杯牛奶，味淡質變。故宗教力言愛，而時起宗教戰爭。信仰不同，而愛心轉成為仇心。其愛上帝，亦轉近於私愛。故言愛，則必辨其為仁心之愛乎，抑僅愛而未仁乎？仁心先在，愛心後起。仁心一人我而為公，愛心易陷於私而成物慾，此其當辨者。

西方人重視男女戀愛。孟子曰：「食色性也。」男女之愛，亦從天性來。惟自人類有婚姻之禮，由天性轉出人道，則夫婦之愛當更重於男女之愛，亦必自男女愛轉成夫婦愛。男女愛乃是夫婦配合以前之追逐愛，夫婦愛乃是婚姻配合以後之相處愛。此有不同。中國人言「愛」又必兼寓「敬」。如郤缺梁鴻夫婦故事，更為中國人所喜頌揚。此與西方人言戀愛至上之意有異。而且愛屬「情」，不能說是「性」。儒家只說性中有仁，不說性中有愛。中庸列舉喜、怒、哀、樂、愛、惡、欲七情。有愛則必有惡。愛與惡相對並起，究不能奉為人道建基之大本。

老子曰我有三寶，「慈」為之首。佛教亦言「慈悲」。慈與愛皆屬仁，然亦有別。以人之年齡論，愛多在中年，慈多在老年。男女相愛，雙方平等。老之慈幼，則不平等。慈亦生物之天性。若使生物無慈，一切小生物，皆將失其養育。蜘蛛相交媾，公蜘蛛若不急速逃避，必為母蜘蛛咬死。但母蜘蛛亦懂養護小蜘蛛。可知動物可以無愛，但必有慈。但儒家並不過分提倡慈，卻更重提倡孝。一因慈本天性，孝則有賴培育。故禽獸有慈不有孝。二則愛與慈皆在成年之後，孝則尤應在嬰孩乃至少年期加意培育，使之少成若天性。故儒家教孝，乃是人類贊天地化育一大智慧，一大功德。

我昔嘗言，中國人重孝道，乃屬一種「青年文化」。歐西人重男女愛情，乃屬一種「中年文化」。印度佛教重慈，乃屬一種「老年文化」。青年有生氣，中年富強力，老年漸近衰退，但長慮卻顧，憂深思遠，而更富和平性。此三期乃合成一全人生。然惟青年期可以貫徹此人生之全途程。中國文化雖若不似歐西文化之有強力表現，然生氣充盈，如水長流，緜延悠久。又濟之以佛教東來，慈孝相輔，人生大道，首尾兼盡。若男女之愛，事在中年，中國人必使其上顧孝，下顧慈，義必求全，情不求盡，發乎中正，適可而止。遂若不易有若歐西人之孤往直前，酣暢罄竭。此亦儒家思想一種贊化育之深義，而中國文化之和平圓滿，各方兼顧，融成一體之至意，亦於此可見。

自西化東漸，男女戀愛自由至上之說，日益囂激。如水橫決，更難遏制。但若為了愛情而損及仁道，則所為衝決網羅者，終將使人道日臻於不安。牽一髮，動全身，戀愛自由至上，上不顧孝，下不顧慈，而男女雙方，徑情直行，亦未必全成嘉耦。今日西方，更激盪而有性解放，破棄婚姻，夫婦將轉為朋友之傾向。此乃亟待中國有新聖哲，一本人性，重修倫常，使此生氣充盈之文化傳統，仍獲欣榮滋長，孝、愛、慈三方，重得同歸一仁。此誠是一大題目，有待大智慧作解答。

一三

孟子說「仁者愛人」，但孟子對此「愛」字，每從另一角度發揮。孟子曰：

> 乍見孺子將入於井，皆有怵惕惻隱之心。

怵惕是驚動貌。惻，不安義。隱，微痛義。見一小孩誤步入井，其人必有一番驚動不安，若有微痛之心情。此種心情，孟子謂之是「不忍人之心」。

齊宣王坐堂上，有牽牛而過堂下者，王曰：「吾不忍其觳觫，若無罪而就死地。」令以羊易之。孟子曰：「是心足以王矣。百姓皆以王為愛，臣固知王之不忍也。」

此處提到「愛」與「不忍」之辨。僅說愛易帶各種複雜內容，並易沾着，如愛權位，愛名，愛財，愛玩好皆是。齊宣王以羊易牛，人疑其為吝惜，愛錢財。孟子乃說其是一種不忍之心。於物不忍，於人可知。此將入於井之孺子，我非於彼有愛，只是乍見心有不忍。此不忍之心，亦即從相人偶之仁心來。人類原始同具此仁心，經人羣中種種利害得失，衝突權衡，幾於洗刷淨盡，湮沒不見。只此一刹那，觸景生情，乍然呈露。此乃人人皆然，而經孟子指出，則在人心深處，終自有其不可斷滅的仁的根芽，生機永在，確然可信矣。

孟子又曰：

君子之於禽獸，見其生，不忍見其死。聞其聲，不忍食其肉。

是以君子遠庖廚，是乃仁術。見了他生，便不忍見他死，此即是一種相人偶之仁。欲求保持此心之仁而益務擴充，此亦有術。主要先在善為珍重護養此不忍之心下手。故又曰：

人能充無欲害人之心，而仁不可勝用。

不忍人之心，即無欲害人之心。孟子舉出此兩心來言仁，較之以愛言仁，更易使人瞭解仁之眞義。今再論「愛」與「不忍」之別。在不忍心中絕無私夾帶，而愛則不免有私夾帶包藏，不易割劃。孟子明說，為見孺子入井而其心怵惕惻隱，非為「內交於孺子之父母」，非所以「邀譽於鄉黨朋友」，亦非「惡其聲而然」。前兩項固是私，後一項亦是私。此人與此孺子，本屬絕無關係，事出突然，眞情躍露。此一番不忍之心，則並不附帶有任何私計慮，私打算，只是一誠之動。此始是自然本有之心，起於人之內在，而為人人所同然。齊宣王不忍一過堂之牛，其心亦復如此。

孟子又曰：

蓋上世嘗有不葬其親者，其親死，則舉而委之於壑。他日過之，狐狸食之，蠅蚋姑嘬之。其顙有泚，睨而不視，蓋歸反虆梩而掩之。

並說：

其洮非為人洮，中心達於面目。

此亦指出人類一種不忍之心。因有此心，遂開出有葬禮。對死者尚所不忍，又何論於生者。人文大道，種種興起，亦可謂都由此不忍之心來。

由此不忍之心而展出愛，乃始是極純潔的眞愛。此種愛，乃無所為而為者，只純粹愛其所被愛之對象，非施愛者別有需求之欲而有此愛。此與有所為而為之愛有不同。有所為之愛，在施愛者乃於愛之外別有所需所求所欲，並亦未必同是被愛者之所需所求所欲；此只是施愛者一方之私。即如男女之愛，相愛雙方，亦往往不免有許多夾雜附帶，而使愛失其純潔性。故男女之愛，雖固出於人之性，然終不免滲進了其他許多後起情欲，失其純潔，即不得認以為人之仁，亦不能據以為人文大道建立深厚廣大之基礎。

故孟子雖說「仁者愛人」，猶必於愛心之外指點出一番「不忍人之心」來。但婦人之仁，亦屬一種不忍之心，而終不得謂之仁。抑且人類亦尚有仇恨心、殘忍心、鬥爭心、殺伐心，此諸心態，亦幾於人人皆有，隨時隨處而可見。然此諸心，究皆是緣起心，因與外面接觸種種事狀種種條件激盪引起。究不可與最先第一原始本心之仁相比。然而此一原始本心，引而愈歧，出而愈遠，失其本眞，乃至轉成敵對相反之地位。故雖人人之心皆有仁，而仁道則終是難能可貴。孟子曰「善推此心」，此「善推」二字中，便寓有無限層次，無限曲折。經此下歷代儒賢，不斷研討，未有盡境。曾子曰：

任重而道遠。仁以為己任，不亦重乎。死而後已，不亦遠乎。

仁是人道，盡人類以為量，達乎人類之全程而始止，反而求之，則如沙裏淘金，人人心中皆有此一顆不變不壞晶光瑩耀的眞金粒子。但蒿目以觀，則不仁之人仍是充塞於天下。曾子此兩語，可謂是確實把握到了師門精神。

孟子亦言：

仁之勝不仁，猶水勝火。今以一杯水救一車薪之火，不熄，則謂之水不勝火，此又與於不仁之甚。

人心之仁，譬之猶水，其性潤澤，可以生物。人心中種種私情欲則如火，其性熾烈，可以毀物。只此原始本心之仁是生道。其他私情物欲，種種緣起引生心，則不啻如一大火聚。究竟是火燒乾了水，抑水澆滅了火，則在人之知所從事。一人如是，一個社會人羣也如是。

孟子又曰：

五穀，種之美者，苟為不熟，不如荑稗。仁亦在乎熟之而已。

五穀，是可食美種。荑稗亦可食，但不美。原始人知識稍開，漸知穀食。其實那時所食，亦都只是荑稗。有聖人出，教民稼穡，乃知培養荑稗成五穀。五穀由人種殖，荑稗則屬野生。耕稼便是贊化育。初民文化，亦可稱為荑稗文化。有俟於人文大開，始自荑稗文化中成熟為五穀文化。今天的人類文化，實皆是半生不熟，正在荑稗文化與五穀文化之轉進途程中。孟子所舉不忍之心人人皆有，其實亦尚是一種天然野生之荑稗。由此養成五穀，發展出仁心仁道，其間還大有事在。

篇四

一四

孔子告顏淵仲弓，乃指示以為仁之方。孟子言不忍之心，乃指點人心之仁之不可磨滅、歷世常在處，使人反身而自得。至於仁心仁道在人文社會中，如何具體發抒，孔子亦已扼要言之。

子曰：

> 夫仁者，己欲立而立人，己欲達而達人。能近取譬，可謂仁之方也已。

「立」猶言站起身，「達」猶言邁開步。人生涉世，無不欲站得起身，邁得開步；但儘只在權位名聞財利玩好種種塗附人生外部的上面作計較，用心在外，轉成陷阱困縛，使人墮落不自由。不知站身邁步，重要只在己之一心。須在內部人生之全體上，即人格心地性分上求立求達。孔子十五而志於學，三十而立，所學在此，所立亦在此。重要只在自己心上。四十而不惑，五十而知天命，六十而耳順，七十而從心所欲不踰矩，其不斷上達之一段路程，亦盡還是在此。此心便是仁。孔子之學，乃是學此仁。「學不厭」是其欲立欲達。「教不倦」是其立人達人。孔門弟子，遵其教訓，皆得有立有達。循是以下，儒家思想在中國社會，傳播日久日大，使中國民族，兩千年來，長能站起身，邁開步，使中國成為一仁道文化傳統。此乃孔子之至仁，立人達人的具體大貢獻。蓋因能近取譬，以己心推人心，更進而推到千百世下之人心，而古今可以相譬而喻。是即此心之仁，亦即求仁行仁一條最平易最直捷的大道。

今雖世變事異，但孔子教仁之大道，則已浸漬漸染於人人之心。雖不識字人，亦浸漬漸染於此仁道大教中而不自知。今亦可稱此曰「良心教」、「良心文化」。與人言仁，或不易知。與人言良心，則人人皆知。「良心」二字，首見於孟子，曰：「所以放其良心。」良心即人人固有，原始同然之心。此心與生俱來，但一入人世，易於放失。但放失後還可時時自然發現。一經發現，此良心固依然尚在，仍為我有。孟子又稱「良知良能」，以其與生俱有，可以不學而知，不學而能，盡人皆知，盡人皆能，故曰「良」。中國孔孟儒家大道，即從此人類同有之良心上建立。

中國人又常以「良善」並稱。孟子道性善，即猶今人言天良。孔子曰：

苟志於仁矣，無惡也。

只要其人存心於仁，立志為仁，其人即不是一惡人，其所為亦不得目之為惡事。仁道文化，同時亦可稱為善良文化。中國人好說良相、良將、良臣、良醫、良工及賢良等，此不僅稱其才，亦復稱其德。中國人更喜稱道「善」字，如善士、善類、善門、善風、善政、善根、善緣、善知識、善心、善意等。窮則獨善其身，達則兼善天下。隱惡而揚善。惡惡止其身，善善及子孫。為善最樂。眾善奉行，諸惡莫作等。在中國，儒佛皆言善。西方古希臘人以眞、善、美三分並列，在中國人心中，則惟善為主。使眞與美而不善，皆非中國人所想望。

今再申說，中國人之所謂善良，乃是不僅知有己，亦復知有人。此種知，不從外面物上知，乃從自己心上知。若從物上知，他身非我身，顯屬分別。但從心上知，則此心上知己便知有他，知我便知有人。中國人所謂良心、善心、不忍人之心，即是此心。人能善推此心，乃知孔子之所謂仁。良心善心，中國人俗語亦稱軟心腸。朱子說：

仁是箇溫和柔軟底物事。

仁則必溫軟，不冷硬。婦人之仁固不是，但鐵石心腸、冷血，更不是。今人愛言熱，如熱心、熱血、熱戀、熱愛、熱烈，但熱不可久，並亦難受。不如溫和，易保持，易接受。孔子溫良恭儉讓，溫良屬仁，恭儉讓屬禮，仁禮交融，活現孔子之聖。亦可稱是人類中理想的標準人格。

溫和柔軟，疑若強力不足。但孔子曰：

仁者必有勇，勇者不必有仁。

又曰：

當仁不讓於師。

師，眾義。孟子曰：

雖千萬人吾往矣。

千萬人在前，不懼不讓，獨行我是而勇往直前，惟仁者能有此。此乃人心能力之一種最高表現。非有純白眞心，則不能有剛健眞力。虧於心而仗於外物，其力不足恃，抑且轉為害。孟子曰：

仁者無敵。

可說整個人類世界，直從遠古以來，仁與不仁相爭，勝者常在仁之一方。人類在求生條件上，似乎種種不如禽獸，但人終為生物中之優勝者。因人最能仁，結成大羣，故得無敵。孟子又曰：

不嗜殺人者能一天下。

歷史上羅馬、蒙古、大英帝國，皆未能一天下。富強之極，終歸失敗。唯中國民族一以溫和仁厚為本，而緜延最悠久，擴展最廣大。遠起羅馬帝國前，仍留在大英帝國後。雖親遭蒙古帝國之蹂躪踐踏，但終由中國民族來護持了蒙古民族。此是仁者勝不仁之絕好例證。

再則生意必在溫和柔軟中，死的便冷硬。人能護養此一溫軟心，纔能生意不竭。天地有春氣，此是一溫和發生之氣，如生物之幼苗嫩芽然。有了春生，纔有夏長、秋成、冬藏。無春，便無夏秋冬。若在夏秋冬時有生，此必在夏秋冬時亦有溫和。仁是天地生物心，有似四時之有春。所以宋儒說：「穀種是仁。」又說杏仁、棗仁、瓜子仁。此皆生機所藏，故皆得稱仁。近代帝國主義、資本主義、共產極權主義、階級鬥爭，種種力量，更起迭盛，都是人我立敵，利其嘴爪，硬其皮殼，護己唯恐不至，害人在所不恤。此之謂不仁。在其內心亦尚有一顆可資為生生不已的種子即仁，而必加以重重錮蔽，使不暢遂。此起彼仆，人類苦痛無所底止。此是溫和已竭，肅殺來臨。必有一番嚴冬摧廓，把外面添上的盡剝掉，此下乃有新生機重見。

莊老不喜儒家言仁。莊老所抱持的人生理想，實亦是一種個人主義。二元的人生觀，把個人自我與外面世界分別開。則此個人，常感自我不免受外面世界種種干擾、侵犯、壓迫、束縛。乃欲求覓一個更廣大的環境，來獲得其個人之獨立自由。故莊子內篇，首之以逍遙遊，如鯤鵬之遊行翱翔於南海北海，擺脫塵俗，投身大自然。若不得已而置身人間世，則惟有為櫟社樹。對人無所可用，對己乃成大用。否則如支離疏，其形支離，常被剔出人群，反而可獲自由。故莊子之人文理想，乃曰：

魚相忘於江湖，人相忘於道術。

魚在江湖大水中，可以互不相顧，自由自在，獨游獨活。人生道術，亦當如此。老子較現實，其言亦更較坦白。故曰：

天地不仁，以萬物為芻狗。聖人不仁，以百姓為芻狗。

結芻為狗，用以祭祀，既畢事則棄而踐之。芻狗非眞狗；人之在世，其所勉為，特供他人一時之用，亦不得謂是眞人。老子既認天地自然與人羣社會皆屬不仁，故尤不喜人道中之有禮，乃曰：

禮者，忠信之薄而亂之首。

老子言人生，則曰「為腹不為目」。人之有腹，只顧一己營養，目必張開外視，把自己投進外面世界，多知多欲，反而忘失了自己。莊老似乎並不知天地生機，與夫人心之仁，本是內外一體，彼我不分。乃先以自我個人為中心，來與外面世界分劃，則自然之與人生，成為二元，不能融和合一。由此推演，宜其無當於大道。

下及東漢季世，政治社會解體，儒家仁道思想失卻信仰，思想界轉歸於莊老，我昔稱之曰「自我之覺醒」。但個人主義所認之自我非眞自我，只是老子「為腹不為目」之小自我，究不能與孔子「為仁由己」之「己」相提並論。

一五

孔孟言仁，已極剴切詳明。漢儒由五經來探討孔子，實已隔了一層；而論語則被視為小學書，孟子列諸子，並不列博士六藝之科。所以漢儒重事過於重心，未能直窺儒學之閫奥。觀鄭玄、許慎釋「仁」字可知。魏晉以下，莊老代興，心學漸起，但不脫個人主義之樊籠。佛學稍祛此蔽，然不脫出世傾向。宋代理學家始由孟子上窺孔子，較使儒學復光。但理學家言仁，亦有貌似深進，而轉失孔孟言仁之精義者。如程明道言：

> 仁者渾然與物同體。

程伊川言：

> 仁者以天地萬物為一體。

以此較之孟子「仁人心」、「仁者愛人」之兩語，轉反易入歧途。仁指人心，乃由一人之心而旁通人人之心。故為仁由己，乃由己心推他心。己心在內，他心在外，推己心及他心而有愛。仁是本，愛是末。固可稱內外本末是一，但仍不宜忽了此內外本末之辨。今空說物我同體，天地萬物為一，反似把此心在內為主之地位消失了，或沖淡了。而且若果是同一之體，豈不將成為墨氏之兼愛。愛牛愛羊與愛人愛父母，分別何在？豈不又要從功利上來計較。而又把人的地位沒入於天，孟子「仁者人也」之精義，亦將消融不見。故朱子說：「二程此等處，說得太深太廣。」又如謝上蔡以「覺」為仁，心固是一覺體，麻木頑痺，固可說是不仁；但喚着便應，抉着便痛，又豈便遽是仁？禪家重言「悟」，又豈是悟了此仁？上蔡只把「覺」字來替換禪家「悟」字，只從心上說，不從事上辨，亦復失之。

至朱子言仁，乃以天地為一大仁體，從人文界推擴到自然界，不失為孔孟言仁以後一新開展。孔孟儘說仁心仁道，但老子轉向自然界來說「天地不仁」。今朱子又倒轉說之，謂天地即是一仁，此不得不謂是思想史上一大開合。朱子大意說：

天地以生物為心。

此即易傳所謂「天地之大德曰生」。天地生萬物，一個物裏面便有一天地之心。人亦受天地之氣以生，有此身，便有此心。故此心必有生氣，有生意；此心之生氣生意則本出一體，即便是仁，亦即是天地之心。譬如穀種，其性便是仁，正因其能生。因天地有了生物之心，纔始有人與萬物。若使天地無生物心，人與萬物，又何能違逆着天地自作主、自來生。

天地不息，亦就生生不息。老子曰：「有生於無。」天地間本無生，繼而有生，老子之所謂道即此。但亦可謂老子此道亦即是仁，因其能自無生有。老子只注重在其先之「無」字上，但儒家則注重在其自無生有之「生」字上。中庸亦說：「上天之載，無聲無臭。」「載」即始義。儘說天地最先是一無，但究竟是生而為有了。若說天地無生物心，物只自然生，則此自然之道，因其能生，亦可謂即是仁。莊子說「一氣之化」，在此化中有生意，此氣即是生氣，此生氣也即是仁。朱子只從此生意生氣上來說天地是一大仁體，故道家僅說氣化，儒家則說此氣化中有「生」與「育」，此是兩家所見不同處。

朱子又說：

萬物生長，是天地無心時。枯槁欲生，是天地有心時。

萬物各得天地生物之心以為心，營營逐逐，各自競生。那時則似天地無心，一任萬物之自然。但方生事未起，或生事已窮，在萬物枯槁中忽然爆出生來，斯時乃見天地有心。邵康節詩：

冬至子之半，天心無改移。一陽初動處，萬物未生時。

春間生氣方發。夏則萬物長茂，生氣發得來盛。及到秋時，生氣充足無餘，只得收斂。冬是肅殺之際，生氣終藏。然天心則冬春如一，在那萬物未生一陽初動時，可見生氣醞發。故曰：「復見天地之心」。老子曰：「萬物並作，吾以觀其復。」彼意，天地間萬物群興競作，必會返本歸根，回復到原先狀態。如生命之必歸於死亡。道家主張回頭看，憧憬太古淳樸，對人文演進，抱一種消極態度。儒家則在宇宙萬物之原先狀態下看其興作向前。如看生命，亦注意向前看，看其由無而有，着重在為人文演進指示一條大路正路，是一種積極意態。此等看法，已遠見於易傳。易傳非孔子作，乃先秦儒吸收了道家說而成。到邵、朱又更加發揮。所謂陰陽一氣之化，儒道兩家似都抱有一種循環觀。但儒家在此一氣循環裏，指點出一種生生不息之生機。道家主復歸於無，王弼謂寂然至無，乃見天地心。則自當認天地為不仁。康節以「一陽初動處」說「復」。朱子曰：

復未見造化，而造化之心於此可見。

故認天地為仁。禪家要人「看父母未生以前本來面目」。但既有未生以前，亦有已生以後。何以只要人看前半截，卻不教人看後半截。邵子、朱子則教人從後半截回看前半截。本末終始，一以貫之。此始是一種正觀。

易傳又說：「繼之者善，成之者性。」朱子說之曰：

如草木萌芽，初間僅一針許，漸漸生長，以至枝葉花實，此即是「繼之者善」。若非有一生意不息，何能如此。當知此善處即是仁。天地間一切，只要能步步繼續，便是善。不可繼便是不善，便是惡。若穀長得九分熟，一分未熟，把來割斷，也即死了。便是不可繼。須待十分熟方割，這生意又藏在裏面，明年可再種，再熟，這是「成之者性」。亦便是可繼。

朱子說此條，着重在從後半截看，而前半截之眞意乃大顯。老子主有生於無，但無中既生了有，不能不認此有，而單認此無。雙方得失，顯然自見。

朱子又曰：

易傳顯諸仁，是可見底，便是「繼之者善」。藏諸用，是不可見底，便是「成之者性」。

此是說：天地間一切生物，千變萬化，總是天地生物之心之表現，此即是顯諸仁。但一切生物之生命都有箇限量。限量滿，便生去不得，那時則要有一箇終藏。如穀到十分熟，限量滿了，生意便藏在種子裏。一棵穀可得數十百棵子，明年再種，便成數十百棵穀。故穀種即是天地生生之氣之大用所藏。一切物種物性皆如此。而人性之仁，則更見大用。故朱子曰：

仁是天地之生氣。

又曰：

仁者天地生物之心。

此心藏在人性中，而作用更大，人之可以贊天地之化育者正在此。孟子曰：「盡心可以知性，盡性可以知天。」朱子發揮天地之仁，實有此意思。惟孟子只從人生內部心性方面說，而朱子轉向外面自然萬物說。故主「格物窮理」。天地是一仁，乃是朱子由格物所窮得之大理。然朱子此等處，都從易傳中庸發揮，易傳、中庸出孟子後，已多采道家精義。宋代理學諸儒，亦有超出先秦儒處，正為其能兼采道、釋兩家言。

篇五

一六

從來大智慧人提出一番大道理，未必即為其他人瞭解贊同。孔子提出「仁」字，墨子即加反對，而主張一「義」字。孔子亦言義，但常以仁禮並稱，或仁智並稱，卻不並稱仁義。仁義並稱始孟子。

孟子曰：

仁，人心也。義，人路也。

人有此心，必得有一路推行向外。故義隨仁起。仁先在，義後起。亦可謂仁是體，義是用。孟子同時告子，主仁內義外。其意謂仁屬心，故在內。義屬事，故在外。墨子上本天志，教人兼愛，亦即是認義在外。告子承接墨子，如是則豈不可有了不仁之義。故老子曰「失仁而後義」。此皆把仁、義分開看，把義放在心外了。孟子則謂辨別是非之心亦在內，不得謂義外。

董仲舒有曰：

仁，人也。義，我也。

此説若與孟子不同，而自有其涵義。仲舒謂仁必面對着外面他人，而有相人偶之親。若其心中只知有我不知有人，即無仁可言。義則只在我，應如此不如彼，是義，皆在我。至於孟子説：

仁，人之安宅；義，人之正路。

心中有我並有他人，人我一體，是心之仁，是我所可安居之宅。但為仁由己，要由此安宅走向外面去，則只有我自己邁步。我不邁步，等如門外無路。故仲舒説義者我也，似説在內；而孟子説義者路也，則如説在外。蓋捨仁言義，則皆必失之。孟子在仁字下緊聯上義字，始見義字真諦。易繫傳：「為人之道，曰仁與義。」此語顯出孟子後，不得謂孔子早已有此語。荀子每以禮義連言，因荀子主性惡，故亦認禮義皆在外。韓愈原道又曰：「行而宜之之謂義。」此語亦近於説義在外。

時各有宜，事各有宜，單在外面因時因事而求宜，卻不指出一共同出發點。孟子則要人撇開外面種種複雜糾紛，千差萬別，而在人之原始本心，同然相通處，認出一義之根源來。

孟子曰：

羞惡之心，義之端也。

羞惡心亦稱恥心。孟子曰：

人不可以無恥。無恥之恥，無恥矣。

此說人能以無恥心為恥，此心庶可以無恥。又曰：

不恥不若人，何若人有。

人每以不若人為恥，此因心有相人偶之仁，故有不若人之恥。若不恥不若人，則將眞成一不若人之人。俗語罵人「不像人」，或罵「不是人」，即孟子所云之「不若人」。然人有眞假。人之內在生活始是眞，外面種種塗附皆屬假。心性始是眞，衣食皆是假。孔子曰：

士志於道，而恥惡衣惡食者，不足與議也。

衣食皆塗附在外，只能各別占有，但亦可頃刻互換。只有心生活，始是在內屬眞，為人各自專有，但又可和通合一。心有知覺，始是眞人生。而且一人之知覺，可與他人相通流。故曰：

先知覺後知，先覺覺後覺。

此處即是心之仁。孔子曰：

吾十有五而志於學。

志於學即是志於道。人道是一大共通。學者，即是學他人知覺來開我知覺。三十而立，斯我心始能自己站得住，行得通。人心自嬰孩初生，即有知覺。但貴能以我知覺來學人知覺，始見此心之仁。不食知饑，無衣知寒，此心只知自己一人之私。須能知人饑人溺，猶如己饑己溺，始是此心之大仁。到此，我心之知覺，已匯入了人類知覺之共通大流中，此心始是道。故衣食不如人，非眞不若人。此心知覺，只限於一身之私，不能使人類知覺之共通大流進入我心。此心只是一小心，所知覺，只是小知小覺。此人亦只是一小人，此道亦只是一小道。小人小道，終於會站不住、行不通。此見耻不若人，亦有義不義之辨，其源皆由此心之仁來。孟子又曰：

> 舜之居深山之中，與木石居，與鹿豕遊。及其聞一善言，見一善行，沛然若決江河，莫之能禦。

當其居深山時，則屬一野人。亦可說是一草昧之人。及其聞一善言，見一善行，其心開廣，乃漸得為文化人，更進而為文化人中之大人與聖人。其實大聖人在先也是個後知後覺，須待與人相人偶，其心始得開廣。赤子之心，正為樂與他心相通，故能日趨廣大。而迄於成年，其心反自私自閉，專顧這一身，循至於不耻不若人。這是失去了本心原始之仁，而亦流於不義。孟子又曰：

> 人能充無穿窬之心，而義不可勝用。

穿穴踰牆為盜，皆常人所不為，而我獨為之，豈不可耻。不知耻，即是不仁。凡屬他心所不許，我心亦必感到其不可許，此是由仁而後有義。又曰：

人能充無受爾汝之實，無所往而不為義。

爾汝是相與輕賤之稱，受人輕賤，自感耻辱，知耻而不受即是義。又曰：

一簞食，一豆羹，得之則生，弗得則死。嘑爾而與之，行道之人弗受。蹴爾而與之，乞人不屑。

嘑之蹴之，較之爾汝輕賤之稱耻辱更甚。簞食豆羹，可賴以活我身。但嘑蹴相加，吾心勿受，寧甘餓死，於是而有舍生取義之壯烈行為。凡屬人所不願受者，我亦不甘受。其實仍由此心之仁而來。故能殺身成仁，斯能舍生取義。其本皆在一心。只要我之心生活能超出於身生活之上，則自能有此殺身舍生之行為。

凡上所稱引，孟子所説之義，皆可推本到此心之仁。仁義實屬一事，故孟子每連言之。今人或以為仁屬感情，義屬理智。但觀上引孟子諸條，則凡所謂義，亦屬感情。

孟子又曰：

為機變之巧者，無所用耻焉。

此猶孔子言「巧言令色鮮矣仁」。人貴能本其與人相親相人偶之一顆眞誠原始本心來立身處世。本着此心而來的種種計較打算始是義，不本着此心而來的種種計較打算，乃是無所用耻，鮮矣仁而大不義。故義亦可說是理智的，而此項理智乃決不可是功利的。因功利只為一身之私，只為小我打算，而義則必從流通大羣之共同心共同感情而來。

孟子又曰：

無為其所不為，無欲其所不欲，如此而已。

又曰：

人有不為也，而後可以有為。

孔孟言仁義，必是人人皆能，始為人生大道。若言有為，則不必盡人能有為，但有所不為則應無人不能。我只決心不為，誰也不能強我為之。而世上乃竟有無所不為之人。此非他不能不為，只是他不肯不為。今若説，我必要喫到這口飯，此事有時有所不能。但若説我不要喫這口飯，此只在我，無地無時斷無不能。「不能」可不由他負責，而「不肯」則不能不由他負責。但人至於恬不知恥，總是想要喫這口飯，不肯不喫，到那時，則道義教育，全無所用，惟有禁之以法令。荀子則稱此曰「性惡」，孟子則只謂其人之「無耻」。此見孟子言比較近仁。故孟子兼言「仁義」，而荀子則多言「禮法」。人何以不肯不為，則因其人內心之有欲。孟子曰：

養心莫善於寡欲。其為人也寡欲，雖有不存焉者寡矣。其為人也多欲，雖有存焉者寡矣。

「存」是自心本有的，「欲」是要向外面求取的。儘向外面求取，反把自心本有的放失了。故孟子教人寡欲，像是一種消極態度，其實有一種更積極的意義蘊蓄在內。孟子曰：

我得志，弗為也。

世人之為與不為皆由外面條件限制決定，非我自欲為或自不欲為。若要使此心能赤裸裸地自欲為或自不欲為，此是近代人所渴望的所謂「自由」。但不是向外爭取的自由，而是內在決奪之自由。能此也便走上了仁義的道路。

但人生究亦有不得不為處。孟子曰：

於不可已而已者，無所不已。

不可已，即是不得不為。能恥不若人，便知不可已。「舜人也，我亦人也，有為者亦若是。」人能恥不若舜，始能大有為，始知不可已。舜亦人，我亦人，我何為不若彼。孟子又曰：

鷄鳴而起，孳孳為善，舜之徒也。鷄鳴而起，孳孳為利，蹠之徒也。

知舜與蹠之分無他，「利」與「善」之間也。人類只有此兩大別。何以孳孳為利，為其多欲，為其不知恥。何以孳孳為善，為其寡欲，為其恥不若人。其心有仁則知恥，知恥則寡欲。其心知恥寡欲則自知義。故義亦起於內心，必隨仁而起。利則向外求取，所重在外，不在內。而在外則有可得，有不可得。不如義之自內生，無不可得。「內在人生」主在我，外面一切條件皆無奈我何，此始是我之大自由。「外在人生」則其主不在我，皆由外面一切條件決定，其權在外，不由我主。故惟內在人生始是眞人生，亦惟內在人生始可與外面大眾人生和通合一而成一大生命。外在人生把外面一切全變成爭奪對象，把自己生命變成一小生命，而且此小生命亦終必落空不可保。今若說，人類原始人生，乃由小生命開始；但從人文演進趨勢看，儘不妨說，人類終極人生，應向大生命歸宿。此即是人道中之大仁大義，而其本則皆在於人之一心。

一七

義有在兩可之間者。孟子曰：

可以取，可以無取，取傷廉。可以與，可以無與，與傷惠。可以死，可以無死，死傷勇。

此說只可取，自當取，但同時亦可無取，則取了傷我之廉。只可與，自當與，但同時亦可無與，則與了傷我之惠。只可死，自當死，但同時亦可無死，則死了傷我之勇。人生在財利上，在死生處，正有一大義當辨。箕子比干諫紂，紂殺比干，囚箕子以為奴。箕子則佯狂受辱。此兩人，皆紂之諸父，紂無道，不當不諫，諫是其義。比干諫而死，但不可畏死不諫。箕子因諫被囚，在我則諫之義已盡，幸不被殺，則義可無死。但因為奴亦是辱。古人說：「士可殺，不可辱。」但若義不受辱，激紂殺我，更添其惡，亦屬不義。若果受辱，則使紂認為士可殺亦可辱，又屬不義。不得已乃佯狂而受囚。在箕子當時，既不是抱有一種怕死心，亦不是裝瘋作假，有怕人知其受辱心。箕子當時只有一番諫紂心，既不能挽回使紂向善，亦不欲更增刺激，加紂之罪過。至於自己死生榮辱，轉屬其次。至於微子，乃紂之庶兄，知紂不受諫，而已亦可以無諫，乃逃避而去。其實逃避而去，亦是一種諫。故孔子稱此三人為「殷之三仁」，存心仁則行無不義。諫是義，不諫亦是義，甘心被殺與佯狂逃去皆是義。在各不同之情境下，發為各不同之行為，非在外有一死規律教人必從，亦非人各一是，無可相通。故義必由仁起，外若不同，而內實相通，其相通處是仁，其相異處有節，後人每以「節義」連言。

孟子又舉伊尹、伯夷、柳下惠，稱為古之三聖人。曰：

> 伊尹聖之任，自任以天下之重，思天下之民匹夫匹婦有不與被堯舜之澤者，若己推而納之溝中。伯夷聖之清，非其君不事，非其民不使，當紂之時，居北海之濱，以待天下之清。柳下惠聖之和，不羞汙君，不辭小官，進不隱賢，必以其道。遺佚而不怨，阨窮而不憫。

此三人，各立一節，各持一義，守之終身，而相互不同。但孟子同稱之為「聖」，其所不同者是其所守之「節」。

孔子亦稱伯夷叔齊為「古之仁人」。二人諫武王伐紂，幸不死，不食周粟是其義。其餓死首陽，乃言采薇，非言絶食自殺。二人之采薇而食，有其可守之節，而並無必死之義。正如箕子佯狂，微子逃去，各有其節，同全其義。各人之守節不同，而同於義，其義則各從其心之仁來。故無仁則義不見，非知節則義不全。孔孟教人殺身舍生，亦惟為了成仁取義。惟殺身舍生乃大節，非到此節限，僅知輕生，亦只是無仁不義。

人生情勢局面既極複雜，人之性向亦有不同，而所值時地環境際遇又一一相異，故不能懸設一節，用同一尺度來衡量各人之操守行為。

節是行為之節限分寸不可踰越處。春秋吳季札曰：

聖人達節，次守節，下失節。

聖人生活境界高，乃若無一固定節限可守。如孔子仕止久速，無可無不可，異乎伊尹、伯夷、柳下惠之各守一節，孟子謂之「集大成」，此即季札所謂「達節」。但達節非無節，因道大斯所守大，不如伊尹、伯夷、柳下惠，雖亦各有其道，但與孔子之道大小有別。今使孔子當比干箕子時，不知將如何處。當伯夷叔齊時，又當如何處。當伊尹、微子、柳下惠時，又各當如何處。所可知者，此諸人各見一個性，各成一獨行，卻未必能易地相處；而孔子不然。孔子曰：

十室之邑，必有忠信如丘者焉，不如丘之好學也。

上列諸人，皆前古聖賢，各能立節守節，自與十室之邑之忠信大有別；而孔子更超越，此因孔子好學。好古敏求，把前古聖賢一切人生榜樣標準尺度，皆學而知之，故能變而通之，乃成一集大成之大聖。

在孔子前，早有許多人，創出了各式各樣的人生，各可為後人作榜樣。孔子則在此各色榜樣中和合會通，創出一更大的大榜樣。若論其內心之仁，則還是一色，還是與十室之邑之忠信無大差異。但論其見於外之義，則孔子與前人乃大不同。所以孔子稱為「聖之時」。忠信只是仁之始，聖之時乃為仁之終。但孔子亦適逢其時。若使孔子生堯舜前，又從何處去學此各式榜樣而集其大成。可見仁本於心，出於天，乃人生之大同。義見於事，成於人，其間乃可有大不同。仁義之道，乃是從大同中出大不同，又從大不同中得大同。

莊子曰：「仁義之途，樊然殽亂，此亦一是非，彼亦一是非」，莫可究詰，因創為「齊物論」。其實此中正該有一番大學問，乃可有一番大知識，乃可從樊然殽亂中得其大通。若僅憑一心，說「見父自然知孝，見兄自然知弟」，那能都如舜與周公，閔子騫與曾參。人非大智，自該有學，不然豈能都見出在孝弟上一切行事之宜來。固可說「仁至而後義盡」，亦可說「義盡而後仁至」。吳季札所謂

「守節」，實也是守前人一榜樣，或自己心中立下一尺度。榜樣有大有小，尺度有高有底。聖人「達節」，始是至高大義。荀子極重此「節」字。曰：「節者，死生此者也。」又曰：「敬節守制。」荀子意中，似此節早已存在於我之外面。不知實應由各人心中自立節，不應由外面立一節來限制此心。平時，守此節不失，是為「禮節」。遇變難時仍能守此節不失，乃為「氣節」，或說「節義」。在此處，若有準，若無準。若只守一心，又若要博學審問。此在人善自辨別。

一八

人生有財利、死生兩大關。財利關貴能退一步，戒貪，勿多取，此為「臨財毋苟得」。死生關需要進一步，勿貪生怕死，自受嚇阻，此為「臨難毋苟免」。從財利關言，勿多取，是廉節；勿多用，是節儉節省節欲節流。故說制節謹度以防奢淫。用財能節，取財自能廉。從死生關言，中國從來有「守節死義，伏節死難」之教訓。武人尤然。將軍有死綏之節。故曰：「有斷頭將軍無降將軍。」岳武穆言：「文官不貪錢，武官不怕死，天下太平。」人生財利、死生兩大關大義已在此說盡。

中國人又常稱「氣節」。要衝破死生關，弗失此節，必須具有一氣。中國人又常稱義氣、勇氣。春秋時魯曹沫言：

戰，勇氣也。一鼓作氣，再而衰，三而竭。

又如說短氣、喪氣、失氣、奪氣、泄氣等。此諸「氣」字，其義何指，似甚難言。但人生中儘有大家應知，而甚難用言辭分釋者，此等處又往往是人文傳統精神所寄。貴於心領神會，不必強作分釋。但簡要言之，中國人稱仁心、義氣。必先具此心，乃始有此氣。氣只是一種內在心力之表現。故又稱「志氣」。

孟子曰：

我善養吾浩然之氣。

又以兩種養勇作比。一是北宮黝式，要一切不受挫，以報復為主。一是孟施舍式，視不勝猶勝，以不懼為主。定要報復，則計較在外；只求不懼，則把握在我。孟子稱孟施舍能守氣，但尚不如曾子之所聞大勇於孔子。曰：

自反而不縮，雖褐寬博，吾不惴焉。自反而縮，雖千萬人，吾往矣。

只問自己理直不直，對方雖是一大布鄉人，我不直，也不去恫嚇他。對方雖千萬人之眾，我理直，也向前。孟施舍功夫用在「氣」上，曾子功夫用在「理」上。理直則氣壯，較之孟施舍又高一籌。孟子自己說，浩然之氣，「以直養而無害」，只要常時理直，此氣自能至大至剛，塞乎天地之間。此氣乃積集日常行義而生。俟有此氣，乃能配搭道義，更使行為勇決有力。若無此氣，正如餓肚子走路，路儘正直平坦，也會走不動，不得勁。

南宋末，文天祥被囚燕京四年，不屈而死，在獄中作正氣歌，曰：

浩然者，天地之正氣也。於人曰浩然，沛乎塞蒼冥。皇路當清夷，含和吐明庭。時窮節乃見，一一垂丹青。是氣所磅礴，凜烈萬古存。

此氣貫徹古今，浩然常在。亦可說：一部四千年中國史，正是一部浩氣常存、正氣磅礴的中國史。不斷有正氣人物，正氣故事。故使中國屢仆屢起，屹然常在。文天祥衣帶贊又曰：

孔曰成仁，孟曰取義。而今而後，庶幾無媿。

要無媿於孔孟所教，亦正是孟子所指的知耻心。

「正氣」二字，最先見於楚辭遠遊篇：

因惟省以端操兮，求正氣之所由。

一切名字言説皆出於心，因於名字流傳，人類心體得以廣大。此廣大心體即是「仁」。由此廣大心體引出一條共同大道即是「義」。在平時，此廣大心體所走共同大道，恰似一團「和氣」，即正氣歌所謂「皇路當清夷，含和吐明庭」。待及變亂危難時，乃激為「氣節」，死生有所不顧，此即正氣歌所謂「時窮節乃見，一一垂丹青」。此在中國歷史上，屢見不鮮，事極尋常。

與文文山同時有謝疊山，其文集有云：

人可回天地之心，天地不能奪人之心。大丈夫行事，論是非，不論利害。論逆順，不論成敗。論萬世，不論一生。志之所在，氣亦隨之。氣之所在，天地鬼神亦隨之。

文、謝兩人，一死一不死，雖皆未能救宋之亡，但民族正氣存，斯民族常存。宋元之際，天翻地覆，河決山崩，不百年而日月重光，文物依然，我民族至今尚屹立天地間，正所謂「人可回天地心，而天地不能奪人心」。此一種正氣，即起於人之心志；心志不媿不餒，則氣正而常在，天地鬼神亦隨之。此乃以人文界，來主持領導自然界，人定勝天，絶非虛誇之談，可由歷史作證。若就整個大自然言，人文界固是渺小，尚不能説如滄海之一粟。以至小之人文界，豈能轉移自然之支配，轉來主持自然。但就此人文界所親處之自然界言，則此自然界亦有範圍、分際，未嘗不可與人文界打成一片，而由人文界來主持。叠山在晦盲否塞之際發此壯論，洵堪欣賞。

其實孔子去魯衛，孟子不仕齊梁，此亦是一種節，亦即是一種正氣之表現。孔孟亦未能救春秋戰國之亂，一若並無補於魯衛齊梁之終趨於敗滅。惟其提倡仁義，主張正義，乃存我民族於千萬禩之久而日擴日大，謝叠山所謂當論萬世，不論一生。論一生，則孔孟亦潦倒，何論文、謝。但論萬世，則孔孟之道，輝耀天地間，歷古常新。正如小戴禮言，「志氣塞乎天地」。亦可説：中國文化，乃是一種崇尚志氣的文化，在艱險時，不短氣，不喪氣，不失氣。在常時，不樂邪氣乖氣偏氣衰氣暮氣。人品貴有清氣，覘國貴有王氣。此一「氣」字，不論就個人言，就大羣言，總是超脱當前具體而就中指示出一番綜合性的運貫斡旋於其内與其上的一個主宰或力量。此乃中國人看透了人心内在力量後之一種大覺悟，一項大啟示。故在人則言氣魄、氣象，在羣則言氣運、氣數。一切都貴有元氣、眞氣、灝氣、大氣，而在此一氣流動中，又能指示出其不可移動之節限。正氣歌所謂「時窮節乃見」，守節養氣，一而二，二而一。不知守節，則不能養氣。不知養氣，亦不能守節。此等處，正是民族文化傳統精義所在，貴能心領神會，躬體力行。言辭分釋，盡屬皮外。

篇六

一九

論語每以「仁禮」並言，孟子始合稱「仁義」，禮遂列四德之第三位。禮運篇言：

禮也者，義之實。

此謂禮緊接義起，即以表現義。荀子常連言「禮義」，而禮在義前。蓋「義」須己心抉奪，「禮」則依循成規。荀主性惡，故教人尤重禮。周公制禮作樂，為孔子畢生鑽仰，而孔子提出一「仁」字，則為周公制禮之畫龍點睛。老子曰：「失仁而後義，失義而後禮」，此即證老子書晚出，在孟子後，當與荀卿略同時。

孔子早歲，即以知禮稱，嘗曰：「如有用我者，吾其為東周乎。」此即有志復興周公之禮而微變之，由西周轉成為東周。及晚年乃曰：「甚矣吾衰也，久矣吾不復夢見周公。」然孔子不僅熟知周禮，亦能言夏殷禮。子曰：

夏禮吾能言之，杞不足徵也。殷禮吾能言之，宋不足徵也。文獻不足故也，足則吾能徵之矣。

由孔子之言，中國已往三代文化，即是一尚禮的文化。三代歷史，即是一尚禮的歷史。而孔子能於記載傳述之不足中來推言前代歷史文化之精義，此非大聖人智慧，固不克當此。孔子又曰：

周監於二代，郁郁乎文哉，吾從周。

蓋周公制禮，非憑空創造，乃亦監於夏殷二代而來。故孔子乃能本周禮而向上推說夏殷禮。孔子又曰：

殷因於夏禮，所損益，可知也。周因於殷禮，所損益，可知也。其或繼周者，雖百世，可知也。

是則禮雖一貫相承，而有因亦有革，有損又有益。尊傳統不害於有變化，多變化不害於有傳統。孔子之欲為東周，亦在此。

顏淵問為邦，子曰：

行夏之時，乘殷之輅，服周之冕，樂則韶舞。

在孔子意，乃欲斟酌調和前代虞、夏、商、周四代之禮以創興一代之新禮。其所舉例，因於年代隔絕，已難詳說其涵義。然「行夏時」一意見，則自漢以來，固已百世可知。

至孟子時，時代劇變，禮壞樂崩，已遠異於孔子之世。故孟子言禮，較之孔子又大不同。其告北宮錡曰：

周室頒爵祿，諸侯惡其害己也，而皆去其籍，其詳不可得聞。

又曰：

諸侯之禮，我未之學也。

故孟子論政，少言禮而多言仁義。其言禮，亦有明與孔子相背者。孔子極稱管仲，又曰：「齊桓公正而不譎，晉文公譎而不正。」孟子乃曰：「子誠齊人也，知管仲晏子而已矣。」又曰：「仲尼之徒，無道桓文之事者。」此謂孔子門下已不道齊桓晉文，則管仲地位自亦低抑；此因時變而有所損。至於士人出處、進退、辭受之禮，孔子時尚未詳及，孟子乃極言之。則因時變而有益。姑舉一事言之。

孟子將朝王，王使人來，曰：「寡人如就見者也。有寒疾，不可以風，朝將視朝，不識可使寡人得見乎。」曰：「不幸而有疾，不能造朝。」明日出弔於東郭氏。王使人問疾。醫來，門人告曰：「病小愈，趨造朝，不識能至否乎。」使數人要於路，曰：「請必無歸，而造於朝。」孟子乃轉宿於景丑氏。

此與論語鄉黨篇所記：「君命召，不俟駕而行」，可謂意趣大異。孟子謂：

為君者，不當好臣其所教，而不好臣其所受教。桓公於管仲不敢召，而況不為管仲者。

時變則禮亦變，孟子可謂善學孔子。至荀子言禮義，禮法，禮僅為一規範，若有一定格式，教人遵依，無怪老子要指禮為「忠信之薄而亂之首」。荀子門下如韓非、李斯，皆不能識禮意。蓋中國古禮，至晚周之末已大變。

今再略釋「禮」字之義訓。白虎通：

禮之為言履也。

此言禮是人所履行。一切人事履行，無所逃於相人偶。人必在人羣中與人相偶而始有人事履行。雖或閒居獨處，其所履行，亦必與他人發生關係，絕少不與人發生關係之行事。故禮則必無逃於人心之仁。孔子曰：「人而不仁如禮何，人而不仁如樂何。」又曰：「禮云禮云，玉帛云乎哉。樂云樂云，鐘鼓云乎哉。」此謂在禮樂中，存在有人心之「仁」。乃由人相偶相與和通合一而有禮。

廣雅：

禮，體也。

此處以體説禮，有一更深意義當加闡釋。仁心見於相人偶。兩人耦耕，其動作即如一體。如賓主相見禮，賓主相晤一堂，即如同屬一體。君臣朝會禮，君臣會見一廷，亦如同屬一體。祭祖宗鬼神天地，臨祭時，祭者與被祭者亦如同屬一體，即如軍中之禮，乃使三軍亦如一體。苟無禮，平居則凌亂渙散，有事則狼奔豕突，便不成一體。禮在人羣中，像似一無形的黏性物質，能將人與人隨時隨處黏成一體。如人體有頭目胸腹手足，結合各別，會為一同，始為成體。故詩曰：「相鼠有體，人而無禮」，即早以「禮」與「體」並言。

有子曰：

禮之用，和為貴。知和而和，不以禮節之，亦不可行。

人心不能封閉在軀體內孤立為心。人心必要跨越向外，與他心和通會合。故心之本體即是仁。斷無與外隔絶，可以孤立自成為心者。故人心必然要向外與人相親相人偶，於是有仁必有禮。使人與人相通和合如一體。故曰：「禮之用，和為貴。」但不能只有和通，更無分別。故禮中有「和」亦有「別」。其和與別又各有分寸限度，此即所謂「節」。若過求和，沒有節限，便會漫失了各自之個性。過求別，沒有節限，便會離散，更不相親，不見有羣性。故言仁必言禮，言禮必言仁。兩者內外和合成體。亦可謂仁在心在內，禮在事在外。又可説仁在先，屬天；禮後起，屬人。「仁禮」兼言，便是內外、心事、天人合一。

儒家理想，人生一切行為，相互間，必該和合成體。仁在，即禮在。故禮之包涵乃極廣，一切人生，皆應納入禮中。有分天、地、人三禮者，有分吉、凶、軍、賓、嘉五禮者。五禮中又有三十六項分別。亦有分冠、婚、朝、聘、喪、祭、賓主、鄉飲酒、軍旅為九禮者。又曰「經禮三百，威儀三千」。要之禮愈推愈廣，愈分愈繁。其實人生一切行事皆屬禮。此一「禮」字，便把人生徹頭徹尾，無大無小，無不歸納。禮可使全人類大群和通會合為一體，又可使人文界與自然界即人與天地和通會合為一體。而在此一體中，隨時隨地，隨事隨宜，又可各自和通會合，千異萬別，成為或小或大各別之體。總使和中有別，別中有和，和不害別，別不害和。凡人之所履行，則總在一體中，而各別履行，以禮來達成人類相親相偶之仁。自周公孔子以來，使中華民族成為一多禮的民族，中華文化亦成為一多禮的文化。

孟子曰：

恭敬之心，人皆有之，禮也。

又曰：

辭讓之心，禮之端也。

恭敬辭讓，乃一心相引而起。能恭敬，自必辭讓。能辭讓，自知恭敬。孟子又每以「仁愛禮敬」並言。謂：

仁者愛人，有禮者敬人。

又曰：

孩提之童，無不知愛其親。及其長也，無不知敬其兄。

是愛敬心即人類孩提時一種本始自然心，此即是孝弟心，亦即是仁心。就此培養，不難成一愛敬交融、仁禮兼盡之人文界，使人類大羣只如一體。

孔子亦常以敬言孝，故曰：

今之孝者是謂能養，至於犬馬皆能有養，不敬何以別。

又曰：

孝，色難。

孝子之有深愛和氣愉色婉容，皆由敬心、愛心交融並茂而來。論語記孔子「溫良恭儉讓」，溫良屬仁，恭儉讓屬禮，此五字活畫出孔子仁禮兼盡之盛德。光輝照映，至今如見。可知愛心、敬心，實是一心，雖若分別，實則和通。仁與禮，亦然。如言夫婦，郤缺夫婦相敬如賓，孟光梁鴻舉案齊眉。豈非不敬無以盡愛，非禮不能完仁。仁與禮，於會通中見分別，於分別中見會通。

二〇

儒家言「禮」每兼言「樂」，以禮樂並舉。樂記曰：

樂者為同，禮者為異。同則相親，異則相敬。

大樂與天地同和，大禮與天地同節。

禮者殊事合敬，樂者異文合愛。

又曰：

樂者天地之和，禮者天地之序。和，故百物皆化；序，故群物皆別。天高地下，萬物散殊而禮制行。流而不息，合同而化，故樂興焉。

又曰：

仁近於樂，義近於禮。

要之是和中有別，別中有和。人文界、自然界皆如此。仁、義、禮、樂，皆從人心之既和有別、既別有和來。

樂記又曰：

樂由中出，禮自外作。
樂施也，禮報也。樂樂其所自生，禮反其所自始。

又曰：

樂由天作，禮以地制。
樂著大始，而禮居成物。

故若專言禮樂，則樂先起，禮後有。猶之言仁義，則仁在先，義在後。言天地，則天在先，地在後。天以太和之氣化生萬物，但萬物之成則必分散各殊。非分散各殊則不成為物。但在物之分散各殊中，又必保合此太和，始為完成其所自生。言生活，則分散各殊。言生命，乃見和會合一之大本原。故中國人言自然，必兼言天地。有此太和，不能無此萬殊。物各樂其生，此乃自然。但樂之發達動盪，播散外出，每易於不知返而忘其本，故必節之以禮。報本反始，使還於內在而歸於樸。在萬殊中仍各保有其太和。父母子女，在一室之內，時則有和有樂，但亦必有別有禮，中國儒家論禮樂，乃即以人文界還向自然界，而益使人文界得臻於完成，其精義實在此。

白虎通有言：

樂言作，禮言制。樂者陽也。陽倡始，故言作。禮者陰也，陰制度於陽，故言制。

故論禮之内心則必起於樂。樂記又曰：

人心感於物而動，然後好惡形焉。好惡無節於内，知誘於外，不能反躬，天理滅矣。物之感人無窮，而人之好惡無節，則是物至而人化物也。人化物也者，滅天理而窮人欲者也。於是有強者脅弱，衆者暴寡，知者詐愚，勇者苦怯。疾病不養，老幼孤獨不得其所。此大亂之道。

可見樂不能無節，否則反成大亂。禮之節，所以保完此樂之和。惟人能制節謹度以定禮，使天地之太和獲以保，生人之至樂得以全。故自人道言之，當以禮為首而樂次之。天地自然之與人文界互為主從，亦如一陰一陽之循環而無端。

儒家言「禮」又言「理」。小戴記仲尼燕居有曰：

禮者，理也。

樂記篇亦曰：

禮者，理之不可易者也。

理是自然萬物相互間之分理，或說紋理條理。凡此分理、紋理、條理，形成了萬物間之和合為一而又分別為萬。如人軀體，有頭目，有胸腹，有四肢，各別分成小體，和通合成大體。人文社會中有家庭，夫婦、父母、子女、兄弟、姐妹，亦各自分別獨立成體，又相與和通會合成為一體。其分別與和通之間皆有理。違失了理，即無和通、分別可言。

亦有禮法並言者。荀子曰：

學也者，禮法也。

但禮法本非一事。論語：

道之以政，齊之以刑，民免而無恥。道之以德，齊之以禮，有恥且格。

朱子釋之曰：

政謂法制禁令，禮謂制度品節。雖不可偏廢，然政刑能使民遠罪而已，德禮則使民日遷善而不自知。

此皆以「禮」「法」分言。蓋禮起於人事，交接應酬，各求相互間情意之所安。法建於政令，防止禁遏，勿使喪情逆意之事之滋蔓而日長。故禮乃實心實事，充實盈滿於日常人生中，法則猶如在日常人生外加一道圍牆、隄岸，使勿越入越出。如婚姻有禮，踰牆摟處子則入於法。中國儒家，自周孔以下皆重禮治，人事為主，政事只其副；以政事歸於人事，不以人事聽命於政事，務在規劃出一個情意皆得之人生。法治則政令為主，以政事限制人事，人事轉成空虛無主。如只禁止踰牆摟處子，究不知男女當如何成配。人事繁變無窮，法令乃日出不已。老子曰：

法令滋彰，盜賊多有。

此已知法之不可恃。而又曰：

禮者，忠信之薄而亂之首。

於是老子之道，乃只有在虛無中弄權謀。老子又曰：

強梁者不得其死，我將以為教父。

不知一切法皆不可以為教。不僅人為法，即自然法亦然。法只是在消極反面的。今只教人如何便會不得其死，卻不教人如何方得其生。亦如不教人如何方得其生之安樂，卻只教人如何可免其生之危苦。即不是消極反面，終是低了一層。荀子主性惡，誤認周孔言禮亦只在防禁一面，而禮法並舉，奉為學的。又曰：

禮者所以御民。

禮者，法之大分，羣類之綱紀。

皆把禮與法並視。這就遠失周公孔子言禮之精義。抑且學禮遠不如學法之直捷而易明。以禮防人，亦絕不如防之以法之簡單而易效。故荀學一轉而有韓非、李斯，秦代統一後之法治政府，由此創立，而法家亦與道家合流。蓋因法家亦本是一空虛的，人不能自為主，必外面來建立一主，此皆由荀子主張性惡與禮法同視的觀念所導出。

二一

次再言禮與人之性情。孔子由禮中指出仁字來，仁即人之性情。後儒推衍説之，小戴禮坊記有曰：

禮者，因人之情而為之節文。

禮運篇：

人情者，聖人之田，脩禮以耕之。

樂記：

先王本之情性，稽之度數，制之禮義。

淮南子齊俗訓：

禮者，體情制文者也。

史記：

緣人情而制禮，依人性而作儀。

王充論衡有云：

禮之心悃愊，樂之意懽忻。悃愊以玉帛效心，懽忻以鐘鼓驗意。

其他如「發乎情止乎禮義」，「情禮兼到」，「情禮獲申」等語，情禮兼稱，不一而足。老子謂：

禮者，忠信之薄而亂之首。

以為有了禮，則忠信之情反轉淡薄。此為儒道兩家意見分歧一大張本。

試進而探究莊子意見。莊子說：

孟子反、子琴張、子桑戶三人相為友。子桑戶死，孔子使子貢往侍事。或編曲，或鼓琴，相和而歌。子貢曰：「臨尸而歌，禮乎？」二人相視而笑，曰：「是惡知禮意。」子貢反告孔子，孔子曰：「彼遊方之外，丘遊方之內，外內不相及。使汝往弔，丘則陋矣。彼方且與造物者為人，而遊乎天地之一氣，以生為附贅縣疣，以死為決疣潰癰。又惡知死生先後之所在。」

此處莊子提出「禮意」二字，特未明說禮意究為何種意。所託孔子之言，則直抉閫奧，說破了儒、道兩家之分張所在。儒家立場在人文界，故曰「遊方之內」。道家立場在自然界，蔑視人文界，故曰「遊方之外」。就人文界言，死生固為一大事。就自然界言，則死生乃不足道。正因人文有情，自然無情。

雜篇又言：

> 莊子妻死，惠子弔之，莊子方箕踞鼓盆而歌。惠子曰：「與人居，長子老身，死不哭，又鼓盆而歌，不亦甚乎？」莊子曰：「察其始本無生，又本無形無氣。雜乎芒芴之間，變而有氣，有形，有生，今又變而之死。是相與為春秋冬夏四時行也。人且宴然寢於巨室，而我隨而哭之，自以為不通乎命，故止。」

儒家說此又不然。小戴記三年問有曰：

> 凡生天地之間者，有血氣之屬必有知。有知之屬，莫不知愛其類。大鳥獸失喪其羣匹，越月踰時必反巡，過其故鄉，翔回焉，鳴號焉，蹢躅焉，踟躕焉，然後乃能去之。小者至於燕雀，猶有啁噍之頃焉，然後乃能去。有血氣之屬者，莫知於人，故人於其親，至死不窮。朝死而夕忘之，是曾鳥獸之不若，焉能相與羣居而不亂。

人與禽獸，同屬此大自然，同有血氣，亦同有心知。有樂則必有悲。知樂生則必知悲死。遇其所親者死，乃有哭泣葬祭之禮。禮雖屬於人文界，亦建本於自然界。自然界中之萬物，由無生轉出有生。有生命則有心知，有情，此亦自然。孟子反、子琴張、莊子三人之臨喪而歌，是僅知樂生不知悲死，此乃賢者之過，抑不肖者之不及乎？要之非儒家之中道。

下至魏晉，莊老之説大行。阮籍母死，籍正與人圍棋，對者求止，籍留與決賭。既而飲酒二斗，舉聲一號，吐血數升。籍意輕儒，必以莊周為模，在籍亦非無孝母之心，乃不樂儒家之以孝為教，以禮為教。若使聞母死訊，即哭泣而起，奔踊而赴，不故意勉強留賭飲酒，或可不吐此數升血。及母將葬，食一蒸豚，飲二斗酒，然後臨訣，直言窮矣。舉聲一號，又吐血數升。若使籍依世俗常禮，臨葬不飲酒不食肉，此數升血又可不吐。是則莊子之所謂「禮意」，豈不即於阮籍之事而可證其無稽乎？

王戎遭母喪，不拘禮制。飲酒食肉，或觀棋弈，而容貌毀悴，杖而後起。和嶠同時遭大喪，以禮自持，量米而食，然憔悴哀毀不逮戎。時論以此貴戎。不知和嶠因能守禮，量米為食，故得減其哀毀。王戎飲酒食肉，不拘禮制，故作忘情之放達，而毀悴反增。正見儒家制禮，斟情酌理，合乎自然。時人不察，轉疑嶠孝之誠不如戎；然縱其如是，嶠能以禮自勉，要為不失中道。戎既性孝，何必偽裝豁達。蓋儒學已經兩漢四百年長期倡導，社會孝行，蔚成風習；既如阮籍、王戎，早受家庭教育與社會薰陶，在幼年期對父母孝心亦深經培養。後以種種刺激，又追隨時尚，轉信莊老。但孝心根著不移，發於不自覺。時人稱王戎為「死孝」，亦在重視其一番孝心，不為其居喪之飲酒食肉。可見其時莊老思想雖盛行，而儒家遺教仍在，未能徹底打破。惟儒家制禮，本只教人為生孝，不教人為死孝。故曰「毀不滅性」，節哀順變。貴就各人性情，配合上實際踐履，在生理、心理上求一適當調節。豈是憑空造出一套不近情理之禮制，來強人以必從。所以阮、王雖以竹林名士，放言高論，聳動一世，而終亦扭不轉此崇儒尚孝之風氣。只在當時思想上增紛擾，在自己踐行上增苦痛。可知要在文化舊傳統積累已深之社會中來提倡新風氣，轉變舊習俗，其事難可驟冀。況如阮籍、王戎，實於此事未經深考熟慮，一時意氣，於事何濟？一項學術思想之所以能相沿不革，傳世益高，播宣益廣，皆經人文界不斷自有抉擇，而豈一二人之才智聰明，標新立異，所能加以搖撼與轉變。

篇七

二二

其次再討論「禮」與「俗」的問題。孔子在禮樂中指出一「仁」字，為禮樂畫龍點睛。但其時之種種禮，乃遠自周公制作遞傳而來，大體上乃是一種封建時代之禮。春秋末至先秦，時代劇變，羣言殽亂；禮以義起，貴乎因時宜而興革，而在此數百年中，實未有人能繼起而勝其任。孟子雖傑出，除倡導出處、進退、辭受之士禮外，亦未暇更有所建白。實亦以制禮作樂乃王者事。列國方務爭衡，無暇措意及此。

及秦漢大一統政府興起，封建時代之種種禮，都已不適用。叔孫通為漢定朝儀，實沿秦制，尊君卑臣，後儒多有非議；而已成之局，終難猝革。帝王大一統之局面，自秦迄清歷二千年，不僅於叔孫通朝儀未能革新，抑且踵事增華，每下愈況。朝廷禮制尊君卑臣之趨勢，終於日益加甚。較之封建時代，尚猶遠過，而未有所挽正。

惟自漢武帝後，士人政府成立，儒士退歸鄉里，敬宗卹族，逐漸造成此下之門第社會。時則尚有一套家族禮保存於門第中。雖戰亂迭乘，朝代屢易，而門第屹立，五六百年不衰，亦賴有此禮之維持。唐代杜佑通典搜羅此一段時期之家族禮制細密周詳，有使後人難於想像者。

自晚唐歷五代迄宋，門第亦蕩焉無存，此下乃成一士農工商平等存在之四民社會，而以士之一階層為其領導之中心。亦可謂之是科第社會或舉子社會。其時有不少儒士，欲在私家創禮，如司馬溫公、程伊川、朱子等，然影響亦不大。一般儒生，僅考古禮，抱殘守缺，不能追隨時變講求新禮，此為漢後儒術一大缺憾。然中國社會要不失為一尚禮之社會，在政府與民間，依然有種種禮之保存與演變。歷代著為專書，記載此等禮制者，仍是相沿不絕。清代乾隆時，秦蕙田為五禮通考，其書宏括，敍述扼要，古今諸禮，於此薈萃。考禮者所當於此而入門。

禮失則求之野。社會上層，固未能不斷制作符合理想之新禮。但社會下層，習俗相沿，多有經歷千年以上，而不失為有古禮意之存留。亦當推迹闡尋，為之釋回增美，加以維持、宏揚。易繫傳：

聖人有以見天下之動而觀其會通以行其典禮。

北朝蘇綽言：

禮俗之變，一文一質。

果能會通以觀，則古禮之文，今俗之質，亦有可以見其脈絡貫注；而三代之與近世，亦復一氣相承。要之我民族則仍為一多禮之民族，我文化則仍為一多禮之文化。

言禮之大綱，中國傳統，每以天、地、人三分言之，所謂：夫禮，天之經，地之義，人之行。要在天之常道、地之分別之宜之中，而建立起人生行為一套可以共同踐履的模楷，此即所謂禮。中國人之人生理想，求把人生妥帖安頓在天地中，即求在自然中建立人文。但天地自然界，廣大悠久，有可知，有不可知，要先明瞭天地自然，再來建立人文，則河清難俟。宗教上之上帝觀，與夫哲學上之形而上論、宇宙論，都求本此來建立人生論。但隨時翻新，迄無定見，尤其是經不起近代科學之打擊。但近代科學，所知愈深，所不知者亦隨而益增。若要把宇宙祕奧，窮竭宣揭，究不知更將經歷幾何年歲。而且科學新知愈發展，宇宙知識愈進步，則人生境界隨之愈渺小。人在宇宙間，最多只如一微塵，一小漚。人生意義亦將隨之愈失落，愈暗淡。

中國人開始即不走這條路，只本人類自己心情來建立人文，只本人文中心來對待天地自然。只求不失一種敬畏心，不失一種親切感，上奉天，下侍地，把人生安頓在此天地中而自求多福。非宗教、非哲學、非科學，只憑人自己一番眞誠活潑的心情，具體表達出一番禮來。所謂禮，則只是人生行為之一番共同模式。今若抹去如清代經學家考求古禮之種種煩瑣拘泥，而直求古禮內心，則此一種敬畏心與親切感，依然仍在當前社會種種奉天侍地之俗禮中。若以宗教信仰、哲學思辨、科學知識來作衡量，則此種種俗禮，若不免為陋淺低級。但此一顆純潔的赤裸裸的敬畏心與親切感，則不僅為哲學、科學所缺，即舉世各大宗教，亦因都已先有一套傳說與信仰存在，而此種傳說與信仰都不免為間接的外在的。而中國人傳統，則天即是天，地即是地，覿面即是，敬畏親切只是此一心。乃是直接而內發，更安不上許多閒理論。如盤古王開天闢地之類，究不在中國士大夫階層心上生根。孔子曰：

祭如在，祭神如神在。我不與祭如不祭。

不論是祖宗或天地諸神，神之在不在，端視臨祭者之心。換言之，神只在我心中，更不認眞向外尋覓。若果認眞向外尋覓，也便會成宗教。在中國則只有「禮教」，亦可說是「心教」。孔子又曰：

非其鬼而祭之，諂也。

對人不可有諂媚心，對鬼神亦然。把神人化了，不近人即不得認為神。淫祀邪神，歷古所禁。今人乃謂中國人相傳的一套是泛神論，可謂擬於不倫。

至於樂，更是古今不侔。孔子主「放鄭聲」，而魏文侯厭聽古樂。樂記云：「樂主增，故禮主其減。」後代之樂，斷不能長如古人之樂。古樂失傳，亦事之宜。每一時代，有每一時代之雅與俗。陽春白雪之與下里巴人，乃代代有之。不必古樂便是陽春白雪，後樂全是下里巴人。既非古即是雅，亦非今即是俗。考論禮樂者，要能破除古今雅俗之成見，於社會現實情形下求取傳統美意所在，則庶乎得之。

二三

宗教在中國文化傳統中，最少發展，禮即代表其功能。禮可分三方面看：

一、人對人。

二、今人對古人，即活人對死人。

三、人對天地萬物大自然。

第二第三項，皆寓有甚深宗教情味。而中國古人則一本於人心，把此三項，貫串為一。故曰：

人而不仁如禮何，如樂何。

又曰：

禮云禮云，玉帛云乎哉。樂云樂云，鐘鼓云乎哉。

此言禮樂皆本原於人心。人有懽樂心，有悲愁心。懽樂悲愁非不宜有，但當能超自我個體，超功利現實，超物質世俗，而一本此心之仁，即一本於此心之天，使此心得一較高較廣大之安頓。人文界各大宗教心理都同此要求。當世界第二次大戰結束，美國全國教堂，鳴鐘慶禱，上帝降福了他們。功成不居，把偌大一番懽樂心，交歸上帝。雖是迷信，然必如此，始感心安理得。人類之謙卑心、虔誠之心，應在人生眞理中，占有至高地位。中國人之禮，除卻人與人交接之外，莫不有尊天敬祖報本復始之心情寓其中。古人遇大慶典，大歡祝，必於天地祖宗致祭致禱。遇大災禍大悲苦，亦必呼天籲祖，期求解決。司馬遷所謂：「人窮則反本。勞苦倦極，未嘗不呼天。疾痛慘怛，未嘗不呼父母。」在其他民族之宗教中，「天」一尊獨出，父母遠非其倫。在中國之禮，則天地、祖宗、父母，一線聯繫。若非天地，何來祖宗。若非祖宗，何來父母。若非父母，何來有我。報本反始，必自父母祖宗而上及天地，不能越出父母祖宗關係，從每一人直接上帝，並由上帝直接每一人。故中華文化雖不如其他民族，各有一套宗教信仰，而其對於純潔謙恭敦厚篤實之心情培養，則較之任何宗教斷不為遜。

故中國文化傳統中之禮，雖亦淵源於古代之素樸宗教，但其發展所極，已成為純人生的，與宗教絕不同，惟亦仍附有宗教之功能。中國古禮最尊天，唯天子得行祭天之禮，諸侯卿大夫以下皆不許，更不論庶人。天高在上，民間日常瑣屑事，豈能一一褻瀆它，亦豈能一一理會到。然人之於天，不能不有一番敬畏心，亦不能不有一番親切感。中國地處溫帶，以農立國，關於四時節氣之變，極所關心。於自然二十四節氣外，又加入人節。最著者，如清明、端午、中秋、重陽、冬至乃及歲除之與元旦。禮寓於俗，俗中見禮，幾乎無時而不見有天人之相親。中國人之人生理想與其人生樂趣，亦胥於其中蘊藏透露。活潑潑地寓敬畏心於歡樂中，更見甚深藝術情味。歷來詩人歌咏，涉及四時節令者，更是盈篇累什。此誠是中國民族人生中一大節目。時亘古今，廣遍全羣。隨時隨地，莫不如此。禮漸化為俗，俗又歸之詩人之歌詠。考禮意者，正當於風俗歌詠中注意。今若把此諸俗，一並取銷，則不僅使中國人生減其情趣，亦將使中國人生失其靈魂。

祭地之禮，又與祭天不同。古諸侯皆得祭其境之名山大川。下及都邑鄉村，有城隍土地，家室門庭有宅神竈神之類，皆是地鬼之屬。蓋天可尊，而地可親。中國禮俗之於地，於親切感中，尤富一套藝術欣賞精神。晉代衣冠南渡，江亭遊眺，有「風景不殊，而舉目有河山之異」之歎。河山指地言，風景指天言。風景指當前之空氣與陽光。遇地之形勝，必配以天的風景，始為雙美。但風景好，到處可流連。風景惡，雖江山佳勝，亦難久留。故後人只言風景，乃是以天包地。而選擇形勝，則必兼顧風景。「天下名山僧占盡」，大施主大護法乃及社會善男信女於形勝風景共所喜愛，故僧人亦從此選擇。可見寺院建築，亦是建築在人心上，非專建築在佛法上。

除寺院建築外，尚有祖宗墳墓，必選擇「風水」，其實亦即是選擇形勝風景。水脈必流通，空氣必新鮮，陰宅亦如陽宅，各有其標準條件，故亦稱「地理」。人生必求妥貼安頓在天地大自然之內，其死亦還求妥貼安頓在天地大自然之內。此是中國人一種極現實的心理，同時亦是一種極藝術的心理。此亦是一種人文理想，與寄情出世的宗教信仰不同，亦不當說是全為迷信。

其次又有書院與祠堂。名賢名宦，其出生地及經歷地，莫不有建築以供紀念，亦莫不選擇風景形勝，既為遊觀瞻仰，亦便講學論道。各地之名勝古蹟，即代表各地之文風文運。試看歷朝輿地書以及各省府州縣之地方志，名勝古蹟，到處可遇。四千年來一部中國史，即平鋪在此大地上。只要是歷史上一人物，無不在相當地點與以紀念，使與天地同垂不朽。此既同時是人生大禮，亦是人生至樂。天地自然，人生古今，會合成為一體，使人觸景則情生，目擊而道存。蓋有不求信而信立，不務教而教成者。

我生無錫東南鄉，有梅里志一書，羅舉方二十里內鄉里古蹟，遠自西周初年吳泰伯起。地無山，泰伯墓僅是一培塿。繼之有東漢梁鴻夫婦逃隱處，亦在泰伯墓傍。此等，非經發掘，何從考定。即經發掘，亦寧便有確證。中國各地古蹟，大率類此。或一兩千年相傳或數百年相傳，此等古蹟自身，即已成為一番歷史存在。既已流傳公認，即虛亦實。如嚴子陵釣臺，豈真嚴光當時在此垂釣。但後人必選此一形勝地認為子陵釣臺，有風景有形勝，使天文、地理與歷史人物故事，三者和合，相得益彰，豈不更佳！此乃中國人將天地自然人文化，將現實環境藝術化，將過往歷史復活具體化，使人生博大寬厚悠久化；世俗流傳，實有禮意，而亦高明。若必確切尋求嚴光眞實垂釣處，則轉如癡人説夢。永遠求不到，而人心之欣賞與啟發，亦隨以沉淪，不可復有。

不幸的是當前國人，震懾於西方物質文明，鄙夷中國一切舊傳統，認為皆當蕩滌廓清。遠自清末廢科舉，興學校，全國各地書院，幾乎全改作新式校舍，如我邑無錫之東林書院，三四百年前名動全國，在那裏發起學術思想新運動，關係當時歷史大興衰，亦為後人治學術思想史者必當注意一大節目。但當遜清之末，邑人提倡興學，卻把來改成一所初等小學。若為顧惜經費，乃是劈了古琴當柴燒。今天的中國，如在全身上只薄薄切留一層皮，筋骨血肉都不要，單在此薄薄一層皮上，希望吸收外面新營養，重長一新身。此等愚想，將誰信之。説得更不好，則只在此一層皮上塗硃抹粉。

當前國人又抱一種輕禮重樂之意見。五四新文化運動，有「禮教喫人」之怪論。認為中國禮全要不得，但卻看重音樂，又嫌中國音樂不發達。此亦是一種媚外蔑己意見之表現。中國一向禮樂並重，禮衰故樂亦微，但亦並非中斷。中國樂有一特點，即樂必與歌相配合，而人聲尤重過器聲。古詩三百首皆入樂，楚騷如九歌之類亦入樂，漢以下樂府，唐人絶句，宋詞皆入樂，而宋以下有彈詞，有元劇，明代有崑曲，清代有各地地方戲，又發展出平劇。音樂歌唱與戲劇配合。中國戲劇，語言皆求音樂化，動作皆求舞蹈化，服裝布景皆求圖案化。務使全部人生盡歸藝術化。雖其情節，主以忠孝節義教人，但並不陷於説教形式。只是一片純眞情感，期能化人於不自知。論戲劇內容，或屬神話，或採歷史故事，或出民間傳説。而所謂歷史故事，亦已化為神話，本於傳説，只堪以藝術心情欣賞，不能憑科學與歷史求眞實的眼光來作批評考據。在前清末年，在特定時令中，鄉村迎神賽會，必同時搭臺演戲，此仍是古人禮樂配合之遺意。寓敬畏心於親切感，寓教育於娛樂中。古者清廟之瑟，朱弦疏越，一唱三歎，以近代戲劇相擬，正所謂「禮主減，樂主增」。則古人禮樂豈不仍在人間？至於隨時隨宜加以改進，則固賴於不斷有賢者之繼起。必要兼取他方之長，亦無不可，只要不毀本己之眞，務使本己生命延續。此當奉為一主要大前提。

復有進者，中國之文學詩歌、小説筆記，又處處與中國之傳統禮俗有其血脈之相通，精神之一貫；近人則分裂以求，又率加鄙棄。如唐宋以下傳奇故事，言男女戀愛者亦不少，乃多團圓結局。近人譏之，謂西洋小説以悲劇為尚，中國格調顯見卑劣。不知雙方社會情俗不同。西方主張戀愛自由，可以不顧一切，盡情追逐，然亦有不獲遂其所願，以求歡樂始，以得悲慘終。羅蜜歐與朱麗葉之所以傳為西方悲劇文學之名作者，不僅有悲憫之同情，亦復有感慨之餘傷。在中國文學詩歌中，亦未嘗無悲劇，如王昭君，如孔雀東南飛等，亦復不勝指數。然中國，男女之防素嚴，如元代程鵬舉與韓玉娘，在囚奴中，為人支配，成婚三日，遽爾仳離。乃能隔三十年之久，男不娶，女不嫁，終於復合。此誠何等欣幸，亦復大值崇頌。近代人將此故事搬上劇臺，洵具隻眼。然又改動原來故事，於程鵬舉訪得韓玉娘時，玉娘已身嬰重病，一慟而絶。想是作劇者震於西方文學重尚悲劇之説，認為程、韓夫婦復合，事非悲劇，格調已卑，不得入文學之上選。不知羅、朱相戀，乃西方風俗。程、韓相愛，乃東方禮教。各是人類至情，亦各是人類珍德。其結果之或悲或喜，豈劇中人自所主張。惟敢於徑情直行者，亦未必盡得如願，此即成為悲劇。務於以禮節情者，亦未必盡違所望，此即成為喜劇。故西方重悲劇，亦可寓示誡之意。東方多喜劇，亦寄有示勸之情。中西文化不同，社會風俗不同，文學亦隨而相異。何得定奉西方為正宗。抑且希臘文化中熸，終成一悲劇；中國緜世久遠，至今尚在。又豈得即認希臘人生為高尚，中國人生屬卑劣。

又如地方劇及平劇中，有白蛇傳一劇，亦據說本而來。我有一友相告，白蛇傳故事，最先乃自印度傳來，惜未問其詳。惟劇中描寫白蛇之於許仙，可謂愛情至上，已入化境。及其封閉在雷峰塔下，母子見面一幕，亦復淒絶人寰。此非一純悲劇而何。乃至觀此劇者，寧願同情一蛇精，轉不同情高僧法海之無邊佛法。是則此一故事，本屬宗教勸戒，乃其內容，漸轉成一反宗教的俗情陳述；一轉手間，極具創造性。中國通俗文學，亦富文化傳統精神，未可專以雅俗分高下。傳奇小説、唱本戲劇，多是宣揚傳統禮教，與詩騷以下歷代詩文上選，有其內情之相通。近人亦盡加鄙視。所為男女戀愛小説，乃千篇一律，貌為西化，而並不見有眞實生命之存在。故未受西化以前之中國女子，在説部中表現者，即如白娘娘、韓玉娘，皆是有血有淚，可歌可泣，直扣心弦，千古如在。而受了西化以後，其在新小説新文藝中所表現之中國女子，則只是依樣葫蘆，無生命、無血肉，僅見為是熱心西化者之宣傳品與模特兒。幾十年來家喻戶曉者，還是白娘娘、韓玉娘等舊式女子。古人云：「禮失而求之野。」竊謂求之如白蛇如韓玉娘，尚有精神，反見多情。求之近代新文藝中之新女性，反而黃茆白葦，不見個性，一瞥即過，未留記憶。豈誠禮教喫人，遂使無眞性情、眞生命之爆發乎？此誠關心文化者深值憬然反省之一端。故附述所感想於此。

篇八

二四

論語常「仁禮」並言，亦常以「仁智」並言。中國傳統之禮包羅全人生，而又必隨時創新，庶可使人之心情，獲得其活潑新鮮之涵濡與發露。其事則有賴於大聖人之智慧，為之斟酌興革。非可墨守成規，便能勝任而愉快。子貢問孔子，「夫子聖矣乎？」孔子曰：

聖則吾不能，我學不厭而教不倦也。

子貢曰：

學不厭，智也。教不倦，仁也。仁且智，夫子既聖矣。

是當時認為仁且智始是聖人，而智則由學不厭來。孔子亦自言：

我非生而知之者，好古敏以求之者也。

又曰：

十室之邑，必有忠信如丘者焉，不如丘之好學也。

又曰：

十有五而志於學，三十而立，四十而不惑，五十而知天命。

則孔子幼年向學，直到四十五十之年，始自認為一智者。而智必由仁生。忠信即仁之始基。捨仁言禮固不可，捨仁言智亦無當。

孔子又曰：

知者樂水，仁者樂山。知者動，仁者靜。知者樂，仁者壽。

一動一靜是天地間兩大自然現象。靜者如山屹立，動者如水流行。仁是人道不動眞理，因仁是人類原始本心，此心上通於天，可謂是「自然」與「人文」之接榫處，亦可謂是人類生命之特性與本質。發於仁心，斯為仁道，不仁即不可謂之道。人能以仁居心，則此心常安常定，不動如山。由此心向外而有一切行事，亦可常安常定，因捨此則更無他道。但如何達此「仁」於外，則仍須輔以「義」與「禮」，亦更無不義非禮之仁。即遇萬不得已時，亦須找出不義之義與非禮之禮來。如周公之大義滅親，舜之不告而娶，皆是以不義之義、非禮之禮來輔其仁。此皆有賴於「知」。人事錯綜複雜，永無一定格局。惟賴以知濟仁，其仁始立始達。非知則無以建其仁、運其仁。天地大自然有變有不變，人道亦然。仁以處常，知以處變。知可前進，仁可安住。須得步步前進，亦得步步安住。故曰：「知者樂水，仁者樂山。知者動，仁者靜。」

孔子又曰：

仁者先難而後獲。

人生求步步前進，此事難，必賴知。經歷艱難，能立能達，能以萬變完成一不變，此是大仁，即是大知。變動不居是其樂，終於有成是其壽。不樂無成，僅是一無生命之存在，何得言壽。且此存在亦實非存在。故仁者之壽，與知者之樂，特一事，必相兼。中華民族乃一仁智兼盡之民族，中華文化亦一仁智兼盡之文化。若專尚理智，則必陷於功利而失其仁，遂疑中國文化為不尚。其實不仁即是不知之尤者，到頭亦復何功利可言。

孔子又曰：

我欲仁，斯仁至矣。

有能一日用其力於仁矣乎，我未見力不足者。

此因心與仁，即一非二，故得即全得，失即全失。但「知」又不然。回也聞一以知十，賜也聞一以知二。復有上知下愚之不移。蓋知起於人事，乃後天所得，非先天即具。可謂人性善，但不即謂上知人人可冀。故孔子告子路曰：

知之為知之，不知為不知，是知也。

人能知其有不知，能知某些是己所不知，即是其知。人類豈能有全知，亦永無可達全知之日。十室之邑有忠信，此指其原始本心之有相同言。但學即互不同，有不知好學者，有雖同屬好學而知不相及者。即孔子亦不能全知，故人類乃永不能不好學。論語二十篇首章，即告人以「好學」。

樊遲問仁，子曰「愛人」。問知，子曰「知人」。

這是兩會事。愛人，心所能；知人，則待學。孔子又曰：

知者不惑，仁者不憂。

心不存於私，自無可憂。但明以燭理，乃能無惑。無私不便能公，正為其有惑。然孔子亦並不說仁可輕，知當重，因知必因仁而起。孔子只主「仁」「知」相輔，以後天承先天。論語又曰：

知及之，仁不能守之，雖得之，必失之。

知起後天，得之自外，人文日進，知識日豐，而求知亦日易。然人之心情，奔向在外，漫其本眞，亦將日趨浮薄。事親當孝，交友當信，豈是知所不及。然而能孝能信者，則日轉益少。此因人事多端，本心走失，良知日泯，即是仁之不能守。則不務仁而惟求知，其知終不可恃。孔子門下，惟顏淵「其心三月不違仁」，其餘則「日月至焉而已」。子路可使治軍，冉求可使理財，公西華可使任外交，然孔子皆不許其仁。故孔子教人，仁尤重於知。又曰：

仁者安仁，知者利仁。

仁即是其心，故能安。知者知此心惟仁得安，故利於有此仁而勉以求之。則知不如仁又可知。亦可謂仁是心之本體，知是心之功能，苟本體已失，其功能又何從得顯？

論語又曰：

好仁不好學，其蔽也愚。好知不好學，其蔽也蕩。

世有愚忠愚孝，此乃好仁不好學之蔽。錮於己私，求於小而昧其大，務於偏而失其全。抑且流於怪力亂神，一心向外，流蕩無歸。窮高極廣，而不知所止。多知適以為不仁之資，此乃好知不好學之蔽。

故必仁知兼盡，乃為好學。蓋孔門之所謂學，乃就於人文全體，全人生之大道，合人之諸美德，見於行事則必有學。仁知以外，又兼及信直勇剛，則學者固非專指求知一端而言。孔子惟許顏淵為好學。顏淵曰：

夫子博我以文，約我以禮。

博文以求知，約禮以行仁。惟顏淵最能窺見孔子設教之淵旨。又曰：

欲罷不能。既竭吾才，如有所立卓爾，雖欲從之，末由也已。

此見孔子之人格與其道至高至大，至深至廣，卓乎不可及。顏淵既已安之，亦復利之，所以能欲罷不能為此好學也。然所學惟在博文約禮之平易淺近中，亦不能外此以為學。細玩此章，可謂吾中華民族之人生理想以及文化要旨，亦已盡揭在此，更無遺蘊。學者亦只在孔子所舉「仁」與「禮」與「知」之三項，求得貫通，庶可想像其大體。

顏淵以下，善知孔子者，莫踰乎子貢。孟子引子貢之言曰：

見其禮而知其政，聞其樂而知其德。由百世之後，等百世之王，莫之能違也。自生民以來，未有夫子也。

孔子生百世之後，學百世之禮樂，以差等次第百世之王，而莫能遁於其所知。所謂「信而好古，述而不作」。「殷因夏禮，周因殷禮，所損益皆可知。其或繼周者，雖百世可知。」此皆孔子自言之。集三千年前歷史文化之大成，可以預知三千年後人事之大趨嚮。人文之學，至是已莫與倫比。然其要亦不過「博文」「約禮」之兩途。知之盛，所以為仁之極，而其具體表現則在禮。子貢之言，可與顏淵所言相參證。若僅知博文求知，不知約禮崇行，不務於所當行而僅騖於求知，則有知而不可行者，復何以馭其知。如近世科學發明了原子彈，再求如何來善用此原子彈，而未得其把握；此乃現代全世界人類禍福所係，至今未見何以善其後。不仁而多知，其可怕有如此。

二五

孟子始並言仁、義、禮、智四德，而智亦居最後。其言曰：

惻隱之心，仁之端也。羞惡之心，義之端也。辭讓之心，禮之端也。是非之心，智之端也。

此四端，人皆有之，可謂與生俱來。所謂是非，乃指一種分別心。即在嬰孩，口不能言，心渾無知，然面對者是其母抑非其母，實已知之。甚至其母對己之顏色，溫和抑冷峻，實亦知之。其他是非之辨，知是此即非彼，為嬰孩所能者尚多。故嬰孩雖無知，而已有是非之心。他日有知，即由此是非分別心逐步對外面事物接觸而來。

孟子又言良知，曰：

人之所不學而能者，其良能也。所不慮而知者，其良知也。孩提之童，無不知愛其親者。及其長也，無不知敬其兄也。親親，仁也。敬長，義也。無他，達之天下也。

人類一切所能，皆經後天學習，惟其愛親敬長心，則不經思慮，不由學習，本心固有，故曰「良知」，亦曰「良能」。但此所不學而能、不慮而知之良知良能，實已是仁義之始端。人生大道，不過將此先天具有之愛敬心推而達之天下之事物，使一歸於仁義，更無其他可言。

其實孟子言是非之心，言良知良能，即在禽獸，亦多有之。近代人稱此曰「本能」。如許多季候鳥，北雁南燕，隨時遷徙，雖遠達數千里外而不誤。「舊時王謝堂前燕，飛入尋常百姓家」。羣燕遠自南方海外飛來，還能認識他去年舊巢何在，豈非大值驚奇之事。海中有大龜，能越重洋，到某一地下卵，年年如此。大批魚群，年年走一定海道，向某處下卵。此等即是禽獸生物之良知良能，亦即是其是非之心。人文從自然演來，舉此為例自可知。

但孟子舉良知良能，僅只言仁義，未提到禮與智；此與其言四端人人具有，又微有辨。孟子又曰：

人皆有所不忍，達之於其所忍，仁也。人皆有所不為，達之於其所為，義也。

亦只言仁義，不言禮知。可見孟子分別此四端，仁義較先，禮智較後。人類先有此愛敬心，達於外，見之行事，始有禮有智。孟子曰：「動心忍性，增益其所不能」。「愛」與「敬」，是其心所能，「禮」與「智」，則有待於後天之增益。舜自耕稼陶漁以至為帝，無非取於人。此即是後天從人羣社會學得。舜豈生而知耕稼陶漁，又豈生而知如何為帝治天下。此等皆屬禮與智之範圍，皆待取之人。然不能謂舜之愛人敬人之心亦皆取於人。必取於人而始知愛敬，則人道將絕。若謂禮與智皆不待取於人，則人道自光昌，亦不復有黑暗世與亂世，亦不貴於有聖人。抑且禮與知皆可因襲，可積累，仁與義則須人人各自從頭做起。

孟子又曰：

仁之實，事親是也。義之實，從兄是也。智之實，知斯二者弗去是也。禮之實，節文斯二者是也。樂之實，樂斯二者。

亦見仁義先起，智禮隨之。若非先有，何云弗去。更何從加之以節文。孟子立論，主要在發明人之本心，指出人所最先具有之心，即人心之所同然，即孔子之言仁，而孟子兼言之曰仁義，以為人文大道求其淵源而建之基極，故仁、義、禮、智雖四端並列，而往往特重於言仁義，而較輕於言禮智。孟子自言：「諸侯之禮，吾未之學。」其於言智，亦間致不滿之意。

孟子曰：

所惡於智者，為其鑿也。如智者若禹之行水也，則無惡於智矣。禹之行水，行其所無事。如智者亦行其所無事，則智亦大矣。

行其所無事，即本於天而成其人。非可違離於天而成其人。然大智可以行所無事，求知則不能行所無事。孔子曰：

生而知之者，上也。學而知之者，次也。困而學之，又其次也。困而不學，民斯為下矣。

人生大道，皆本於人所共同俱有之原始心，但此心亦待逐次發現，非可通明全照。最先於此心有所發現，是即生而知之也。孔子不自居為生知，故教人必以學為要務，而孟子則稱其集大成。伊尹之言曰：

天之生此民，使先知覺後知，使先覺覺後覺。

孔子之學不厭，即學孔子以前之先知先覺。孔子之教不倦，則以教後起之後知後覺。人類所共同俱有之原始心，發為知覺，其光明照徹千古，先聖後聖，皆在此光明中覺醒。其為生知乎，其為學知乎？卻可不必堅執細辨。惟若謂可以不學而自知，則欲使人同為先覺先知，顯非孔孟立言之意。

曹交問：「人皆可以為堯舜，有諸。」孟子曰：「然。堯舜之道，孝弟而已矣。子服堯之服，誦堯之言，行堯之行，是堯而已矣。服桀之服，誦桀之言，行桀之行，是桀而已矣。道若大路然，豈難知哉。人病不求耳。子歸而求之，有餘師。」

曹交為人，殆似淺陋麤率，為求道之心似亦不篤，故孟子語之如此，亦所謂不屑之教誨也。若果謂良知良能，不學不慮而有，先立乎其大，歸而求之有餘師，後世有專揭此義立教者，殆非孟子本意。縱謂在原始社會，人類必經此而進步，但在人文社會，則不貴仍守此原始社會之所為。

> 公孫丑問孟子：「惡乎長？」孟子曰：「我知言，我善養吾浩然之氣。詖辭知其所蔽，淫辭知其所陷，邪辭知其所離，遁辭知其所窮。」

當其時，異説爭鳴，而楊墨之言盈天下。孟子一一辨其正偽得失，而尤能抉出其病於心之所在。而曰：

> 乃吾所願，則學孔子。

又並舉伊尹、伯夷、柳下惠為三聖人，但又曰：

> 伯夷隘，柳下惠不恭，君子不由。

是則孟子之知言，正見孟子之大智。

在孟子之卒章，歷序自古聖賢大道之傳，自堯舜禹以下至於孔子，有見而知之，有聞而知之，而謂：

由孔子而來至於今，百有餘歲，去聖人之世若此其未遠，近聖人之居若此其甚。

是其自任以聞而知之，以仰止於孔子，其意至顯。故雖曰仁義禮智根於心，然亦絶未有排斥學問途徑與「聞見之知」，而必別求一套「德性之知」之可以「歸而求之有餘師」者。通讀孟子七篇，絲毫無此跡象可求。故為人生大道探求本原，必指出人人同然與生俱來之原始本心以為說。然指出此心，非謂即可不學。而且此心雖內在於我，必向外發展而接觸於天地萬物，又必上通千古，下通千古，於人類大同心中成此小我心。故孔孟之教竟可名之曰「心教」，其學竟可名之曰「心學」，斷非自仗一心而不學者所得相比擬。

二六

莊子對人類知識態度，顯抱一種悲觀而又輕視。莊子曰：

吾生也有涯，而知也無涯。以有涯隨無涯，殆已。已而為知者，殆而已矣。

人生有涯，知識無涯，乃一自然現象。人類生在此大自然中，顯不能違背此自然。既不能改變人類生命為無涯，亦不能限制知識範圍為有涯。則以人類之短暫生命來追隨此無止境的知識要求，亦是一自然，無法避免。孔子只以「學不厭教不倦」來對付此問題。人類對知識，亦惟有孔子此六字可奉為準則。但知識無涯，亦將永遠無結論，而人類不能生活於此一切無結論的知識中，這眞成一項大危險。

莊子又曰：

是亦一無窮，非亦一無窮，莫若以明。

莊子提出「明」字來代替一般人之所謂「智」，來求解答此問題。何謂「明」？莊子曰：

不用而寓諸庸，此之謂以明。

莊子又曰：

庸也者用也。用也者通也。通也者得也。適得而幾矣。

試為作一淺釋。如人飲食，求解飢渴，此乃一庸俗平常之事。凡屬庸俗平常之事，則皆寓有一番作用。此作用必通乎彼我，使彼我皆得。如飲水皆得解渴，穀食皆得果腹，如此纔得成為庸俗平常，人人皆然。莊子教人不用智而一依常俗。此非教人無知，乃教人即庸俗所知以為知，而不尚聖智以為學。故老子曰：

絕聖棄智，民利百倍。

又曰：

絶學無憂。

莊老之徒又昌言之，曰：

赫胥氏之時，民居不知所為，行不知所之。含哺而熙，鼓腹而遊，民能已此矣。及至聖人，屈折禮樂，以匡天下之形。縣跂仁義，以慰天下之心。而民乃始踶跂好知，爭歸於利不可止。

此亦聖人之過。但不知自原始人類迄於莊老之世，已經歷幾十萬年以上。其間亦各有庸俗，此一庸俗至於彼一庸俗間亦各有變。若主歸眞返璞，回於原始，於此幾十萬年間如何劃出一界線，以定所欲歸返之標準。且在此幾十萬年間，亦不斷於庸俗中出聖智。正因出了聖智，纔由此一庸俗變出又一庸俗來。又如何劃一界線，謂一切聖智，皆出某一界線後，不出某一界線前。

莊老厭於世變之日進而無窮，求一可以已止處；儒家對此亦表同情，乃曰：

止於至善。

又曰：

知止而後能定，定而後能靜，靜而後能安，安而後能慮，慮而後能得。

以此較之莊子之所謂「適得」，則確然為勝。適得只是一偶然，定靜安慮之得則有步驟，有層次，教人有所遵循。莊子之齊物論，亦不如孟子之「知言」。果能知言，則物論自定。孟子曰：

自有生民以來未有孔子。

規矩方圓之至，聖人人倫之至，尊奉孔子以為人文界大宗師，規矩準繩既設，而方圓平直不可勝用。亦將不見有「以有涯隨無涯」之殆。

莊子之徒又曰：

世之所貴道者書也。書不過語，語之所貴者意也。意有所隨，不可以言傳。桓公讀書於堂上，輪扁斲輪於堂下。釋椎鑿而上，曰：「敢問公之所讀者何言？」曰：「聖人之言。」曰：「聖人在乎？」曰：「已死矣。」曰：「然則君之所讀者，古人之糟粕已夫。以臣之事觀之，斲輪徐，則甘而不固。疾，則苦而不入。不疾不徐，得之於手而應於心，口不能言。臣不能以喻臣之子，臣之子不能受之於臣。行年七十而老斲輪。古之人與其不可傳者死矣。」

此是又一問題。非說知無涯，乃說前人所知不可傳。孟子亦言：

大匠能與人以規矩，不能與人以巧。

巧不可傳，抑規矩則可傳。巧有待於自得，規矩則可承襲前人。今不責人不能自得巧，而責規矩不當傳。是大匠將為拙工改廢繩墨，羿將為拙射變其彀率，而烏可！易傳亦言：

書不盡言，言不盡意。

此謂言語不可盡載入書本，心意不可盡達於言語。但人心有同然，言外之意，未嘗不可莫逆於千載之遙。孟子論詩，貴於「以意逆志」。孔子言禮，憾於「文獻不足」。文即書本，獻即言語。果盡視書本言語為糟粕，則古今不相通，人我不相得，人人孤遊獨行於短暫狹小之天地中，亦無所謂人道。此則尤學莊者之過。

荀子言莊子「有見於天，無見於人」。老子「有見於後，無見於先」。果有大智，可以先天而天弗違，何必定為後天之奉天時。但荀子重言禮智，於人心同然之原始善端，則見有不及。故於孔子論仁要旨，終有未達。秦漢後儒，多沿荀子一路，從書本言語中尋孔子，於孟子尤忽置，重經學，輕儒學。直至北宋理學興起，乃特提孟子，儒學地位乃轉重於經學。而心性之學，亦益見為儒學之中心。而仁義禮知，乃各為人心所同有。則孟子所言，自當較莊子為平實而切當。

二七

宋代理學家，於孟子四端之説，特所貢獻者有二。一曰「仁包四德」。其説始於二程，而朱子暢闡之。其言曰：

> 人只是一箇心，只是這惻隱。若無一箇動底醒底在裏面，便也不知羞惡，辭遜，是非。譬如天地只是一箇春氣，發生得過便為夏，收斂便為秋，消縮盡便為冬，明年又從春起。渾然只是一箇發生之氣。

此以人心一箇動底醒底說惻隱、說仁，以一箇生意說仁，而義、禮、智三者皆包在內。較之孟子常以四端分說，似更親切，使人易於體會。更顯豁，使人易於瞭解。

朱子又曰：

仁、義、禮、智四者之中，仁義是箇對立底關鍵。禮則仁之著，智則義之藏。仁義雖對立成兩，然仁實貫通乎四者之中。禮者仁之節文，義者仁之斷制，智者仁之分別。自四而兩，自兩而一，則統之有宗，會之有元。

朱子認為人心只是一團「生意」，此一團生意之常醒常動，便是此心之「仁」。此一團生意之動而向外與事物接觸，其應有之節文，斯謂「禮」。其應有之斷制，斯謂「義」。就於外面事物加以種種分別而為之節文斷制者，斯謂「智」。若以人心分感情、理智兩部分言，則仁與禮屬感情，義與智屬理智。果使此心無感情，即不會有理智。無感情之理智成為無作用，無意義。抑且轉成反作用，反意義。人心功能，實以感情為主而理智為輔。感情出自天賦，理智隨後而起。如人類必有好生之情，此為天賦最先第一心。一切理智，最先亦都為謀生護生而有，雖亦出自天賦，應是隨次第二心。一切生物，亦皆好生，但感情不顯著，理智不發達。好生謀生，僅似一種本能，不見感情理智之分。進化至人類，始有此分別。仁與禮屬感情，乃人生根本。義與智屬理智，乃人生作用。中庸曰：「人莫不飲食，鮮能知味。」味是隨飲食而來的一種情識，或說趣味。若飲食僅止於解飢渴，事過即了，無可留味，則飲食將成為一件討厭事。若人心無仁，人生亦不見可好。若人文社會中沒有種種禮樂，只論義與智，則人生亦無情味可言。故義與智，多屬手段，都為完成仁與禮而起。其在人生中，可謂是功利的，非情味的，僅為仁與禮作審度與引導。而眞實人生，則必屬於仁與禮。然使人而不仁，則又無禮可言。故人生只是一「仁」，此義最重要。

程氏又曰：「滿腔子是惻隱之心。」朱子釋之曰：

此身軀殼，謂之腔子。惻隱之心彌滿充實，都無空闕處。如將刀割着固是痛，若將針劄着也是痛。如爛打一頓固是痛，便輕掐一下也痛。

此條説「仁」字更具體。知痛是知，正因此身有生意，刀割針劄皆可傷此身生意，故知痛。若此身已死，生意已絕，刀割針劄，便全不知。推而言之，此身生意，亦不全封閉在軀殼內。孔子「迅雷風烈必變」，此亦是一種惻隱之心，即是此心之仁。古禮，若有疾風迅雷甚雨，雖夜必興，衣服冠而坐。因天變或可影響軀體安全，不可不防。古人謂此乃以「敬天之怒」。此亦只是一種戒備。事未至而知有此戒備，亦是此心之仁之一團生意。若見孺子入井，而無怵惕惻隱心，此一人羣已陷於麻木不仁，生意已癱瘓，此心不醒不動，此人羣亦將日陷於不安不樂中。遇大天變，其心安然不動，亦是其心態之頑痺，決非生意活潑彌滿之象。可見外面一切禮，多是表見其內心之仁。然尚說不到義與智。所以宋儒「仁包四德」之說，實甚深微，較之孟子分說四端，更為親切。

其次是「格物窮理」之說，亦始於伊川，而朱子暢闡之。朱子大學格物補傳有曰：

即凡天下之物，莫不因其已知之理而益窮之，以求至乎其極，至於用力之久而一旦豁然貫通焉，則眾物之表裏精粗無不到，而吾心之全體大用無不明。

此只就四端之智言，可謂已達到人類知識一最後境界。即以今日言之，亦距此尚遠，然要可謂乃本此趨嚮而奔赴。

孔孟言「知」，似偏重於人文界，然終不能忽略了自然界。仁、義、禮三項，似皆在人文界中，然人生不能儘封閉在人文界，而更不涉及自然界。或曰格物「物」字當作「事」字解。然人生有對人之事，亦有對物之事。不能尊重一偏，謂對人始是事，對物不是事。或說，孟子言「當務之為急」，樊遲請學稼，孔子曰：「吾不如老農。」請學為圃，曰：「吾不如老圃。」從學於孔子之門而請學稼學為圃，可謂不識當務之急。然老農老圃之於稼圃，則正是其當務之急。人文社會中，有君子，有小人，各有所急。即如禹治水，稷教稼，是其當務之急。朱子在崇安，及其在南康軍，在兩浙，皆遇旱，修荒政，亦是當務之急。陽明在江西，平漳寇，平宸濠，治軍乃其當務之急。是知隨人、隨時、隨事而各有所當務，各有其所急，不可限定一事一物，謂此當格、此不當格；故曰「即凡天下之物而格」。非謂以一人之聰明精力，而可盡格天下之事物。所謂「一旦豁然貫通」，則老農、老圃、梓匠、輪輿，亦各有此一境，豈必盡格天下之物，而始有此一旦之豁然。但若會通大羣眾人之所格，仍必期望有此一旦豁然之大貫通，此乃人類知識最遠程之大標的。莊子所謂「以有涯隨無涯」，懸此標的，乃大智所有事，亦大仁所有事。朱子「格物窮理」之論，要不失為中國儒家知識範圍闢一大疆宇。博學於文，約之以禮，物亦文也。有天文，有地文，有人文，皆當從事於學。中國人文界，自孔孟以下迄於朱子，已踰一千五百年，由人文之知而進於自然之知，不可無此一大開闢，不可無此一大間架。故謂此乃孟子言四端以下第二大貢獻。

篇九

二八

孟子並舉仁、義、禮、智四德，後人又加「信」字為「五常」。茲試先言「常」，此亦中國傳統文化中所極重視之一項目。書曰：

天難諶，命靡常。

詩亦曰：

天命靡常。

當殷周易代之際，警惕於天命靡常，而力求人道之可常。「易」有變易、不易、易簡三義，能於變易中求得不易之常道，則事歸易簡。儒家重常不重變，可不詳論。而道家尤喜言常。莊子極論人心，亦曰：

以其知得其心，以其心得其常心。

「常心」即古今同然之心。知有常心，即知有「常道」。老子推而及於外面事物之多變，乃更重言常。其書開宗明義即曰：

道可道，非常道。名可名，非常名。

又曰：

歸根曰靜，靜曰復命，復命曰常。知常曰明。不知常，妄作凶。

又曰：

知常容，容乃公，公乃王，王乃天，天乃道，道乃久。歿身不殆。

是老子言天命有常。因有常，乃能為一切變化之根本。漢儒言「天不變，道亦不變」，其實老子先已明白言之。

老子又曰：

知和曰常，知常曰明。

此所謂「和」，即上引所言之「容」與「公」。故又曰：

聖人無常心，以百姓心為心。

能知容、知公、知和，能以百姓心為心，則無不容，無不公，無不和，亦猶孟子謂「聖人先得我心之同然」。民之所欲欲之，民之所惡惡之。能知有同然心，即知有常然心。由於常然之心而有常然之道。

是老子論道，亦知着重於人心。

老子又曰：

常德不離，復歸於嬰兒。

此言嬰兒，猶孟子言「赤子之心」。仁、義、禮、智四端於此出，此即「常德」。然則老子與孟子語無大異。惟老子不喜標舉仁義禮智諸名以為教，故曰「道可道非常道，名可名非常名」。毀去了一切外在之名，而歸本於內在之「樸」。故曰：

常德乃足，復歸於樸。

又曰：

常德不忒，復歸於無極。

「無極」乃是無終止，實乃是常之極。又曰：

道常無名樸。

蓋老子以「常」字來形容此宇宙萬物運變不居之大道，雖有運變而其道實常。容則無不包，公則無不通，和則無不合，要之只是一體。曰「失道而後德」者，德是得之於己，己若從道中分別出，分別出則可另立名，故道之外又有德，猶之天之外又有人，命之外又有性。名愈別，知愈多，樸愈失，道愈散，此為老子所不喜。至於儒家所謂仁與義與禮，皆從德中分出，老子亦深知其意。惟多立了此諸名，則易使此德易忒易離而不常，故必去此諸名，其德始為常德，乃為可久。是則老子意，惟此大自然乃是一可久之常體。由自然中分別出人文，又於人文中不斷有種種興建，多立名目，知識繁起，則於此可久之常體易有差忒，易有違離，而人文界之種種禍害，即從此而生。老子此種意見，亦非不是。只是太過消極，欲使人文界復歸於一無名之樸，此事不可能。儒家則於人之德性中分別安立出仁、義、禮、智四項名色，後人又添上「信」字而目之曰「五常」。用此一「常」字，顯是會通了道家思想。老子所極言者，儒家已把來涵攝融化。

以後佛書翻譯，好用「眞常」二字，而曰：

破碎空有，獨證眞常。

惟常，乃見眞。若无常，即假非眞。此可見「常」之一觀念，實為中國思想儒、釋、道三家共同所重視。

「五常」二字，始見於董仲舒之賢良對策。至莊子、韓非書及史記禮書、樂書皆言五常，但皆指五行言；此指自然界。白虎通始遵董仲舒以仁、義、禮、知、信為五常王充論衡亦言之；以五常專指人文界，至是而定。

「信」字在論語中本極重視。

子貢問政，子曰：「足食，足兵，民信之矣。」子貢曰：「必不得已而去，於斯三者何先？」曰：「去兵。」子貢曰：「必不得已而去，於斯二者何先？」曰：「去食。自古皆有死，民無信不立。」

人生必賴食以養，賴兵以衛。不得已，養尤急。一切生物，皆先求自養，次求自衛，人亦與禽獸無異。然人類社會獨有一「信」，遂使人類得成大羣，又使古人、今人、後人一線相承。合長時期之全人類而成為與天地並立之人。蓋「信」之一德，既通彼我，亦通死生。分彼我，別死生，此是天地自然。如犬馬禽獸知有己，但獨立存在，雖可暫聚，不能如人類有社會之大羣。又且前犬後犬，各為一犬。前犬死，後犬生，各自分別隔絕。不能如人類，有歷史，有文化，通於死生，合古今前後而為一。心情相通，知識相通，彼我死生相通，不復離乎羣而獨立為人，乃始融於羣而和合為人，於是而有人道。人道本乎仁，而必始乎信。信即人道，亦即羣道，故曰「民無信不立」。若僅知自養自衛，而無相互間之信，人類即下儕於禽獸，不能有人道之創立。

信可四分言之：一、我信人，二、我自信，三、人信我，四、人我共信。孔子自道所願，曰：

> 老者安之，朋友信之，少者懷之。

必我與友以信，始使友信於我。友與我兩心如一心，兩人如一人。此即相人偶之仁。惟仁難知，信易明，故必由信以及仁。曾子亦曰：

> 與朋友交而不信乎。

凡朋友相交必以信，人羣相處亦必以信。故曰：

> 人而無信，不知其可。如車無輗軏，何以行之。

人道之一切推動本於信，人道之一切建立亦本於信。「信」是人道最大關鍵，亦是人道最大基石。孔子又常兼言「忠信」。論語又曰：

十室之邑，必有忠信如丘者焉，不如丘之好學也。

孔子少言性，僅曰「性相近，習相遠」。此處言忠信，即言人類稟賦於天之一種本質，即猶言性。孔子縱不言盡人皆同，要之大體相近。「忠」者由中而出，人類由其本心直道而行皆必忠。不如一切緣起心，迂曲轉變，循至本心亡失，乃有不忠。而此由中發出之忠，必有推拓及人之「信」與相配合。故「忠信」二字，只是指此一心。此一心，乃是人類與生俱來之原始本心。在此心中，有我亦有人，人我交融，不見有別。此心稟於天，故人人皆同。但又必加之以學，以人繼天，乃始成德，惟忠信之德較易而仁德則難，故孔子僅曰：「十室之邑必有忠信如丘者」，以見人性相近，而德有深淺。由於忠信乃可求仁，進德有階序，而孔子之教乃彌見為平實。

曾子亦曰：

吾日三省吾身，為人謀而不忠乎，與朋友交而不信乎，傳不習乎。

是證曾子受孔子之傳，主要即此「忠信」二字，日必三省，此亦曾子之好學時習。有子曰：「孝弟也者，其為仁之本與？」仁道至高難學，有子以孝弟為學為仁之本，曾子以忠信為學為仁之本。論語二十篇，以學而為第一篇。篇中「學而時習之」為首章，即次之以有子「孝弟為仁之本」章，又次之以曾子「吾日三省吾身」章，此可見孔門師弟子間之教學精神。

孔子少言性，多言學。其教人為學，又循循有階序，如孝弟，如忠信，皆人人幼學所能。至孟子始言性更重於言學。又舉仁義禮智，皆大人成學，乃能企及。非孝弟、忠信具體實踐易知易行之比。此間乃有一大分別。蓋性屬天賦，學則人為。必以人繼天，使天人合一，乃始是人類文化之正趨。尊天蔑人，仗人逆天，皆不是。孟子道性善，人皆可以為堯舜，似乎過分重視了天賦原始，而不免輕了學與習之人為部分。荀子繼孟子後，謂善出人為，其書首以勸學篇，其重視學與習之人為部分，似較孟子更切實。而昌言性惡，則不啻要以人逆天，此是其大缺點。此後宋代理學，大都闡述孟子性善，然北宋諸賢皆不主廢學，尤如朱子，諄諄勸人於學問修習，而近代或譏其近荀子。陸王則闡引孟子而有廢學之嫌，「尊德性」而忽略了「道問學」，本源雖正，濬培無功，不可不戒。

二九

今試依孟子言四端義來釋「信」字，則禽獸天賦亦各有信。惟其範圍較人為狹。乳虎稚狼，至少必信其生我者，故能親暱相處，不畏懼，不逃避，不鬥噬，不敵視。及壯，出遇同類，亦若相互間有信，能相安，不相仇。人類嬰孩始生亦然。其對父母之親暱可不論。縱嬰孩未得親生者撫養，然其初生，至少即具一種安全感，而並不抱有恐懼感。故孔子提出「仁」字，其中即有「信」。信是友道，實即是羣道，亦可謂即是人道。非信何能仁。人有當面接觸而為朋友者，為數實不多。但人當在大羣中為人，又當在前世後世前代後代更大更悠久之大羣中為人，不得專封蔽在其當面所知所識中為人。故友道實本於人道。莊子曰：「盜亦有道。」淫朋惡友，平日相處亦各有信。若不互信，即不能結合為盜。但只在小團體小結合中有信，一到大團體大結合中，即信心有所不及。凡有大信，斯能為大人。僅有小信，斯只為小人。故信之為德，雖本於先天，然亦必賴後天之學。

自有人類，文化演進，已不知其若干萬年，姑以中國北京人距今五十萬年言。中國有文化歷史，到今不過五千年乃至一萬年，較之自原始人迄今，只占其途程中五十分之一。若謂五十萬年前原始人天賦之性，即如四十九萬年以後之人類，又誰信之？即論人類在此一萬年中，五千年後人類所賦，其稟性內容，恐已與五千年前人類有不同。亦可謂禽獸僅賴天賦，人類更多學習。孔子曰：「性相近，習相遠。」人類經過了五十萬年之長期學習，其天性乃與五十萬年前之人類，驟視若相距甚遠。即以信心言，亦當有別，信心有廣度，有長度，有深度。可相通，可預知，可相通預知到極深邃處，此皆待於後天之學習。孔子曰：

好信不好學，其蔽也賊。

若人各懷小信，各信小道，斯對大羣之大信大道，必有賊害。亦如仁與知，皆不能徒好而不學。孔子曰：

好仁不好學，其蔽也愚。好知不好學，其蔽也蕩。好直不好學，其蔽也絞。好勇不好學，其蔽也亂。好剛不好學，其蔽也狂。

此舉仁、知、信、直、勇、剛六言，皆本出於人性。但不繼之以學，則各有蔽。人類文化相異，即異在其對於天賦六言之德之所學之深淺。

老子所抱，乃是一種個人中心主義之二元人生。彼不喜儒家言仁，因亦對個人自己以外之他人不抱有信。其言曰：

古之善為士者，微妙玄通，深不可識。豫焉若冬涉川，猶兮若畏四鄰。儼兮其若客，渙兮若冰之將釋。敦兮其若樸，曠兮其若谷。混兮其若濁。

彼之所謂微妙玄通者，只是在他人前不鮮明表示自己之態度。猶豫多疑，不輕作決定。自言有三寶，一曰「不敢為天下先」。故於孔子所言之六德，如仁如信如直如勇如剛，皆為老子所不取。老子所尚，乃在權謀術數陰柔一路。老子又言：

絶聖棄知，絶學無憂。

是老子不惟不信同時之他人，亦復不信從來之古人。彼所自喜者，正在其一己之自知。老子乃在自喜其一己之自知上，而對人不信不仁。又曰：

聖人之治，常使民無知無欲。

是彼之所知，亦不欲同使人知，更可謂不信不仁之尤。

孔子則極端重視於學，其言學，又必兼言及信。故曰：

篤信好學，守死善道。

所謂學，不限於學同時他人，又必上學前時古人。故曰「信而好古」又曰「尚友古人」。若非有信心，則如何能上學古人。而且信心不篤，則雖學而不知好。故凡好學則必從篤信來。人道與文化，則必從相互之信心與夫長時期之學，乃能日進而無疆。

故學必本於信。信心大，則學大道；信心小，則學小道。若非篤信好學，則焉能守死而善道。不能守死善道，則「生斯世，為斯世善，斯可矣」，此乃為孔子所深惡之鄉愿。鄉愿不可與入道。「言必信，行必果，硜硜然小人哉」，此等人，孔子尚認為可以為士之次。因其說了話當話，行事果敢不退縮。雖是小人未聞大道，但他自己亦有一條道。鄉愿則大家這樣，我亦這樣，只知閹然媚於世，自己沒有一條道，只是追隨世俗，同流合汚，沒有自性，沒有人格，內心只是一大虛空，但他能使世俗眾人皆悅。他似乎是為人活著，自己成了一大空虛，故得到處與人無礙，亦不受人討厭。而且其人像似忠，又可信，其實只是一人影子，沒有自己人格。但鄉愿亦會反對兩種人，一是狂者進取，好言「古之人、古之人」，崇仰前世，來作衡量今世之標準；一是狷者，踽踽涼涼，孤單獨行，有所不為。

要之鄉愿反對人有內心個性自己人格，其對自己乃毫沒有自信。

人生大道，人類文化，必從各個人之自性內心人格動力為起步，乃以獲得多數人之同情與響應為歸宿。所謂人類多數，亦有高度深度，不專以時代計，應兼以歷史計。歷史人遠多於時代人。由各時代合成為歷史。每一時代，則皆以流俗人為多，其中有少數傑出之人物，若為卓然不羣。待及流俗隨時代之沖洗淘汰而轉變而消失，而其中少數傑出人則可以越過時代之轉變而不轉變，跳離時代之消失而不消失，偉然屹立，仍有其存在。此等少數傑出人，則必由其內心個性發出其人格動力而完成，亦必由於其在當時乃及後世獲得多數人之贊同崇仰而後被目為聖賢而在歷史上輝耀其光芒。故各時代之流俗人，只是假多數，此少數歷史上之傑出人物乃代表著人類中之眞多數。此傑出少數人，有高度，有深度，乃經人類長時期無形的民主選擇而公認。由於此少數人而始產出人生大道與夫文化之大傳統。人類之有學，乃當學於此歷史上之少數人，非可只學於其同時之多數流俗人。故孔子曰「信而好古」，「述而不作」，所信所述，正是遠隔孔子時代以前之少數人。所謂「篤信好學，守死善道」，亦即此少數人所建立而倡導之道。明得此，便知人無信心便不能學，勉強學了，亦不知好。心下有信，便覺所信所學與我合一，如此始能好。其所信所學所好，因其超出了同時代之流俗，乃不易為同時流俗所知。到此階段，必貴能有自信。孔子曰：

人不知而不慍，不亦君子乎？

又曰：

知我者其天乎？

孟子曰：

聖人復出，不易吾言。

此皆其極度自信處。人非自信，又何能起人信。子使漆雕開仕，對曰：「吾斯之未能信。」子悅。此必漆雕開已知向學，故能起不自信之心，不自信，乃由其對人生傳統大道有更大之信心而來。故孔子聞而悅之。

孟子繼起，言人皆可以為堯舜，此是一大信心。其引顏淵之言曰：

彼人也，我亦人也，有為者亦若是，我何畏於彼哉。

人與人必有同類感，若我不先有所信於人，如何引起對自己之自信。苟自己無自信，又如何引起人對我之有信。苟自信互信俱不立，則人道亦無由立。中國文化傳統中，無宗教信仰。宗教信仰，必信有超於人類以外之上帝；此種信心，必待教而後有。而孔孟言信，則信與我同類之人。信古人，信後人，自信信人，所信在人類自身之人文界。中庸曰：

君子之道，本諸身，徵諸庶民，考諸三王而不繆，建諸天地而不悖，質諸鬼神而無疑，百世以俟聖人而不惑。

此是一種對人類本身極深厚極崇高之信。本諸身者，凡屬其所自信，必從其本身之實知實行而起。徵諸庶民者，先獲人心之同然，雖處流俗，亦必有信有徵，如孔子曰「十室之邑，必有忠信如丘」是也。考之三王，是求信於歷史；建諸天地，是求信於自然界；質諸鬼神，是求信於精神界；但又必百世以俟聖人，則因我之篤信好學，信而好古，正是信於古之聖人而始建立起自己之自信。苟無古聖，則無所起信。果能自信，乃能信及後聖。可俟後聖來為我作證。中國文化，正可謂是一種極富信心之文化，信人文，信聖教，信人心之同然與天人之合一。若使人類社會能獲得此一種共信，則人文界自可到達一種眞善美的圓滿的理想境界。故可說漢儒於孟子仁、義、禮、智四德之外，又補出一「信」字列為五常，此乃漢儒一大貢獻。

篇十

三〇

人類有信心，始可溝通彼我，由此貫徹古今。深信彼心即我心，古人尚活在我心中，我亦仍可活在後代人心中，由是而人類大生命始得傳遞不朽，常能復活永生；此乃超出了人類肉體生命之上一種廣大悠久之心靈生命。此亦是一種信仰，只反求諸心而可證。較之靈魂天堂之說，應是更易起信。

春秋時代魯國叔孫豹，提出立德、立功、立言「三不朽」之說，為此後中國人一大信仰。此處當有一義先須申述，即三不朽並非盡人所能。天地生人，同類必相似，然不害其有等第之差。即就智力言，孔子已言有上智、有下愚，以示別於中人。固是中人占人類之大多數，然不害於此大多數外尚有少數之上智與下愚。而人類進步，其主要領導人，則為少數之上智，不在多數之中人。

叔孫豹所舉德、功、言三不朽，立德如忠信、孝弟之類，應為人人所能，孟子尤依此發揮。立功貴於人之才能，亦有外面機緣，時不吾與，雖孔子亦有「道不行」之歎。至於立言，端賴智力，尤為少數人之事。叔孫豹三不朽次序，德為最先，言為最後，亦寓有深義。

立言不朽，既非盡人所能，又必貫徹久遠，其間必有一最高標準，非盡人所能企及，此待智者之擇善固執，不斷追尋。而其間又必具甚大信心，乃能百折不回以赴此崇高之理想。孔子學不厭，教不倦，明道傳道，匯德、功、言三者之最高標準於一身。後世文學辭章之士，亦每以立言自負，而其造詣高、成就大者，亦必奉孔子為其立言之最高標準。

三一

西漢揚雄，初慕司馬相如為辭賦，既負盛名，乃復悔曰：「雕蟲小技，壯夫不為。」乃模論語為法言，效周易為太玄。當王莽時，下簾寂寂。劉歆謂之曰：「空自苦。今學者有祿利，尚不能明易。又如玄何。吾恐後人用覆醬瓿也。」雄笑而不答。及唐代韓愈始代為之答，曰：

> 後世復有揚子雲，必好之矣。

太玄之書雖傳，然世尠好者。越一千年，至北宋司馬光出，而大好之，而愈之言卒驗。中國傳統文學藝術界，常必抱持一最高標準，又抱有一共同的強烈信念。老子曰：

知我者希，斯在我者貴。

知我者希，乃指當時之流俗。在我者貴，乃指古今之同賞。文章藝術，若為取悅於羣眾，則不能流傳於後世。羣眾僅代表時代風尚，而歷史傳統，則由少數超卓者之領導與支持。故必抱有一番不求人知之自信，乃始能為文學藝術作最高之表現。其實此不求人知之心情，亦與立德、立功，同為有符於人生大道之一種共同必具之心情。屈原離騷有曰：

亦余心之所善，雖九死猶未悔。

又曰：

不吾知其亦已兮，苟余情其信芳。

九章涉江亦言：

> 世溷濁而莫余知兮，吾方高馳而不顧。

其弟子宋玉承其意答楚王問，謂有歌於郢中者，其始曰下里巴人，國中屬而和者數千人。其為陽阿薤露，屬而和者數百人。為陽春白雪，屬而和者不過數十人。引商刻羽，雜以流徵，屬而和者不過數人。其曲彌高，其和彌寡。屈原，乃有德者必有言。宋玉，則是有言者不必有德。要之立言必本於立德，文章藝術之與道德，在其內心深處，則有同一之泉源。

文學藝術之與道德同樣貴有一種內心之共鳴。揚雄又曰：

> 鍾子期死，伯牙終身不復鼓琴，以為世無賞音者。而師曠調鐘，則俟知音之在後。

此因器可傳，音不可傳，琴音逝去，不復再留。伯牙之鼓琴，既不願為下里巴人僅以娛眾，而徒以自娛，心亦不樂，則不如絕弦破琴之為愈。此亦一種人心之仁之流露。好仁惡不仁同是仁。求一知音，是亦好仁之類。不作舉世不賞之音，是亦惡不仁之類。仁必相人偶，琴音不可傳，高韻無賞，則惟有終身不彈。孔子曰：「吾非斯人之徒與而誰與？」伯牙之心，正亦如是。晉代嵇康臨刑，顧視日影，索琴彈之，曰：

昔袁孝尼嘗從吾學廣陵散，吾每靳固之。廣陵散於今絕矣。

此其臨死慨歎，亦是一種此心之仁之流露。高技絕而不傳，不能使後人同獲此欣賞，豈不可惜。然既求力躋於最高境界，不肯為趨時媚俗自卑，則惟有待後世之知。而惟音聲則不可傳，伯牙琴音，不如師曠鐘律可傳。至於廣陵散，應有曲譜可傳，惟得心應手之巧，亦無可傳。孟子曰：「大匠能與人以規矩，不能與人以巧。」故嵇康終亦靳固於袁孝尼者在此，而臨終不勝其惋惜。在中國文化中，惟音樂一項，發展獨遜，是亦此種心情有以致之。

孔子曰：「予欲無言。」然又曰：「我非斯人之徒與而誰與？」既負人文大道重任，斯終不可以無言。司馬遷為史記，亦曰：

藏諸名山，傳之其人，通都大邑。

作者之用心，固以傳於通都大邑為其終極之蘄嚮。然必先務於為超世絕俗，則惟藏諸名山而可久。若先務通都大邑之傳，則將並失其藏山之價值。時代遷變，身名俱滅，眞自信者必不為。

淵明之詩曰：

其人雖已沒，千載有餘情。

又曰：

義農去我久，舉世少復眞。汲汲魯中叟，彌縫使其淳。鳳鳥雖不至，禮樂暫得新。洙泗輟微響，飄流逮狂秦。詩書復何罪，一朝成灰塵。區區諸老翁，為事誠殷勤。如何絶世下，六籍無一親。終日馳車走，不見所問津。若復不快飲，空負頭上巾。但恨多謬誤，君當恕醉人。

淵明生魏晉之下，而獨追魯中之叟。屈原嘗恨眾人皆醉而己獨醒，其志苦矣。今淵明乃轉其辭，若謂眾人皆醒而己獨醉，斯其用心之苦更深。然魏晉以下，詩文名家，踵接肩摩，而淵明永為後代大宗師，亦豈偶然。

唐陳子昂之詩曰：

前不見古人，後不見來者，念天地之悠悠，獨愴然而涕下。

此四語，可謂道盡中國全部文學史千古大匠之用心。李白之詩亦曰：

大雅久不作，吾衰竟誰陳。王風委蔓草，兵戈逮狂秦。正聲何微茫，哀怨起騷人。自從建安來，綺麗不足珍。我志在刪述，垂暉映千春。希聖如有立，絶筆於獲麟。

此非詩人之故作門面語。若謂太白志有未逮則可，謂其無此意向則大不可。杜甫之詩則曰：

但覺高歌有鬼神，焉知餓死填溝壑。

餓死是當身事，覺有鬼神則尚友千古。又曰：

陶謝不枝梧，風騷共推激。君意人莫知，人間夜寥闃。

又其懷李白則曰：

冠蓋滿京華，斯人獨顦顇。千秋萬歲名，寂寞身後事。

再則曰：

文章憎命達，投詩贈汨羅。

又曰：

同調嗟誰惜，論文笑自知。

又曰：

此意陶潛解，吾生後汝期。

又嘗戲為六絕句：

其一曰：「庾信文章老更成，淩雲健筆意縱橫，今人嗤點流傳賦，不覺前賢畏後生。」

其二曰：「楊王盧駱當時體，輕薄為文哂未休。爾曹身與名俱滅，不廢江河萬古流。」

其三曰：「縱使盧王操翰墨，劣於漢魏近風騷。龍文虎脊皆君馭，歷塊過都見爾曹。」

其四曰：「才力應難誇數公，凡今誰是出羣雄。或看翡翠蘭苕上，未掣鯨魚碧海中。」

其五曰：「不薄今人愛古人，清詞麗句必為鄰。竊攀屈宋宜方駕，恐與齊梁作後塵。」

其六曰：「未及前賢更勿疑，遞相祖述復先誰。別裁偽體親風雅，轉益多師是汝師。」

此諸詩，發明中國一部文學史精神，不啻即是發明中國一部文化史精神。不薄今人，故乃愛及古人。多師只是親風雅。歷史由時代累成，每一時代，亦各有少數傑出人，相承相續，而成為歷史傳統。楊、王、盧、駱，雖僅屬當時之體，劣於漢魏，然亦尚近風騷。乃當杜甫同時，輕以此時薄彼時，妄肆嗤點，此皆重今輕古、厚今薄古之風。不知時代不可久，只如歷塊過都，倏爾即越。脫離歷史，即無生命。縱亦輝煌一時，如在蘭苕上看翡翠，未能在碧海中掣鯨魚。一旦身名俱滅，豈能為出羣之雄。蓋文學中亦有鄉愿，生斯世，為斯世善，斯可矣。趨世媚俗，群相模襲，此在文學中為偽體；後有作者，必加之以別裁。文學價值無時代無古今，愛古人，乃愛古代中一輩出羣之雄。歷史傳統，乃由此各時代之出羣之雄所造成。未識此義，則其未及前賢，更可勿疑。杜詩又曰：

文章千古事，得失寸心知。作者皆殊列，名聲豈浪垂。

能知此意，則自知中國一部文學史乃及一部文化史，亦非浪成。古人姓名，皆非浪垂。推翻打倒，徒見狂妄而已。

韓愈唱為古文，其與人論文則曰：

僕為文久，每自測，意中以為好，則人必以為惡。小稱意，人亦小怪之。大稱意，即人必大怪之。時時應事作俗下文字，下筆令人慚。及示人，則人以為好矣。小慚者，亦蒙謂之小好。大慚者，即必以為大好矣。不知古文直何用於今世。然以竢知者知耳。

又曰：

用功深者收名遠，若與世沉浮，不自樹立，雖不為當時所怪，亦必無後世之傳。

至宋歐陽修又曰：

余嘗哀學者知守經以篤信，不知偽說之亂經。自孔子沒，至今二千歲之間，有一歐陽修者為其說。又二千歲，焉知無一人焉與修同其說也。又二千歲，將復有一人焉。然則同者至於三，則後之人不待千歲而有。六經非一世之書，將與天地無終極而存，以視數千歲，頃刻爾。余之有待於後者遠，非汲汲有求於今世也。

歐陽慕韓愈為文，其意氣亦復相似。要之中國文人，遠自屈原，中歷揚雄陶潛，下迄李、杜、韓、歐，莫不抱有同一信心，重視時間，輕視空間，意在千古，不在當身。必自務一至高標準，以期勉於不朽。文事如此，德功可想。中國文化之緜延五千年，迄今勿衰，此一信念，實大可珍視。下迄明末清初，金聖歎批西廂，亦有「慟哭古人」、「留贈後人」兩序。聖歎輕薄，未聞大道，於文事亦未為深入，然論文能知有古人，復知有後人，此亦不得不謂其有得於中國文學之傳統觀念者。又為西廂記讀法，有曰：

世間妙文，原是天下萬世人人心裏公共之寶，決不是此一人自己文集。

此語亦可謂得文學之大義。立言本之一心，此一心必通於千萬世人之心以為心。立功立德皆是。心有廣大心，有悠久心。其廣大悠久，為能得人人之同然心公共心以為心，而在人類歷史中，則惟少數傑出人得之。故不朽亦可分兩類，一曰人生全體之不朽，一曰人生中少數人生之不朽，此即為立德、立功、立言之三者。中國人之不朽觀，非靈魂之不朽，乃人心之不朽。非進入天堂得不朽，乃即在人世得不朽。此乃中國文化精神，即在文學藝術中，亦處處而見。然必先有一人生全體之大不朽，乃能有此少數立德、立功、立言之三不朽。亦待不斷有此少數立德、立功、立言之三不朽，乃可期望此人生全體之終達於大不朽。此孔子所謂「自古皆有死，民無信不立」者，即謂此人生全體之大不朽，乃必本於人類之信心而建立也。

篇十一

三二

儒家言「五常」之外，又有「五倫」。「人倫」二字，始見於孟子，曰：

聖人，人倫之至也。

荀子亦曰：

聖也者，盡倫者也。

倫有理義。人羣相處，其間必有許多分別次序等第，謂之「倫理」。故「人倫」即猶言人道人義。「盡倫」者，謂人羣能盡其各種分別次序等第相處之倫理，而無不合於道與義。故亦以人倫稱人事。

然人之相處，不僅為個人處大羣，尤要在於大羣中每一個人各有其配偶搭檔，得以相與相處以共成其道義。人倫「倫」字，又有匹配義，有相伍為耦義。人貴能各有其配偶搭檔以處羣。中國古人定人羣有五倫。五倫之說，亦始見於孟子。曰：

> 父子有親，君臣有義，夫婦有別，長幼有序，朋友有信。

中庸亦言：

> 君臣、父子、夫婦、昆弟、朋友之交，此五者，天下之達道。

兩書所舉相似，而以孟子為尤允。一則人生必先有父子，有前後輩相續，始有人道可言。若如禽獸之生，各自獨立，父子不相伍，則羣道終不立。故就人文進化之順序言，必先有父子，乃始有君臣；而中庸乃以君臣一倫占父子一倫之前，顯不如孟子為允。二則人有獨生，無兄弟姐妹，則昆弟一倫為不偏賅；孟子舉長幼為一倫，兄弟亦已包括在內，此亦較中庸為允。陸賈新語僅舉父子、君臣、夫婦、長幼四者，不及朋友，亦為不賅。尚書堯典有五典、五品、五教之說，乃堯典襲孟子，非孟子襲堯典。

亦有以夫婦一倫為人道之最先者，易序卦傳：

有天地然後有萬物，有萬物然後有男女，有男女然後有夫婦，有夫婦然後有父子，有父子然後有君臣，有君臣然後有上下，有上下然後禮義有所措。

中庸亦曰：

君子之道，造端乎夫婦。及其至也，察乎天地。

此等皆後起儒家言。著重於陰陽觀念，故特舉夫婦一倫為首。但禽獸中亦有夫婦，此一倫非人類所獨。人類有父子一倫，始使人羣有歷史傳統性，為人文演進一主要基礎。又易傳言「有上下而後禮義有所措」，立言更為失當。儒家之道，本為因禮義定上下，非為因上下定禮義。

其次當辨者，五倫之道，乃在於人類大羣相處之道之內而特舉此五倫，非謂於人類大羣相處之道之外而別有此五倫。簡言之，五倫在人道中，但亦不能謂五倫即盡了人道。個人之處羣有其道，其在羣中，必有最相親接、最相合作之人，相互成雙成匹，各為耦伍以處羣；而如何處此耦伍，盡其道，其關係為更大。換言之，人生處羣，並非即以個人投身社會，而每一個人乃各有一小天地，小範圍，使個人心情有培育、有護養，有發展之途向，有迴翔之餘地；使每一個人，各得增強其對社會貢獻之功能，又使社會對各個人可以減少其壓迫與限制。此為中國人於人生處羣特重五倫之意義所在。

故五倫中，各有對方，每一倫之雙方應各盡各職而合成一道。孔子言：「君君臣臣，父父子子」，即謂君有君道，臣有臣道，君臣之間，貴乎各盡其道，而孟子則合言之曰「君臣有義」。父子之間，亦貴雙方各盡其道，而孟子則合言之曰「父子有親」。凡孟子所舉有親、有義、有別、有序、有信，此五者，皆是人類大羣相處中所應有，惟特別在此五倫中，比較最易顯出。如「朋友有信」，非謂處夫婦君臣其他四倫，只要親、義、別、序而可以無信。亦非謂處朋友一倫只要有信，而可以不親不義無別無序。可見所謂五倫，乃就人類大羣相處中抽出此五項而名之曰五倫。又就每一倫指出一主要標準，以為雙方共同相處之法則。而在此法則中，每一倫之雙方，又分別各有其應盡之道。如父子一倫，貴在能有親，而父母一方曰慈，子女一方曰孝，在此雙方之盡慈盡孝中而相互合成此一親。其他四倫皆然。每一人之處群，則必先無逃乎此五倫之外。不可謂無父子、無夫婦、無君臣、無長幼、無朋友，而可以單獨一人處羣者。而每一人之對此五倫，則各有其應盡之道。推而遠之，擴而大之，即此處五倫之道，亦即是處大羣之道。而此諸分別，實亦非分別，應知其背後根本所在，實乃會通和合為一道。宋儒稱此曰「理一分殊」。個人處羣，貴能各就自己分上，各就五倫所處，而會通到達於此

「理一」上。故五倫只是一理，而又貴能會通和合於此五倫以外之其他一切人事而共成一理。中國文化重實踐，貴能從各自之切己實踐中，而透悟出人生大道之會通合一處。不在多言，言之亦轉有不盡。孔子曰：「吾道一以貫之。」此下講五倫，亦當知其一貫處，更當知五倫之道之與一切人道之一貫處。

三三

先言父子一倫。孔子曰：

父父子子。

可見父有父道，子有子道，雙方對立平等，相互成為一倫。大學曰：

為人子止於孝，為人父止於慈。

孝與慈乃父子相互間所合成的一番相親之情。此一相親之情，中國儒家奉以為人類相處最主要之基本大道。人若不相親，何能相處。以不相親者相處，徒增苦痛，終不能久。父子之間，正好能培養此一種相親之情，乃可從家庭推廣到社會、國家、天下，使天下人各能相親相處；此為人類理想最終極的最高希望。人人在家庭中，父母子女各能相親相處，此為人生理想最初最低級最起碼的要求。

> 葉公問孔子：「吾黨有直躬者，其父攘羊而子證之。」孔子曰：「父為子隱，子為父隱，直在其中矣。」

因父子有相親之情，所以父攘羊而子為之隱，即此便是直道。若子證父罪，反不是直。人之相處，並不專是人與人，或個人與大羣，而其間尚有種種差異，當分別各盡其道。中國人特設五倫之道之意義即在此。

孟子曰：

> 責善，朋友之道。父子責善，賊恩之大者。

又曰：

古者易子以教。父子之間不責善，責善則離，離則不祥莫大焉。

推此義，父子之間不論善惡，善亦吾父，惡亦吾父。不能以他人謂之惡而我亦不認之為父。此乃人情，亦是天理。瞽瞍之惡，終為舜父。舜為天子，瞽瞍則為天子父。堯子丹朱，舜子商均，皆不肖。然堯舜僅能不傳以天子之位，不聞不認其為子。故父子一倫稱為「天倫」，言定於先天，非人生以後所能轉變。

或問孟子：「舜為天子，皋陶為士，瞽瞍殺人，如之何。」孟子曰：「執之而已。」「然則舜如之何？」曰：「舜視棄天下，猶棄敝屣。竊負而逃，遵海濱而處，訢然樂而忘天下。」

皋陶為人臣，所處在君臣之倫，其道當止於敬；舜命皋陶執法，皋陶惟有敬守此命，有犯殺人者則執之，不能問其他。舜則處父子之倫，瞽瞍雖犯殺人之罪，然是吾父，終不忍見父之死而不救。然就君臣之倫言，又不當禁皋陶之執法。乃惟有自犯罪，竊父而逃。見父攘羊而隱不為之證，其罪小。父殺人而竊之以逃，其罪大。抑且舜為天子，棄天下於不顧，其罪更大。天下後世有據此責舜者，然而舜之孝心可以置而不顧。殺人者死乃王法，然則父犯殺人之罪，其子皆可越獄行竊，負父而逃否？是又不然。因舜為天子，若果置瞽瞍於法，是不啻由舜置之法，天下更無為人子而可置父於法之理。然舜又不能為父而毀天下之法，則惟有棄位而逃。若在凡人，父死於法，則哭泣收葬，哀祭盡禮，如是則已。此是天理、王法、人情，三者兼顧，而人情實又為天理、王法之本。違情之法不可立，反情之理不當守，培養人情，則由父子一倫始。

中國後人言，「天下無不是底父母」，其實此語乃從上引孟子語中來。父母儘可有不是，但就為子女者之心情言，父母始終是父母，不能因其行為有不是而不認為父母。然卻不聞人言天下無不是底子女。此因父母子女，其間儘有尊卑分別。中國傳統，教孝勝過教慈。大率言之，慈可以有一限度，即此便算得慈。孝則沒有一限度，不能說即此也就算得孝。又且不慈可恕，不孝則不可恕。老子說：

六親不和有孝慈。

正在家庭種種不合理之逆境中完得此一分孝。只聞後世稱崇舜，卻不聞後世責怪瞽瞍。亦只說閔子騫孝行，卻不去說其父母不是。此中亦有道理。茲試姑加推究。

其一，慈屬先天自然之先起，孝則後天人文之持續。父母護育嬰孩，至少要經三年之勞。此下童年，仍需父母撫養。此即是父母之慈。若赤嬰初生，即棄之田野。孩提之歲，即逐之門外。此始是父母不慈，而人道亦將絶。故即就三年懷抱言，此已是父母之慈。慈屬天生，而中國人特別注重人文陶治，乃提倡孝道。

其二，父母養育子女，待其成年，仔肩已盡。其自身亦已轉入晚境，精力就衰，不當續盼其對子女有更多之責任。但子女成年後，如雛燕離巢，羽翼豐滿，高飛遠走，天地方寬。若不以孝道相敦勗，恐興風木之歎，徒增蓼莪之痛。故慈屬人生自然現象，孝則必待人文教育培植。

其三，人自幼年迄於成立，乃屬人生一段預備時期。最好就此時期教以孝道。有子曰：

孝弟也者，其為仁之本與？

此言仁為人生大道。人在幼年期，論其智力才能，尚未能獨立為人。但在家能孝，則在其心情上，早已薰沐於人生大道中，已復與聖賢同一本色，同一踐履。中國人特重幼年教孝，乃欲在其幼年無力獨立為人時，而早已在人生大道上邁步向前。他年成立，正可隨其幼年時道路前進，不使人生隨年齡逐段切斷，而有一貫心情之體會。此為中國人教孝一甚深淵旨。少成若天性，習慣成自然。何況人生本有此天性，易成此習慣。只因幼年未經訓練，此後踏入功利複雜之社會中，此一最善良最寶貴之天性，反易淪失。是父母不教子女以孝，正是父母之大不慈。古人曰：

愛子，教之以義方。

教孝正是教之以義方之大者。

其四，孔子曰：

弟子入則孝，出則弟，謹而信，汎愛眾而親仁。行有餘力，則以學文。

孔門以博文約禮為教，然博文之教，非盡人能享得此機會。為子弟時，無機緣從師受學者實眾。而且博文仍必歸於約禮。如孝弟、如謹信、如愛如親，此皆約禮之大者。為子弟者皆可受此教訓。故約禮是小學，博文乃是大學，而約禮又是大學之最終歸宿。其人雖未有進受大學之機會，但其為子弟時，於為人大訓亦已徹始徹終受過，此為孔門最高教育宗旨與理想所在，而教孝則其最先之第一項。

故中國人提倡孝道，乃根據人類心性而設施的一項特殊教育；其主要目標，注重在為人子女者之心性修養，並不是在為父母着想，而教其子女以孝。故曰：

孝，德之本，教之所由生。

人類教育由此開始，人類德性由此建立。故曰：

老吾老以及人之老，幼吾幼以及人之幼。

人類社會，乃幼年、中年、老年三期人生之集合體。若專以功利觀念言，則惟中年始對社會有工作、有貢獻，幼年尚未能投進社會，老年已從社會退休，若均於社會功利無關。但人生之集合體，主要建基於人類之心情。幼年之孝，老年之慈，皆於人類心情有甚大之意義與作用。若於此不加培育，如一日之間，無晨曦朝旭，無夕陽晚照，僅有中天之日，氣候不免乾枯焦灼，使人煩躁不安。故人類貴能知如何育幼養老，如何發揚孝心慈心，使心情達於和美圓滿之境。貴能知如何善處其前一代與後一代，使人類能超越其年代間隔，而繼繼繩繩，在其心情上能脫去小我軀體之自私束縛而投入大羣人生中，不為功利計，而一歸於性情。父子一倫，最能負此教育意義。固不在專為家庭之自私，而實為養成人類和善美滿大公無我之美德，而乃重視此一倫。

孝之反面為不孝。若使人自幼年，即在家庭中做一孝子，將來處身社會，亦易成為一善人，一仁者。若使其人幼年在家庭即是一不孝子，將來處身社會，亦難成一善人仁人。中國人認為惟有不孝不善不仁之人，其貽害社會特大。故「五刑之屬三千，而罪莫大於不孝」。務使人自幼年即不為不孝，以根絶其將來不善不仁之滋蔓。故教孝為人道莫大之先務。人類知孝，則老年皆有養，而人類之慈心，亦滋育而日長。

至近代人有「代溝」之說，其實此乃人生一種現實情形，事不足怪。中國古人以三十年為一世，不僅在此三十年間，外面社會已種種有變；即就父母子女之自身言，一方年到三十，正值壯年，已能自立為人，而一方年過六十，已入衰老之期。雙方之間，自若有一道鴻溝存在。但人生不能專就外面之現實與功利言，正貴有一種情感來作調和。人生亦不能專顧外面空間，更不問先後之時間。人生又不能專重理智，更無情感。中國人教慈教孝，着重在人生情感上，能調和時間上之先後衝突，泯去此一條鴻溝，而使人生先後相承，傳統性之重要更勝過了革命性，而使中國歷史文化緜延達於五千年以上，而迄今屹立。此中眞理，大可尋玩。

三四

其次說到君臣。父子在家庭，君臣在政府，各為一倫，同當雙方對等，各盡其在己一方之義務。故孔子曰：

君君臣臣，父父子子。

君有對臣之義，臣有對君之義。大學曰：

為人君，止於仁。為人臣，止於敬。

君憑高位，臣居下位，權力不相侔，職務不相等。故為君者，必知善待其臣；不論其臣為狀若何，而為君者則必先以仁心待臣。

抑且君臣各有職責，君之權位高，則其職責亦重。季康子問政於孔子，孔子對曰：

政者正也。子帥以正，孰敢不正。

然則為臣下者之不正，乃為君上者不帥以正之罪。人能反躬自責，此亦其心有仁之一端。季康子患盜，問於孔子。孔子對曰：

苟子之不欲，雖賞之不竊。

是則在下多盜，其罪亦在上。季康子又問於孔子，曰：「如殺無道以就有道，何如。」孔子對曰：

子為政，焉用殺。君子之德風，小人之德草，草上之風必偃。

不責風吹，卻責草偃，事豈得理。

孔子之論臣則曰：

以道事君，不可則止。

又曰：

勿欺也，而犯之。

定公問：「君使臣，臣事君，如之何？」孔子曰：

君使臣以禮，臣事君以忠。

孟子言此尤顯豁。有曰：

欲為君，盡君道。欲為臣，盡臣道。二者皆法堯舜而已。不以舜之所以事堯事君，不敬其君者也。不以堯之所以治民治民，賊其民者也。道二，仁與不仁而已。暴其民甚，則身弒國亡。不甚，則身危國削。

又曰：

將大有為之君，必有所不召之臣。

其告齊宣王曰：

君之視臣如手足，則臣視君如腹心。君之視臣如犬馬，則臣視君如國人。君之視臣如土芥，則臣視君如寇讎。

又齊宣王問卿，孟子對曰：

有貴戚之卿，有異姓之卿。君有大過則諫，反覆之而不聽則易位，此貴戚之卿也。君有過則諫，反覆之而不聽，則去。此異姓之卿也。

齊宣王又問：「湯放桀，武王伐紂，臣弒其君可乎？」曰：

聞誅一夫紂矣，未聞弒君也。

孔孟論君臣一倫大義，率具如是。然中國自秦漢以下，君臣體位又有大變。秦以前為封建，秦以後為郡縣。一君巍巍在上，全國受其統治。萬臣孱孱在下，無不受統於一君。君尊臣卑之勢，遠過於孔孟時代。遂使後人論君臣一倫，每嚴於臣而恕於君。在臣節一方，乃特提一「忠」字，與「孝」並言。忠臣孝子，乃若並懸為中國人做人兩大標格。此已與孔孟言父子君臣兩倫異趨。

抑且「孝」專對父母雙親言，從不移作別用。「忠」字則為對人之通德，並不專為君而有忠。論語云：「為人謀而不忠乎？」楚辭：「交不忠兮。」是凡人相交皆當忠。又當忠於職責。故吏以愛民為忠，臨患不忘國，公家之利知無不為皆為忠。又君亦當忠，故曰：「上思利民，忠也。」則人人當孝，亦人人當忠。中國人每以忠孝並言，又以仁、孝、忠、義並言。教孝所以育仁，教忠所以全義。若離了仁義，亦無忠孝可言。不仁不義而徒知忠孝，其孝是私孝，其忠是愚忠，皆是小忠孝。小孝妨仁，小忠妨義，皆要不得。故君臣、父子二倫，皆當從仁義大本源上來踐行忠孝，不當在忠孝小範圍裏來阻塞仁義。

晏嬰不死齊莊公，曰：「君為社稷死則死之。」然亦伏屍哭之成禮而去。此乃義只如此，不死其君不便是不忠。龐籍為相，以公忠便國家為事。只忠於一姓一家者，非「公忠」。蒙古入主，及其亡，中國人亦有為之殉者，後世並不許之以忠。清之亡，中國人亦有以遺民自處者，更為人所不齒。此皆所謂「妾婦之道」，不得以忠論。孟子又曰：「天下有道，以道殉身。天下無道，以身殉道。未聞以道殉乎人者也。」凡言殉節、殉忠，皆當知殉人、殉道之辨。殉道可尊，殉人可卑。以強力迫人作殉者，更可惡。

從另一方面言，中國士大夫，都帶有一種反政府的傳統氣息。舉其著者，西漢末，大家起來擁護王莽受禪。東漢有黨錮之獄。魏晉以下，迄於隋唐，門第高過了王室。北宋諸儒，鑒於唐末藩鎮及五代十國之紛亂，最提倡尊君，但范仲淹、王安石皆得君信任，主持變法，而遭受舉朝之反對。其間是非且不論，要之反范反王，未必皆小人，而為臣者不聞專以唯阿為忠。北宋程伊川，南宋朱晦菴，皆遭偽學之禁。明代東林，亦標榜清議反朝政。其明揭貶君非君之論者，前有朱晦翁，後有黃梨洲。孔子曰：「不仕無義。」但後世極尊高蹈不仕一流。至於犯顏直諫，守正不阿之臣，散見史册，更難歷數。此等皆能在君臣一倫中，發揮制衡作用。故中國自秦以後，雖為一中央政府大一統的國家，歷時兩千年，而君權始終有一節限，不能成為一君主專制的局面。其誤國召亂者，每為昏庸之君，而暴君較少見。儒家提倡「君臣有義」之主張，至少已呈顯了其極大之績效。

篇十二

三五

次言夫婦一倫。戴記孔子告魯哀公：

夫婦別，父子親，君臣義。

孟子亦言：

夫婦有別。

夫婦生則同室，死則同穴。人生中最相親處，最無隔別者，應無過於夫婦。此所謂別，乃指夫婦與夫婦間必有別，亦泛指男女有別。嚴其別所以全其親。古禮叔嫂授受不親，嫂是兄之妻，不論其叔已娶未娶，對其嫂亦當有別。中國人於人生相處最重性情，其傳統的文化體系，亦一本性情而建立。夫婦之愛，尤為人類性情中之最眞摯者，然必為之制禮立別，亦如築堤設防，則使水流順暢，勿致泛濫。若只言戀愛自由，則亦可仳離自由。又夫婦一倫，亦在人之大羣相處中而有此一倫，非謂於人之大羣相處外而有此一倫。故夫婦一倫，亦當顧全家庭與社會。抑且以父母之命、媒妁之言定婚配，未必全是怨耦。專由男女雙方自由戀愛，亦未必全成嘉耦。白首偕老，並非不好。中途分離，並不理想。事難一端而言。中國人言夫婦一倫，驟視若過重禮別，但其實際意義，乃為夫婦雙方感情求保障，亦非有他意。

抑且五倫各為人倫之一支，在其相互間，必求和通會合，不貴獨立乖張。夫婦、父子兩倫，同在一家，尤為密切，自當情禮兼顧。春秋時，魯敬姜哭其夫穆伯，僅晝哭。哭其子文伯，則晝夜哭。孔子以敬姜為知禮。後人說之曰：

哭夫以禮，哭子以情。

夫婦之間易偏於情，故貴節之以禮。父子之間易偏於禮，故貴親之以情。其間若有偏輕偏重，乃亦各有斟酌。戴禮郊特牲有曰：

男女有別，然後父子親。父子親，然後義生。無別無義，禽獸之道。

此數語闡釋父子夫婦兩倫相關，極為深切明白。不嚴男女之別，則夫婦一倫終不安。夫婦不安，則父子不親。人道至於無相親之意，則義於何立。理智計較，功利衡量，以及法制規律之束縛，皆不能導人於義。中國古人言：

發乎情，止乎禮義。

當知一切禮義皆必發乎情，而情之發則必止於禮義。夫婦一倫，主要亦在此。中庸曰：

君子之道，造端乎夫婦。

亦與郊特牲數語相發。亦可謂人道乃始於情感，而情感則必納之於禮義也。

中國古代，有出妻之俗，其起源當甚古。孔門亦有出妻。禮疏有七出之文，亦不知所始。七出者：一不順父母，二無子，三淫，四妒，五惡疾，六多言，七竊盜。論其大義，主要乃為顧全家庭，然亦多有不合情理者。如公儀休見其家織好布而出妻，漢王陽為其婦取東家樹上棗而去婦，此皆過甚其事，未可為訓。又如孔雀東南飛所詠，傳為曠世悲劇，要之當時出妻之風必頗盛，故頻見於歌詩。如曹丕、曹植、王粲各為出婦賦，可見其事為世同所憐憫。然亦有妻自求去者。如晏嬰御者妻從門窺其夫為晏子御，意氣揚揚，乃求去。朱買臣妻為其夫賣樵帶讀，亦求去。可見雙方各有互求離散之自由。下至北宋，范仲淹、王介甫家，亦尚出婦；而南宋詩人陸放翁之賦釵頭鳳，亦為後世傳詠。惟出妻之風，似乎愈後則愈少見。程伊川有言：「今世俗乃以出妻為醜行，遂不敢為。」可見出妻一俗，為人心所不許，輿論所共譏，故乃遞後而遞衰；妻自求去，自亦隨之少見。此亦中國社會尚情忠厚之一證。

又於七出條文之外，又加三不去。一、有所取，無所歸。二、與更三年之喪。三、前貧賤，後富貴。出妻必令其可再嫁，故每有以對姑叱狗等微罪為辭。使妻出已無家可歸，則再嫁更所不論，此一不出。出妻主要為不順父母，與更三年之喪，此二不出。糟糠之妻不下堂，昔日貧賤所取，今為富貴，則三不出。此三不出，固非有人出此主張，立此條文，強人如此。亦由社會輿情，得所慕效，積漸蔚成風氣。惟有此三不去，則七出之條可施行之範圍已大大削減。又於七出中，無子、惡疾兩條認為非本人所欲，不關人事，不當出。故七出為後世律法所許者，僅得其五。要之中國社會於夫婦一倫重其偕老之意則自見。

又夫死再嫁，此亦自古通俗。如晉公子重耳自狄去齊，謂其妻曰：「待我二十五年，不來再嫁。」其妻曰：「二十五年，吾冢上柏大矣，當待子。」狄非禮義之邦，夫別不歸，自可再嫁，故重耳請其待我，而狄妻允以終身，此已開後世婦女守節之風。亦徵事出人情，非關強制。

列女傳，魯陶嬰，少寡，以紡織養幼孤。或欲求之。嬰作歌曰：「悲黃鵠之早寡兮，七年不雙。鵷頸獨宿兮，不與眾同。飛鳥尚然兮，況於貞良。」聞者遂不敢復求。是以一鄉婦而守節。又秋胡久別，歸途戲妻，其妻拒之，歸家見夫，乃即途上戲之者，遂投河而死。傅玄秋胡詩：「彼夫既不淑，此婦亦太剛。」然婦既積年矢志自守，其夫歸近家門，乃戲途中之女，則無怪婦之怨憤。此則由守節而成烈行，事出至情，傅玄雖譏其太剛，要自獲後人敬仰，至今傳述不輟。

三國時，曹爽從弟文叔早死無子，其妻夏侯令女，恐家必嫁己，乃自斷其髮，又截兩耳。曹爽被殺，一門盡滅，夏侯家上書與曹氏絕婚，強令女歸。令女竊入寢室，以刀斷鼻，血流滿被。或謂之曰：「人生世間，如輕塵棲弱草，何辛苦乃爾。」令女曰：「仁者不以盛衰改節，義者不以存亡易心。曹氏衰亡，何忍棄之。」事聞於曹爽政敵司馬懿，聽使乞子養為曹氏後，此事可歌可泣，後人讀此事狀，豈能不增感動。此皆事出至情，豈理智議論所能強，亦豈理智議論所當貶。

戰國策有言：

忠臣不事二君，烈女不嫁二夫。

戴禮亦曰：

壹與之齊，終身不改。

然古人雖有此言，在社會上對於夫死再嫁，終是認為當然，斷未有為寡婦守節作硬性之規定。下至宋代，范仲淹母改嫁朱氏，仲淹隨母姓朱，後始回宗。程伊川言：「取孀婦，是取失節者配身，即己失節。」或問：「居孀貧窮無託，可再嫁否？」曰：「餓死事小，失節事大。」中國歷史上如孟母、歐母、岳母，以寡婦撫養孤兒，終成歷史文化大人物，此類不勝縷舉。若寡婦不守節，如孟子、歐、岳此等人物，失於培育，此誠不得不謂是大事。然如范仲淹讀書山寺，斷虀畫粥，其貧窮可想。其母若非改嫁，恐母子均不獲存全。仲淹亦有宋一代大偉人，果使早年餓死，亦非小事。後仲淹既貴，創立義莊，使宗族孤寡者皆得養，既少餓死之逼迫，而社會守節之風，乃更為普遍。

輟耕錄載宋季有程鵬舉，被虜興元張萬戶家，張妻以所虜一宦家女。婚三日，女勸程逃亡，程疑其試己，訴於張。張箠女，出，賣為奴。程亦逃亡。事隔三十餘年，程仕元，為陝西省參知政事，未嘗再娶。訪女於興元。女以勞作自贖，為尼菴中，因得重為夫婦。此事自今編為劇本，為女取名韓玉娘。方玉娘、鵬舉相配，雙方年未冠笄。三日之婚，又因猜疑召禍。而雙方各自終身守節，逾三十年而復合。類此故事，散見於史傳文集詩歌筆記小說中者，尚多，珍聞琦行，與「夫婦有別」之一原則，乃得不斷維持而發揚。

明史列女傳謂：

婦人之行不出於閨門。

詩載關雎、葛覃、桃夭、芣苢，皆處常履順，貞靜和平。其變者，行露、柏舟一二見而已。劉向傳列女，不存一操。范氏宗之，亦采才行高秀，非獨貴節烈。魏隋而降，史家乃多取患難顛沛，殺身殉義之事。國制所褒，志乘所錄，里巷所稱道，流俗所震駭，而文人墨客，借以發其偉麗激越跌宕可喜之思，故傳尤遠而事尤著。然至性所存，倫常所係，正氣之不至於淪澌，而斯人之所以異於禽獸，載筆者宜莫敢忽。明興，著為規條，巡方督學歲上其事，大者賜祠祀，次亦樹坊表。僻壤下戶之女，亦能以貞白自砥。其著於實錄及郡邑志者，不下萬餘人。豈非聲教所被，廉恥分明，故名節重而蹈義勇歟。

清代承續此風。直至最近七八十年以來，俗尚始大變。惟夫婦一倫變，則父子一倫亦必隨之而變。中國文化，以家庭為重要一單位。家庭制度破壞，文化傳統亦必隨之而變。如何善闡性情，復興禮教，通其變而不失其宗，則有待於後起。

三六

今試再言長幼或兄弟。孟子本言：

長幼有序。

論語亦曰：

弟子入則孝，出則弟。

此弟子亦指長幼，不專限於家庭中。中庸始改言「兄弟」，後世多沿中庸，以兄弟為五倫之一。儒家言五倫，本由人倫大道中分別濃縮而來。亦當由此五倫會通融解而化成為人倫之大道。即就長幼與兄弟言，兄弟即長幼之濃縮，長幼即兄弟之融解。有其分別，亦有其會通。

在五倫中，父子、兄弟同屬「天倫」。兄弟異體同氣，皆屬父母之遺傳。故既知孝父母，則自知兄友弟恭。中國古書每兼言孝友。如詩「張仲孝友」，後如晉書有孝友傳。善事父母為孝，善處兄弟曰友，則兄弟一倫，宜可包在父母一倫中。惟五倫各有分別，夫婦一倫既主有別，叔嫂尚不親授受，則兄弟之親自有限隔。後漢許武，與兩弟分財，曰：

禮有分異之義，家有別居之道。

為要成全夫婦一倫，兄弟別居，宜不可免。西漢初，陸賈有五男，出所使越得橐中裝賣千金分之，子二百金，令各生產。石奮有四子，父子官皆至二千石，一門孝謹。雖齊魯諸儒質行，皆自以為不及。此兩家，一為小家庭型，一為大家庭型，然後世要自以小家庭為常。南北朝時，門第方盛，然亦率為小家庭制。南朝宋周殷有曰：

今士大夫父母在而兄弟異居，計十家而七。庶人父子殊產，八家而五。

又北魏裴植，雖奉母贍弟，而各別資財，同居異爨，一門數竈。史稱其染江南之俗。蓋北方胡漢雜處，形勢所逼，故多大家族同居。南方無此壓迫，故尚小家庭。至於「共甑分炊飯、同鐺各煑魚」之誚，此或貧寒下戶有之。唐宋以下，父母在而別籍異財，皆有禁。則見小家庭制已蔓衍流行。若如陸賈、石奮，有四子五子，異財同居，此亦各有得失。若僅一子無兄弟，而父子殊產，則誠不可。唐張公藝九世同居，高宗問其本末，書百「忍」字以對。居家如此，轉成苦事。明浦江鄭氏累世同居幾三百年，其對太祖問，曰：「惟不聽婦人言。」此於夫婦一倫，似亦未能全顧。在中國社會，特稱此等曰「義門」，乃因其少有而稱之，非是以小家庭為不義。漢末應劭風俗通有曰：

兄弟同居，上也。通有無，次也。讓，其下耳。

此因東漢崇尚兄弟讓財，故有此議。實則兄弟分居是常，讓固不必，能通有無即為上。後世儒生過高過嚴之論，皆未為社會所取。

人固有無兄弟者，然出門必知有長幼之序。兄弟限於家庭，長幼則擴及社會。故兄弟一倫，必擴為長幼一倫。先生為兄，後生為弟。古人每以父兄、子弟並言。曲禮：

年長以倍，則父事之。十年以長，則兄事之。

今亦可稱父老兄長為先生輩，子弟為後生輩。人生即由先生、後生兩世界積疊而成。自呱呱墮地，迄於弱冠成年，是為後生。大聖如孔子，亦曰「三十而立，四十而不惑」，至是始由後生界中躋身到先生界中去。方其在後生界中時，一切生活，養育教導訓練扶掖，都由先生界負其責。沒有了先生界在前，究不知人在後生界中時如何能生活，如何能成熟。亦可謂後生時期之人生，乃全由先生一輩代為雕塑營造。故後生界乃接續著先生界沿貫而下，本不覺有衝突，本不覺有破綻。人壽以百年為限，但人類生命則已經歷了五十萬年以上。長江後浪逐前浪，不斷成為萬古流。固是後生一代較之先生一代不斷可能有開新，有進步，但亦有其限制。其事可以每一人之軀體為喻。自嬰孩而長大成人而日趨衰老，豈不亦日日有變，而其變有限。不能於一朝一夕之間，故我驟失，新我乍成。亦可喻之一家，祖與父為先生代，子與孫為後生代。如是層累積叠，逐代蛻變。然此一家與彼一家之不同則無變。固亦有驟興驟衰，倏起倏落，要之必有一段時間之緜亙與交替。孔子曰：「其進銳者其退速。」莊子亦言：「美成在久，速成不及改。」人類生命之高出於其他生物者，正為其有一段較長之後生期。而人在後生期中，此一段未成熟的心情，則更值重視，更待教導。教之孝，教之弟，教之徐行後長者，教之有事服其勞，教之有酒食先生饌。教之恭，教之順。人生一番最寶貴之心情，正在此時養成。孔子溫良恭儉讓，大聖人之盛德光輝，其實仍是一未成熟時之後生心情。為子弟當如是，為聖人亦復只如是。故孟子曰：

大人者，不失其赤子之心者也。

中國民族，亦可謂乃是一未成年的後生民族，中國文化，亦是一未成年的後生文化。後生為其未成熟，故猶得有長進，有前途。在後生心目中，必有較其先生之一輩，所以成其為後生。故後生不自獨立，必依倚、追隨於先生一輩而加之以繼續。

其實孰能呱呱墮地即獨立為人？孰能抹殺了自古在昔而其命維新？故中國民族，同時亦為一好古的民族。中國文化，同時亦為一好古的文化。其後生一代常緊貼於先生代，沉浸入先生代中，滋養潤澤，更無可以分別。推而論之，所謂天人之際，古今之變，亦復如是。若後生代必欲擺脫先生代而宣告獨立，必欲擺脫先生代而徑自挺進，此如破釜沉舟，過河拔橋，固未嘗不可收一時之奇功。而人生段段切斷，只望將來，不顧已往。只求成熟，不問生長。乃至後生一輩之視先生輩，只是些老腐敗，陳舊不鮮，摧枯拉朽，不值顧惜。不知我之神奇，即自此腐敗中來，而轉瞬又必自成為腐敗。何如先生、後生，交融合一。常保留此一段未成熟時之後生心情，如幼孩之眷戀其父母，弱小之敬畏其長老，生命源泉，長此不竭，生生成成，前瞻無盡。此中國人之所謂「不忘本」，所謂「厚德載福」，卻即可從「徐行後長者」五字中透露。而長者之於幼者，前輩之於後輩，則「匡之直之，輔之翼之，使自得之，又從而振德之」。在人生中有後生，遂使先生一輩感其責任之未盡，亦感其步伐之有繼。不使人生若一潭枯水，而汨汨乎其味厚而情多。此即長幼一倫在人生大道中所占重要地位之所在。

三七

朋友在五倫中為最後一倫。孔子自言所志，曰：

老者安之，朋友信之，少者懷之。

人之處羣，一是我之先生前輩，是為老者。一是我之後生子弟，是為少者。又一則是我之同輩志行相合之人，是為朋友。我之處老，不僅求我能安之，亦當使老者安於我之奉事。不僅求我能慈於少，亦當使少者能常懷念我慈而不忘。不僅求我能交朋友以信，亦當使朋友信我之為人。果如此，我之在人羣中，乃使人我融洽，不感彼此之隔閡，此即孔子常所提倡之仁的境界。人生心情，莫貴於此，人生事業，亦莫大於此。孔子以一大聖人，其所志亦惟在於此。

但朋友，非即是與我同輩、相交相識者便為朋友。孔子曰：

有朋自遠方來，不亦樂乎？

此承學而時習之言，學成行尊，慕我者自遠而至，此是我同類相近之人。在我心情上，自會感到莫大之快樂。曾子曰：

君子以文會友，以友輔仁。

「文」即人文，孝、弟、忠、信，政事、文學，皆文也。講學以會友，必我自有所學所立，乃有同志相類者來與我為友。而朋友間之講貫琢磨，相助相益，即皆所以輔成我之仁道。此在我之事業上，自會獲有莫大之進境。人生必貫徹前後，故有先生，有後生，上有古，下有後，乃使此小我短暫之人生，緜延而成悠久無窮之人生。人生亦必破除彼我，融會人己，朋友即是我之化身，遂使此小我狹隘之人生，擴展而成廣大無限之人生。此是朋友在人生中莫大意義之所在。

在中國古人中，朋友一倫，喜為後世稱道者，前有管鮑。管仲曰：「生我者父母，知我者鮑子。」然亦必我有可知，乃求知我之人。人之相知，貴相知心。獲有知心友，此是何等快樂事。而「二人同心，其利斷金」，朋友之能成我事業，輔我以仁者，其故在此。管鮑之後有廉藺，稱「刎頸交」。亦惟兩人同心，遂使趙國安定，得禦強秦而無憂。

故在人羣中，與我志同道合之人，乃始成為朋友。而其主要關鍵則在己。若在己無志無道，又何從求友。孔子教人：

無友不如己者。

世人論交，或擇權勢，或慕名位，或附財富，或從種種便利，此皆所謂「市道交」。皆是以物易物，不能以心交心。故曰：

道不同不相為謀。

彼我志不同，道不合，何得相交！五倫之道，其對象皆在外，其基點皆在己。曾子日必三省，曰：

與朋友交而不信乎？

子夏亦曰：

與朋友交，言而有信。

正為我以吾志，我以吾道，與友相交，可以竭意披誠。交友即所以立己，亦即所以行己之道。夫豈言必信、行必果、為硜硜之小人，乃以為朋友相交之道乎！

孟子曰：

責善，朋友之道也。

成為朋友，乃可責善，否則言人之不善，當如後患何。孟子又曰：

不挾長，不挾貴，不挾兄弟而友。

友也者，友其德也，不可以有挾也。有所挾帶，必是私貨。無論其人之長，與其貴，以及其與我之親善如兄弟，我皆不當挾帶此等私心以與為友。友者，乃友其人之德，乃其人與我志同而道合，可以求為吾輔，相與責善以共達此志與道。孟獻子百乘之家，而有友五人。孟獻子與此五人友，在孟獻子心中，並不自挾有此百乘之家；在此五人者心中，亦並無孟獻子之家，否則不能以相友。魯繆公亟見於子思，曰：「古千乘之國以友士，何如。」子思不悅，曰：

以位，則子君也，何敢與君友。以德，則子事我者也，奚可以與我友。

人之相友，惟在此心，惟此赤裸裸的一心，志相同，道相合，外此當各無所挾，乃得成交。人生中心情最樂，事業最大，莫過於此，所以得與父子、夫婦、兄弟、君臣共為五倫之一也。

孟子又曰：

一鄉之善士，斯友一鄉之善士。一國之善士，斯友一國之善士。天下之善士，斯友天下之善士。以友天下之善士為未足，又尚論古之人。頌其詩，讀其書，不知其人可乎？是以論其世也。是尚友也。

是朋友有此四等。其等第之高下，亦即從我自己一心之高下而判。若我尚不得為一鄉之善士，即亦無友可言。若我以交一世士為未足，雖異世不相及，頌其詩，讀其書，論其世，可以知其人。越世而知古人之心，即可與古人為友。可以上友千古，亦可以下友千古。千古之下，乃亦有越世上友於我者。必至是，而後我之心情，我之事業，乃可以無憾。

故人道絕不能無友。有天子而友匹夫者，堯之於舜是已，將大有為之君，必有所不召之臣。湯之於伊尹，桓公之於管仲，皆學焉而後臣之。此非君臣，乃師友也。戰國燕郭隗言：

帝者與師處，王者與友處，霸者與臣處。

唐人杜淹曰：

自天子至庶人，未有不資友而成。

必欲君臣、父子、兄弟、夫婦四倫之各盡其道而無悖，則朋友責善輔仁之力為不可少。故曰：

人非人不濟，馬非馬不走，土非土不高，水非水不流。

又曰：

不知其子視其父，不知其人視其友。不知其君視其所使，不知其地視其草木。

此皆見朋友於五倫中之地位。古人又時以「師友」連言。荀子曰：

天地生之本，先祖類之本，君師治之本。

又言：

天地君親師。

小戴禮學記：

五年博習親師，七年論學取友。

禮運曰：

安其學而親其師，樂其友而信其道。

荀子又曰：

非我而當者吾師，是我而當者吾友，君子隆師而親友。

論語：

三人行必有我師。

是知師與友乃同類，師即寓於友之中。故又曰：

嚴師而畏友。

朱子曰：

人倫不及師者，朋友多而師少，以其多者言之。

後世社會日趨複雜，羣道日形龐大，遂若取友可以日易而日多。徐幹曰：

古之交也近，今之交也遠。古之交也寡，今之交也衆。古之交也為求賢，今之交也為名利。

故徐幹有譴交篇，朱穆有絶交論。抱朴子有交際篇，劉梁有破羣論。羣日大，交日廣，不能善用此朋友一倫，遂使人之志日小而道日狹。恩疎而義薄，輕合而易離。古者朋友有通財之義，父母存，不許友以死。今則人各知有己而已，實不知有友。友之質日變，如范式、張劭之故事，遂若神話，曾莫之信。此一倫既滅，他四倫亦喪。唐元次山有言：

居無友則友松竹，出無友則友雲山。

與大自然雲山松竹為友，猶勝於酒食游戲相徵逐。笑語相下，握手出肺肝相示，指天日涕泣相誓，而虛偽不以信相交，不能以志與道相責相輔，而羣道敗於有友。不如譴絶，尚庶全此孤獨。然此非友之過，乃人不能善取友之過。非友之過，實己之過。道義由師友而有。能善盡此朋友一倫，庶父子夫婦兄弟君臣四倫皆能盡，而羣道之日暢日遂，亦必於此乎幾之。

篇十三

三八

中國古人，很早便有一種人品觀。所謂「人品」，乃把人分出品類、品第。先把人分作幾類，又在同一類中，分其等第。孔子論語有曰：

若聖與仁，則吾豈敢。

又曰：

何事於仁，必也聖乎？

未知，焉得仁。

生而知之，上也。學而知之者，次也。困而學之，又其次也。困而不學，民斯為下矣。

又曰：

中人以上，可以語上也。

唯上智與下愚不移。

下及東漢班固為漢書，有古今人表，把上代歷史人物分作上、中、下三等，每等又各分三等，共九等。上上等曰「聖人」，上中等曰「仁人」，上下等曰「智人」。最下第九等曰「愚人」。此即根據孔子意來作分別。此表是否班氏所作，采其父或他人成品納入書中，今難詳定。要之人品觀在西漢末乃至東漢初必已明確建立。

人品之分，主要在其人之德性，故既曰「品德」，又曰「品性」。此乃人之內在價值所在。若其人生前暫時所擁有之勢位財富，此皆塗附在人生外部，起於外面種種機緣，與其人本身價值無關。孔子又曰：

不義而富且貴，於我如浮雲。

浮雲不知何自起，不知何所往。變化莫測，不可控摶。人生之富貴如之。故人之品格價值，不當把富貴計算在內。此是中國人的人生觀，寓有極深意義。

物各有品，人品亦如物品，故中國古人言人品，每以物品作譬喻。詩云：

生芻一束，其人如玉。

楚狂接輿諷孔子：

鳳兮鳳兮，何德之衰。

玉無生，鳳有生，皆是物中之貴者。有若贊孔子，曰：

麒麟之於走獸，鳳凰之於飛鳥，太山之於邱垤，河海之於行潦，類也。聖人之於民亦類也。出於其類，拔乎其萃，自生民以來，未有盛於孔子也。

飛禽走獸，乃及天地自然物如山水等，皆於同類中可分品；寧有人類乃全屬平等，無可分品之理。至於孔子，則尤是人中之出類拔萃者，此乃一種最高之品。曾子贊孔子則曰：

江漢以濯之，秋陽以暴之，皜皜乎不可尚已。

此仍是把無可品第來作品第，不具體指一物為喻，乃如後人之言「氣象」。

東漢中晚以後，品評人物之風益盛。郭泰評黃憲，謂：「叔度汪汪如萬頃之陂，澄之不清，擾之不濁，其器深廣，難測量。」有升李膺堂者，「皆以為登龍門」。客問陳諶：「足下家君太丘，有何功德，而荷天下重名？」諶曰：

吾家君譬如桂樹生泰山之阿，上有萬仭之高，下有不測之深。上為甘露所霑，下為淵泉所潤。當斯之時，桂樹焉知泰山之高，淵泉之深，不知有功德與無也。

季方此一番話，正如一幅畫，又如一首詩。中國文化中之文學藝術，興象寄託，乃與中國文化傳統中之人品觀，有其內在甚深之關聯。

道家如莊周，亦復早有此意。如鯤鵬之與鷦鷯，櫟社樹之與桂漆，與夫牛之白顙與豚之亢鼻，如此之類，亦莫非以物喻人，以天喻俗。將人生投入大自然，融凝一體，而在人生中種種爭奪占有，勢位財富，轉視為無足輕重，亦惟以人之內在自然之德性為主。儒道雙方對人文社會積極消極之意態有不同，而此一層則大體相一致。

再以易卦論，如乾為天，坤為地，震為雷，艮為山，離為火，坎為水，兌為澤，巽為風，皆以天地大自然為象。乾為馬，坤為牛，震為龍，巽為鷄，坎為豕，離為雉，艮為狗，兌為羊，皆以動物為象。乾為金為玉，坤為布為釜，震為蒼莨竹、為萑葦，巽為繩直，坎為弓輪，離為甲胄，為戈兵，艮為果蓏，兌為口舌，皆以植物與器為象。重卦六十四，如山地剝、澤火革、天水訟、雷風恒之類，皆以人事為象。推此以往，自然界、人文界一切，無不可歸納在此六十四卦之內。故曰：

> 仰以觀於天文，俯以察於地理，知死生之説，知鬼神之情狀，知周乎萬物。範圍天地之化而不過，曲成萬物而不遺。

把自然界天地萬物，與人文界之吉凶進退，動靜成毁，莫不會通以觀。並不把人文界單獨挖出於天地萬物大自然之外，而在短暫狹小之人事範圍內自爭禍福，自認得失。人事既明，人品自顯。為聖為賢，為君子為小人，皆從一最廣大最悠久之心胸為之衡定區別。孔子所謂上智之與下愚，亦由此判。

中庸曰：

經綸天下之大經，立天下之大本，知天地之化育，苟不固聰明聖知達天德者，其孰能知之。

又曰：

成己，仁也。成物，知也。性之德也。合內外之道也，故時措之宜也。

中國古人，所以分聖、仁、知之三級為人中之最上品者，其意正在此。而中國人分別人品，又必以天地萬物之萬變萬象為喻，其意亦在此。故推論中國人之人品觀，而中國人抱之宇宙觀與其人生觀之相通合一之甚深眞理，亦胥於此而見。歸極其道，曰君子，曰小人，夫婦之愚，可以與知。此為中國文化傳統最高價值之所在，非博學、審問、愼思、明辨、篤行，則不足以知。

再說中國文學中之「比興」。不僅詩三百首有比興，楚辭以下，凡屬文學上乘，無不有比興。所謂比興，即是放大心胸，把天地大自然萬象萬變，與人事人文，作平鋪一體看。物必有性，萬物之性之一體會通處是天，亦即是大自然。由性發育成德，有性斯必有德。不僅生物有性有德，無生物亦復有性有德。有大德，有小德。如山水，即是天地大自然中之具大德者。如水、火、木、金、土五行，亦即是五德。人類之有德，不能超然絶出於天地大自然萬物萬象萬變之德之外。總而言之，則曰「天德」。論語，孔子曰：

驥稱其德，不稱其力。

虎豹獅象，黿鼉鮫龍，其中惟龍與象，為中國人所愛稱，亦復是稱其德，不稱其力也。麒麟之於走獸，鳳凰之於飛鳥，亦然。天地大自然中萬物萬象萬變，其相互間有順有逆，有和有戾，有生有剋。中國人則特就其相與為和順而相生者而稱其德，其相與為逆且戾與剋者，雖力之強，厥為不德，或稱凶德。人類身處此大自然萬物萬象萬變中，自有所喜愛欲親近者，自有所畏懼欲遠避者，反身自求，便知自處之道。文學中之比興，即由此一種清明而高潔之情智中來。

人類本由天地大自然孕育而生，人亦萬物中一物，人之異於其他萬物者，厥為人俱聰明靈覺之性。故曰「人為萬物之靈」。中庸言：

誠者天之道，誠之者人之道。

又曰：

自誠明，謂之性。自明誠，謂之教。

萬物各有其「性」，即是各有其「誠」。但互不相知，誠而不明。於是物與物之間，乃有相逆相戾相剋。惟人性有靈明靈覺，乃知盡人性盡物性。所謂「盡性」，乃使性與性之間，不相逆，不相戾，不相剋，而共達於和順相生。如此始可以「贊天地之化育」。天地化育，尚有不夠理想不夠圓滿處，而有待於人類文化之贊助，此是中國文化一至極高明之點。

周公驅虎豹，兼夷狄。虎豹驅而遠之，亦所以盡虎豹之性。夷狄兼而化之，乃可以進夷狄為諸夏。相生相養，天地成為一樂園；相剋相殺，天地成為一戰場。天地在和順一氣中醞釀出生命，但生命在洪荒之世，相爭相奪，幾乎成為到處是戰場。要他們在戰場上建立起樂園來，其事不可能。必待人道昌明，乃始有意把戰場化樂園。人道何由起？乃起於人性之靈。易繫傳：

仰則觀象於天，俯則觀法於地，觀鳥獸之文與地之宜，近取諸身，遠取諸物，以通神明之德，以類萬物之情。

故觀於河洲之雎鳩，自知夫婦之當和好。觀脊令之在原，自知兄弟之當急難。以比以興，萬物之情，莫非神明之德。惟賴人性有靈，乃能類而通之。故中國人之人生觀，即本其宇宙觀，使自然與人生相通合一。人類中有先知先覺，即以此覺後知，覺後覺，於是而有教。而中國人之教，則異乎西方宗教、哲學、科學之為教。

四〇

孔子教其子伯魚，主要有兩端。一曰詩，一曰禮。禮教主要在人之行事。詩教主要在人之心情。

莊老道家興起，雖若其持論與孔門儒家有異，然在人生觀與宇宙觀之本原合一的意義上，實與孔門儒家根極無二，有其同一之淵源；此乃中國人特有聰明之所在。其在禮教方面，若與孔門儒家相反對。但在詩教方面，實與孔門儒家有其潛深之相通。兩漢儒生，可謂偏重了禮教一面。晚漢世運劇變，莊老思想再興，其時則禮教轉衰，詩教轉盛。在中國文學史上，詩之一門，其中多涵有道家之情味與觀念。上自晚漢建安時代，下迄兩晉南北朝，詩的人生轉踞禮的人生之上。但在此有最主要之一點，即在詩之背後，應知有作者其人。而在人之背後，則應知其有品級等第之分。故詩品即本於人品。人品高下，即是其詩品之高下。故讀詩者，必應知詩中之比興。懂得了詩中比興，則詩與作者其人皆兩得之。老杜之詩曰：「清新庾開府，駿逸鮑參軍。」其人既清新駿逸，斯其詩亦然。非其詩清新駿逸，乃能使其人亦清新駿逸。故欲作詩，先作人。而欲瞭解此一時代之文化與人生，則必當瞭解到此一時代之文學，其主要則在詩。

阮逸序劉劭人物志，謂其述「性品之上下，材質之偏兼」。而劉劭之自言則曰：

> 凡人之質量，中和最貴。中和之質，必平淡無味。故觀人察質，必先察其平淡，而後求其聰明。

蓋必其人有聰明，乃能仰觀俯察，通德類情；而聰明則必從平淡中出。劉劭之所謂平淡，即猶老子

「見素抱樸，少私寡欲」之意。若其人多私欲，則必喪其本性之素樸，而聰明皆為私欲役使，不得聰明之眞。首先提出中國人傳統中之人品觀者，為班固古今人表；繼此加以專書闡述者，則為三國劉劭之人物志。惟班表一依儒家思想，劉志則滲進了許多道家觀念。同時文學中之詩，開始向盛，此下中國詩中所表達之人生意向，可說是儒道參半，或更可說道家人生觀，尤在中國詩中到處流露。故中國傳統中之儒家人生，忠孝節義，多是陽剛的鞭策人向前；而中國文學中詩的人生，比較多陰柔的安慰人退後。「道義」的人生，與「文學」的人生，同樣顯露了中國傳統人生之一面。

四一

在詩中大可參尋中國文化傳統中之人品觀。若從歷史論人品，主要為君子小人賢奸之別，而在文學中，尤其在詩中，主要則為「雅」「俗」之分。所謂雅俗，重要不以文學中所運用之文字言，乃就文學中所表達之意境，與其作者之人品言。如陶淵明詩：

犬吠深巷中，鷄鳴桑樹巔。

論其文字則極通俗，論其所描寫之內容，又是窮鄉僻壤所有，一若極平俗，無當於高雅。但在此十字像若頗為平俗之境地中，乃能居之安，居之樂，能把此十字，寫成詩境。遂使淵明成為此下詩人乃至為凡屬此下中國識字讀書人共所崇重。又其詩曰：

結廬在人境，而無車馬喧。

能不樂車馬喧聲，反而樂鷄鳴犬吠聲，此處便見雅人深致。孔子「飯疏食，飲水，曲肱而枕之」。顏子「一簞食，一瓢飲，在陋巷」。至少亦是俗中見雅，雅而不俗。故其人果是君子則無不雅，若是雅人，亦無不可為君子。陶詩又曰：

相見無雜言，但道桑麻長。

求田問舍是俗事，但此處但道桑麻，卻見其雅。中國傳統人品觀中，極重雅俗之分。雅者，不論在文字上、意境上，求能通於廣大之地域，並悠久之歷史中。俗則限於地，限於時。狹小短暫，各不相通。人生須能跳出世俗小圈，乃能進入人文大圈。在人文大圈中，自可包有世俗小圈。但在世俗小圈中，則並不能包有人文大圈。故雅不避俗，俗則更不能雅。又如戴顒春日攜雙柑斗酒，人問何之，曰：

往聽黃鸝聲。此俗耳針砭，詩腸鼓吹。

此言詩與俗正相反。然黃鸝聲又何如雞鳴犬吠聲之更雅。此等處大可意會，卻難言傳。眞懂得中國詩，則自辨其中之情味。

今再舉一事加以說明。晉書阮孚傳：

祖約性好財，孚性好屐，同是累，而未判其得失。有詣約，見正料財物，客至，屏當不盡，餘兩小簏，以著背後，傾身障之，意未能平。或有詣阮，正見自蠟屐，因自歎曰：「未知一生當着幾量屐」，神色甚閑暢。於是勝負始分。

此一故事，正見當時人仍是極重人品觀。所謂品量人物，必知人物有高下，品量有標準。惟魏晉以下之品評標準，則由周孔儒家之「道德觀」，即君子小人之別，轉而為莊老道家之「藝術觀」，即雅俗之分。道德觀必當處身人事之裏面，忠信孝弟，是為人道，亦屬人之德性。但經晚漢以下名教觀之反動，崇尚清談，貴乎處身事外，任放為達。率我性眞，不受拘束。如阮籍所謂：「人之立節，將舒網開模，而不毀質適檢。」亦如嵇康所謂：「君子當能越名教而任自然。」如是則好財、好屐，驟一觀之，豈不同是率真任性，出於自然？故使一時評者，未能判其得失。然此處乃有一雅俗之分。好財固亦出於人性自然，但究不免如嵇康所言，「牽於外物，累於內欲」。在祖約心中亦非不自知，故客至急求自掩，意不能平。此是在其內心方面，仍感有虧，即非人生理想所嚮往。阮孚好屐，固亦同是「情有繫於所欲」，（此亦嵇康語。）而同是一累；但不妨以真相見人，神色閑暢，不煩「內隱其情」；（此四字阮籍語。）此即較祖約為勝。好財終不能不損及他人以達其所好。好屐則可自竭所好，與人無涉。故一則見人心安，一則見人而心不安。故富人終必自藏其富，是其人生圈小。雅人所好，不妨與人共見，是其人生圈大。

由此進一層言之，魏晉以下人，縱是由於名教觀之反動，宅心玄遠，依仗虛曠，不樂言周孔之道德，亦尚不失莊老道家相傳的一番人生藝術情味。固是於世道無補，終極亦復有損。晉書儒林傳序，謂其「指禮法為流俗」，此可謂時人實未窺周孔深旨，正亦未識人性真諦。然要之仍在人品觀上，保留一分別。此即中國社會此下一路相傳之所謂雅俗之分。「以多自證，以同自慰」，此即是俗，乃為嵇康所深斥。今若以周孔儒家理想來衡量魏晉以下清談家之人品，縱是未聞大道，但亦非孔子所深惡之鄉愿，蓋猶具有「狂者進取，狷者有所不為」之近似精神。孔子在陳，思及魯之弟子，曰：「歸與歸與，吾黨之小子狂簡，斐然成章，不知所以裁之。」狂簡者，志大而略於事。魏晉以下人，不問世事，卻要探討人生大道，如阮籍嵇康輩，祖述莊老，也可謂已斐然成章。果使孔子生其時，此輩當為孔子所欲裁，不為孔子所加斥。所以說，只要辨得一雅俗之分，便亦不致遽淪為小人也。

今再言之，莊老在文弊之後，去泰去甚，棄名就實，歸眞返璞，雖未得謂中道，要亦有所持守。孔子曰：

志於道，據於德，依於仁，游於藝。

道、德、仁、藝四者之於人生，雖有本末大小輕重緩急先後，然亦一氣相通，一貫相承，不可或缺。魏晉以下之文學，論其精神意氣，實以莊老道家占多數，而周孔儒術次之。唐宋以下，相承莫能革。鑽研文學者，雖是以游於藝為尙，然終與依仁據德不能大相背，只在志道之廣狹與高下之間有差別。如阮籍之與陶潛，李白之與杜甫，其詩品之主要區分即在此。故周孔儒術與經史傳統，常居中國文化之陽面，而莊老道家與集、子兩部，則常居中國文化之陰面。治史必辨人品之賢奸忠佞，即君子小人之分。而治文學，亦必辨人品，清濁高卑，即雅俗之分，則主要在其人之意境。

四二

與文學同條共貫者尚有藝術。中國文化中之文學藝術，實同具教育意義，更要在教人以雅。陽春白雪之與下里巴人，此在音樂中分雅俗；此一辨，千載傳誦，人人共曉。故不僅有雅樂、雅舞，復有雅服、雅步、雅戲、雅玩。中國人即在其日常人生物質生活上，亦無事不求雅。不僅有儒雅、古雅、典雅、風雅，亦復有高雅、清雅、淡雅、雋雅。可見不僅儒家經術尚雅，道家清談亦尚雅。兩漢人似較尚樸，然敦樸、古樸亦皆是雅。魏晉以下，詩學與畫風同盛，繪畫尤為中國藝術中一要項，中國人常稱「詩情畫意」。詩有比興，畫則有寄託。寄託，即猶如比興，其背後皆有一人品觀存在。尤如後來畫家，其畫花卉樹木，必尚松竹梅，稱為「歲寒三友」。又稱梅蘭竹菊為「四君子」。其重人品觀，其有近於詩之有比興者更顯。蘇軾詩：

可使食無肉，不可居無竹。無肉令人瘦，無竹令人俗。人瘦尚可肥，士俗不可醫。

好竹之風，亦起於東晉之王獻之。可見魏晉人尚雅之風，在中國傳統文化中影響之大。

在此下歷史人物中，儘不乏權詐奸雄霸術陰謀夸貪熱中之徒，如曹孟德、司馬仲達；此等人物，縱非君子，但亦不便為俗人。在其人品修養上，亦猶有一據點。尤如五代時之馮道，其人可謂無廉耻之尤。然觀其言行，卻亦不得謂是一俗人。彼自號長樂老，謂：

時開一卷，時飲一杯，食味別聲被色，老安於當代，老而自樂。

彼所謂食味別聲被色者，乃謂於清淡生活中不失靈明，非貪饕奢淫之謂。故其居軍中，為一茅庵，不設床席，臥一束芻，與僕厮同器飲食。諸將掠美女遺之，不能卻，置之別室，訪其主而還之。能誦文士聶夷中田家詩以告唐明宗。明宗錄其詩，常以自誦。明宗得傳國寶萬歲杯，道曰：

此前世有形之寶，仁義乃為王者無形之寶。

其見耶律德光，自謂：

無才無德，癡頑老子。

不矜才，不尚德，自居癡頑，亦近莊老道家義。又曰：

此時佛出救不得，惟皇帝救得。

時人皆謂契丹不遽夷滅中國人，賴道一言之善。道之歷仕諸朝，論其氣節，固不失為一小人，然亦不得謂其是一俗人。直至宋代，馮道為人，尚受稱重，而卒於論定為小人之無耻。觀於後人對馮道之品評，亦可見中國文化傳統中之人品觀，實具有甚高標準。亦見中國當五代最黑暗之最亂世，即如馮道其人之最無廉耻，亦復有其一番人生修養。大德踰限，而小德尚有可觀。中國傳統文化之積累深厚，與夫中國傳統之人品觀之具有甚高標準，與其潛在之勢力，即此可知。

前之如曹孟德，政事外交武功文學，莫不冠絕一代，杜甫贈曹霸詩，猶曰「將軍魏武之子孫」，不以為耻，尚以為榮；而事久論定，曹操亦終為小人之歸。遠自三國，迄於五代，儒學不振，而文學藝術，猶可維繫吾中華文化深厚之一脈。此誠讀史者所當深切注意。而此下之小人，亦每喜附庸風雅，如南宋賈似道之半閒堂，如明季嚴嵩之為詠懷堂詩，此皆中國社會風尚所驅使。即其人品卑下之極，猶尚透露些許文化教養之未盡泯滅而無存。乃至近代，一時急功利慕西化者，即於中國傳統文化中之文學藝術精詣，亦復不加重視。於人品觀中君子小人之分，既鄙之為迂腐；而雅俗之辨，亦不免目之為守舊。如是則在人生中求表現，亦惟有爭財奪權與譁眾取寵之兩途。人品掃地以盡，徒自高呼西化，認為是當今惟一大道，不知道不弘人，又誰是能起而弘此西化之大道者？此即誠可作深長思也。

四三

以上辨人品之君子小人與雅俗之分竟，茲再就聖賢、豪傑、英雄三名略加申述。班孟堅古今人表分聖、仁、智三等為上品，後世並不沿用。孔子曰：「聖則吾不敢。」其稱顏淵，則曰：「賢哉回也。」後世尊孔子為至聖，孔子以下，僅得稱賢，不復稱聖。元明時代，始尊孟子曰「亞聖」，亞聖亦猶稱大賢耳。聖賢以外又有豪傑一稱呼。孟子曰：

待文王而後興者，庶民也。若夫豪傑之士，雖無文王猶興。

豪傑指其人之才能出眾。意志力強，智慧高，感情富，故能不待在上者之鼓舞作育，而自興起。故所謂豪傑，乃指其自然稟賦言。具有自然稟賦，亦貴有人文修養。三國時，人稱陳元龍：

湖海之士，豪氣未除。

可見所謂豪傑，正貴能化除其豪情傑氣，以自赴於中和平正之途。豪傑而成德，斯即為聖賢。至於英雄，則又若與豪傑有別。曹孟德謂劉玄德：

天下英雄，惟使君與操耳。

蓋豪傑以自然分數居多，英雄以表現分數居多。豪傑多指其內在之才氣與性格，英雄則多指其外表之事行與業績。若非有事行業績表現，即不見為英雄。相傳唐太宗謂「天下英雄盡入吾彀中」，蓋英雄必重功利表現，勢必求投入功名利達之途，故不免會入彀。抑且英雄終必於競爭比賽中出人頭地。即不能取勝，亦必求昂然不屈，如楚霸王烏江自刎，乃為不失英雄氣概。所以豪傑乃指其原來天賦勝過人，英雄則指其立志不為人下。一屬先天，一屬後天。三國時陳元龍稱湖海之士，後代則又轉稱湖海為江湖。後人中國社會上之所謂英雄，遂多成為江湖人物。昔人云「身居江湖，心存魏闕」，本指隱者言。陸龜蒙尚自稱江湖散人，可知唐末，江湖尚與市朝對舉。稱江湖亦猶稱山林。而宋以下之江湖，則為浪蕩人縱橫活躍之所。江湖山林，成為逋逃藪。而此等人物，乃多以英雄自負。如水滸傳中之好漢，皆即江湖英雄也。直至最近代，英雄更轉為一好名稱。乃有所謂崇拜英雄、英雄主義等語，殆亦由崇尚西化來。欲為英雄必不避競爭，好尚比賽，甚至不辭鬥殺，惟知高踞人上，不復知其他意義。中國社會，漸由尊尚聖賢轉而崇拜英雄，而豪傑則不成一名色。重外不重內，尚力不尚德，尊事功不尊德性，是亦中國晚近世世道人心上一大轉變，不得不在此指出。

篇十四

四四

在東漢以下，中國社會有兩種新觀念更興迭起。一曰「人品觀」，又一曰「名教觀」。「名教」兩字不知誰先提起，暫未詳考，要當在東漢時。今先論中國古代對此名字所抱之觀點。

戰國六家思想中有名家，惠施公孫龍為之首。西方有邏輯，日本人譯之曰「論理學」，近人嚴復譯之曰「名學」；同時如章士釗，謂西方邏輯並不與中國古代名學相類，無確切語可譯，不如徑音譯曰「邏輯」。此下大學中乃定邏輯為共同必修課程。若謂西方人之邏輯乃人類思想通律，不通邏輯，即無法運用思想。然則中國古來向無邏輯一項學問，即不啻謂中國人自始皆不能思想，抑是中國人思想皆不合邏輯。而如公孫龍之「白馬非馬」論，遂羣目之為詭辨。但西方邏輯學中論名詞涵義，本有內包、外延之別。謂「白馬是馬」，乃從其外延論。謂「白馬非馬」，乃轉從其內包論。猶之謂人非畜生、聖賢非普通人、父母非恒常之長輩，斷非詭辨可知。西方人專從名詞之外延建立起他們的邏輯來，遂興起了種種推論。公孫龍乃從名之內包言，一名止於一實，無可推。一止一推，一重在內，一重在外，此處正是中西文化思想一相歧點，不得厚彼薄此。

老子主張無名，或賤名。其書晚出，當與公孫龍書略同時。老子曰：

道可道，非常道。名可名，非常名。

以「名」與「道」並論，正是其書晚出之證。若在孔子前，不應遽有此論點。老子書中以「樸」與「名」對舉，故曰：

道常無名樸。

又曰：

樸散則為器。

又曰：

始制有名。

制即製字，割散樸以製器，成器乃可名。故又曰：

大制不割。

又曰：

知其雄，守其雌，為天下谿。為天下谿，復歸於嬰兒。知其榮，守其辱，為天下谷。為天下谷，常德乃足，復歸於樸。

黑與白，榮與辱，皆是名非實。老子認為人生中之嬰兒，即猶太古之有樸。故曰：

我獨泊兮其未兆，如嬰兒之未孩。

嬰兒在未知孩笑時，其心中殆若一切未有分別。此下逐步知道了人世許多分別，遂引離其心外出日遠，失卻其本始之眞樸。個人人生如此，人類文化亦如此。老子論人生與文化，主張「少私寡欲，見素抱樸」。嬰兒乃人生中最素樸時期。人文日起，在外面建立起許多名目，使人羨慕效法，而反失卻了其人之本眞，老子認為此最要不得，故曰：

絶學無憂。絶聖棄智，民利百倍。絶仁棄義，民復孝慈。

聖、智、仁、義，皆人文社會所立之名，人心競務於趨赴此外立之名，則易喪其原始之樸與本始之眞，將不復有眞孝慈，而孝慈之名，轉為人類之大害。今以老子與公孫龍相比，公孫龍主張「白馬非馬」，亦即是看輕了外在的共通性，反過來重視各異之獨特性。公孫龍此一觀念，本從墨子兼愛，「視人之父若其父」一觀念轉出，而與老子無名賤名思想在兩者間乃有其相通。

今再返言儒家。孔子曰：

君子名之必可言，言之必可行。

故曰：

必也正名乎，名不正則言不順，言不順則事不成。

如為人父，止於慈；為人子，止於孝。父慈子孝，各有分別，亦各有際限。立此名，即以成此教。若父不慈子不孝，此即是名不正，言不順。言不順，即無以教。可見名教觀念，其本確從儒家來。孔子又說：

君子疾沒世而名不稱。

此「稱」字有幾項歧義。如為人君，止於仁。為人臣，止於敬。為人父，止於慈。為人子，止於孝。若不仁不慈，則不稱為君為父之名。不敬不孝，則不稱為臣為子之名。此是一種名實不相稱。又為人必應有一名可稱，若問此人是什麼樣人，不能說此人只是人，必別立一名稱。如謂其人是仁人，或義士，或說是君子，或小人，此皆有名可稱。孔子不敢自居為聖與仁，只說他自己學不厭教不倦。依照孔子自謙之意，孔子只是一好學之士，或說是一畢生盡職的教育家。但為人立一名稱，亦有限。職業本無可稱，如稱某人是一農民或工人之類。遭遇亦無可稱，如稱某人是一富人或貴人之類。因職業與遭遇，皆是外面附加在其人之身上，非其人所以為其人之本眞所在。故農人可轉業為工人，富貴可變而為貧賤，皆指不出其人之所以為其人之特殊本眞性。天賦人性，使成為此人，則必有其成為此人之某種品德可稱。此項品德，有其共同性，亦有其特殊性。德由性起，性則屬於共通面，德則成其特殊面。人生必由人之共通性而發展出其特殊面，其所成熟之特殊亦必仍回歸到其共通性上面去。苟使其人並無品德，若僅有共通面，並無特殊面，則是有天無人，有人無我。只得稱為是一人，此是一空頭無實之人。黃茅白葦，一望皆是。人而僅如茅葦，何貴之有！而且人若不加自我修養，德不成，品不立，亦將喪失其天賦。空呼為人，其實不稱。此則另是一種名實不相稱。故孔子論正名，實與此下發展所成之人品觀，有其甚深極密之相關。而名教觀亦由此引生。

今再以儒家論名較之公孫龍之「白馬非馬」，顯然不得亦稱「孝子非子」。儒家義，人而為子，則必當為一孝子。若為一不孝子，則不當仍稱之曰「子」。公孫龍一名止於一實，則子便是子，孝子又便是孝子，固不得謂凡子皆屬孝子，亦不得謂凡孝子即是子。此與儒家義大有辨。又若老子「復歸嬰兒」之説，亦與儒家不同。孟子曰：「大人者，不失其赤子之心者也。」赤子嬰兒，當然必長成為大人，不能止限為嬰兒，不許為大人。亦不能使大人盡退回為嬰兒。嬰兒只是在人生之共通面多了些，大人則是人生之特殊面多了些。有共通面，不害其有特殊面。有特殊面，亦適以完成其共通面。文猶質也，質猶文也。不能只許人有質不文，只該教人不要「文滅質，博溺心」，則文與博毋寧更可取。此處仍儒道之相異。

但通名家、道家、儒家三者合一而觀，亦有其共通之點。由此見中國人對於「名」之一觀念，主要不失為重視其內包性過於其外延性。上述儒、道、名三家都注意到一名一物之內在個別處。惟儒家意態積極，主從內在個別處又發展到向外共通處。亦可説從其內在之共通處，發展出外面之個別處。內與外，通與別，人之羣性與其類性，乃至於人之個性與其自我性，同一貫視，交互配合，若相反而實相成。此為儒家論人性乃至論萬物之性之圓密精義所在。道家意態不免太消極，只教人勿失本眞，只看重了人生來處，卻沒有更看向人生去處。有頭無尾。盡情剝去了外面，使內面亦無得存在。公孫龍則更不曾着眼到人生深處，只在名言異同處遮撥。故名家言亦終不能久，不為後人所傳述。

四五

今再從人品觀與名教觀之關係相通處言之。惟人有品，品有類別，乃連帶而有名。「名」即以表示其類別。物有類別，故物必有名。如名目、名色、名號、名稱皆是。今於芸芸眾生中有人，於人之芸芸中亦貴有別有名。但非其人之姓名與其職業遭遇之謂。此皆外加於人，不得認為是人之眞別。人之眞別則在「品」。有品斯有名。如孝子，如忠臣。如伊尹為聖之任，伯夷為聖之淸，柳下惠為聖之和，「聖」是一名，「任」與「淸」與「和」又是一名。聖是共通之類名，任與淸與和為各殊之別名。

大行受大名，細行受細名。品之尤高，乃至於無可名。論語之稱堯，曰：

蕩蕩乎民無能名焉。

此若有近於老子之「無可名」，而意不同。孟子曰：

五百年必有王者興，其間必有名世者。

如孔子，一世皆知其名；知孔子之名，即是知孔子之傑出特異於人人也。不僅一世知其名，乃至百世皆知其名，而終亦無以名之，則惟有曰「大哉孔子」而已。此乃儒家之尊名，非如老子之賤名。惟其尊名，乃不免以名為教。漢代自武帝以後，一尊儒家，其令郡國二千石察舉，必及孝子廉吏。孝子廉吏，成為人之特別可重一名色。然名色外在，與德性之在內有別。下逮東漢，此一制度既益為上下所重視，於是乃有名教觀念之興起。孝與廉是名，為子必孝，為吏必廉，是教。李膺在當時，見稱「欲以天下名教是非為己任」。可知名教觀念，至是已確立。范質戒兒姪詩：

周孔垂名教，齊梁尚清議。

但在先秦時尚未有名教觀。人之立德成品，乃本於其人內在天性之自發。故孔子有禮教，有詩教，皆教人在內在自性上自啟廸。若騖於外面行迹以求名，或騖於名以制行，則其內在之德性，轉將日薄日偽，而為害將不勝。

東漢末年，當時社會對名教觀念之急劇反動，大可於魏武帝所下兩令中推見。其一在建安之十五年，有曰：

今天下尚未定，此特求賢之急時也。孟公綽為趙魏老則優，不可以為滕薛大夫。若必廉士而後可用，則齊桓其何以霸世。今天下得無被褐懷玉而釣於渭濱者乎？又得無盜嫂受金而未遇無知者乎？二三子其佐我明揚仄陋，唯才是舉，吾得而用之。

又越十六年令曰：

昔伊摯傅說，出於賤人。管仲，桓公賊也。皆用之以興。蕭何曹參，縣吏也，韓信陳平，負汚辱之名，有見笑之耻，遂能成就王業，聲著千載。吳起貪將，殺妻自信，散金求官，母死不歸，然在魏，秦人不敢東向；在楚，則三晉不敢南謀。今天下，得無有至德之人，放在民間；

及果勇不顧，臨敵力戰；若文俗之吏，高才異質；或堪為將守，負汚辱之名，見笑之行；或不仁不孝，而有治國用兵之術。其各舉所知，勿有所遺。

曹孟德所謂「治世之能臣，亂世之奸雄」，蓋能揣摩世情，使就己利。其敢於明令下求不仁不孝不廉，負汙辱之名、有見笑之耻者，亦為其逆探世態，違反名教，可於己為無害也。

魏明帝曹叡，亦曾下詔曰：

選舉莫取有名，名如畫地作餅，不可啖。

其吏部尚書盧毓對曰：

名不足以致異人，而可以得常士。常士畏教慕善，然後有名，非所當疾。

帝然之。然則在名教反動時代，即是帝王主張在上，亦終不能使傳統之名教觀遽歸泯滅。

又魏晉間列子偽書楊朱篇有云：

生無半日之懽，死有萬世之名。

此亦當時名教觀反動意態之一種流露。莊子駢拇篇有云：

非仁義之謂也，任其性命之情而已矣。

自孔孟言之，仁義即本於人之德性。但若外立名教，強人以從，則是「行仁義」，非「由仁義行」，假仁假義，正足以束縛性靈，拘礙性眞，為莊老道家所不滿。干寶晉紀總論有云：

學者以老莊為宗而黜六經，談者以虛偽為辯而賤名檢。

正因六經為當時名教淵藪而遂以見黜，既欲破棄名教，乃不期而轉向莊老。晉張翰亦曰：

使我有身後名，不如即時一杯酒。

羣貴其曠達。惟樂廣欲加矯挽。乃曰：「名教中自有樂地。」然亦不知孔顏之樂，乃直從人性來，非從晚世所謂「名教」來。樂廣不能發揮性眞，而徒拘拘名教，則何足以遏此頹趨；而阮籍劉伶之徒，終於獲得一世之嚮往。莊老勢力，代孔孟而繼起。一時激者相務於放達，競尚於清談，而漸至於反傳統。然此乃一種不平意氣鼓盪所成，較之莊老原意本具一種悲世憫俗之心者，相距亦遠。至如郭象之徒，乃以莊老媚世，更不足論。惟其時「名」字勢力，亦依然留存世俗間。故為士則必曰「名士」，標榜家世則必曰「名門」，談論道義則必曰「名理」。甚至出世為僧，亦曰「名僧」。蓋晚漢以下名之為害，實未甚減。至如桓溫，夸權為懷，乃曰：

既不能流芳後世，不足復遺臭萬載耶。

則又轉不如名士之曠達遠甚。

自有名教觀之反動，而影響及於人品觀。魏晉以下依然重人品，但所重不承襲儒家而轉向道家，清虛放任，自謂得性靈之眞，而偏在一邊，遂以開佛學之傳入。

晉書儒林傳序有曰：

有晉始自中朝，迄於江左，莫不崇飾華競，祖述虛玄。擯闕里之典經，習正始之餘論，指禮法為流俗，目縱誕以清高。遂使憲章弛廢，名教頹毀。五胡乘間而競逐，二京繼踵以淪胥。運極道消，可為長歎息。

下及唐代，而暢論魏晉名教反動之為害，可謂痛定思痛之至矣。抑魏晉反名教，相率華競於玄虛，而當時之所謂玄虛，又豈能任性率眞，只是轉成為當時之一種新名教而已。此則亦堪深歎也。

篇十五

四六

佛教自東漢三國傳入中土，下迄兩晉南北朝隋唐五代一段漫長時期，遞興遞盛，佛教遂成為中國文化中一新枝。芽蘗叢生，蓊鬱成林，已與中國舊傳統文化中之老樹舊幹，爭奇競秀，蔚成一片。人能弘道，道不弘人。佛教中亦以佛、法、僧為三寶。苟非有僧人繼起，續加闡揚，則佛既不在，法亦晦匿。佛教在印度，終於消失，此非佛與法之過，乃是缺了僧之一寶，遂使佛、法兩寶亦不成其為寶。

佛法來中國，亦多有賴中國僧人之闡揚。惟中國僧人，其本身即已深受中國文化之薰蒸洗陶，故佛法在中國，必與中國傳統結不解緣，互為滲透，融成一體，否則亦不易著土生根。今當問者，三國兩晉以下，中國思想界，本是儒道雙行；佛法之來，其所獲誘掖輔協之功，儒道雙方，究係孰為之主，孰當其從？

方典午南渡，北方大門第，較占上層，主持時變之先驅，力足遷地自全者，莫不挾其玄虛清談之新風氣而俱南。其留在北方之門第，則層級較次，持守亦較舊。故莊老於南方為盛，而北方則多仍襲兩漢之儒統。佛法之來，以獲得中國北方僧人之闡申宏揚之力為尤大。舉其著者，如釋道安，常山扶柳人。慧遠，雁門樓煩人。竺道生，鉅鹿人。當時北方高僧，其貢獻於佛法宏揚之功績，實遠駕於同時南方諸名僧之上。釋道安在中國佛教史上，應推為第一個嚴正的僧徒。廣弘明集有道安辨宗論，抑老申儒，其意向可知。慧遠乃道安弟子，南渡高隱廬阜，開講壇，為大師，而深通儒業，一時名儒如周續之、雷次宗皆入山事之。而雷次宗從遠公講喪服禮，此事更值重視。佛法首重出家，而門第則必賴儒禮維持；遠公以高僧講喪服，可見其精神意氣，重救世，不重出世，內外平等一視，本無差別。淨土一宗，亦自遠公始創。此後達於佛學中國化之巔峯者為唐代之禪宗，而禪淨合一，乃成為中國此下佛教最普遍流行之一途。則佛學之中國化，其與中國舊傳統中最接近最易融洽成為一體者，實當為儒，非道，史迹昭然，不煩深論。故宋書列佛教於南夷西南夷傳，梁書在海南諸國傳，齊書則見高逸傳，獨惟魏書乃特立釋老志，亦可透露此中消息矣。

蓋莊老道家，玩世不恭，終不免躲在一旁，以隱身避禍為尚。雖其虛空觀，若與佛家相近，而佛法中一種悲天憫人的救世宏願，則可與中國儒家相配合。儒家雖不是一宗教，而具有一種極深厚的宗教精神。老子主張「絕學無憂」，又曰：「聖人不死，大盜不止。」其意若不許有佛有法，自更不許有僧。其精神意氣，與宗教相隔更遠。若有人肯挺身膺禍即或出頭露面來宏揚莊老，其人即非莊老之徒，其道亦非莊老之道。范縝神滅論有曰：

厚我之情深，濟物之意淺。

其辭雖以闢佛，而道家之徒，更無逃於此。故佛學來中國，其獲誘掖輔協使得大行於世者，其功端歸儒，不歸道。而此後中國社會上乃有所謂道教，宮觀與寺院並列，則實是鈔襲了佛教一套形式以為教，非眞有一番設教行道之精神寓乎其間也。

四七

當時僧徒之勤奮致謹於譯事，亦為佛學流行一大緣。而以中國自己固有名詞翻譯佛典中之名詞，其間縱不無舛差，要亦為雙方思想交融互洽一大助。佛典之傳譯，論其要者，般若在前，涅槃在後。若以近代語粗略為說，亦可謂般若側重在論現象。涅槃側重在求本體。般若破諸相為虛，頗近莊子齊物論人籟地籟天籟之說。天籟即地籟之眾和，除卻地籟人籟，更無天籟。籟只是一種聲響，出於虛空，一過即逝。故曰：

樂出虛，蒸成菌。

樂聲出於虛空，菌無種，非由前菌生後菌，前菌既滅，後菌自生，亦是一種幻化，出於虛空。又曰：

地籟者，眾竅是已。泠風則小和，飄風則大和，厲風濟則眾竅為虛。吹萬不同，而使其自已，咸其自取，怒者其誰。

此謂由眾竅聲和合成風聲，非別有風來吹此眾竅出聲，眾竅自吹自已，自取其然，故曰「自然」。外無天，內無己。只是虛空中一種幻化。但眾竅究竟亦具各異之外形。老子曰：

當其無，有車之用。

但車究竟是一有，不是一無。故莊老縱說一切作用出於無，究竟說不成全體自然只是一無。儒家提出一「性」字，亦可謂眾竅異形，故亦異性。莊子謂「咸其自取」，亦可謂即此眾竅之性之自取。性亦自然，而究與道家言自然有不同。

般若理趣，頗符莊老。支道林尚莊老，與向秀並稱。嘗為逍遙論，謂：「逍遙者，明至人之心」，極得當時南方名士欣賞。但依儒家義，心出於性。至人之心亦從性來，不當抹去「性」字不論。釋道安主性空本無義，謂：「無在萬化之前，空為眾形之始。一切諸法，本性空寂。宅心本無，則異想便息。」此亦近莊老之說，但已提出了一「性」字，則已由莊老轉入於儒義。此下涅槃後至，竺道生大闡「佛性」之説，獨標新見，震動一時。其時小品涅槃先出，僅得六卷，本言：「如一闡提懈怠懶惰，尸臥終日，言當成佛，無有是處。」又曰：「彼一闡提，於如來性所以永絕。」而生公乃謂：

> 闡提是含生之類，何得獨無佛性！

又言：

> 佛性為人本有，故一闡提亦得成佛。

此乃遙同於孟子之言「人皆可以為堯舜」。但既顯背經典原文，遂於眾僧大會中遭受驅逐。生公正容誓曰：「若我所說反於經義，請於現身即表癘性。若於實相不相違背，願捨壽時據獅子座。」言竟拂衣而逝。後涅槃四十卷大本至，果稱闡提悉有佛性。

四八

此處有兩事大值注意。隋書經籍志言：「釋道安以胡僧所譯維摩法華，未盡深旨，精思十年，心了神悟，乃正其乖舛，宣揚解釋。」此下鳩摩羅什來長安，大譯經論，「道安所正，與什所譯，義如一，初無乖舛。」羅什之來，亦由道安勸苻堅致之。時道安卒已二十餘年矣。此事遠在竺道生糾正小品涅槃之前。可見當時北方諸高僧，其本身若無極深修養，豈敢出家信佛，而轉自發新義，於西方僧人所譯經典輕致疑難。又如生公，孤明先發，獨見忤眾，堅持己說，不辭擯遣。此等意態，亦近儒非道。若果深得於莊老道家之旨者，則決不為此倔強，以自嬰身禍。

生公既大闡「佛性」義，又喜提一「理」字。易繫傳有言：「窮理盡性。」孟子曰：「理義之悅我心，猶芻豢之悅我口。」小戴記樂記篇有曰：「滅天理而窮人欲。」此三語在後起儒學中皆占極重要地位，然在先秦儒他處及其他各家先秦典籍中，皆不多及此理字。惟魏晉間王弼郭象說莊老，始多用此理字。至生公則曰：

象以盡意，得意則象忘。言以詮理，入理則言息。自經典東流，譯人重阻，多守滯文，鮮見圓象。若忘筌取魚，始可與言道矣。

又曰：

未見理時，必須言津。既見乎理，何用言為。

又曰：

乖理為惑，惑必萬殊。反而悟理，理必無二。如雲雨是一，而藥木萬殊。萬殊在乎藥木，豈雲雨然乎。

又曰：

眞理自然，悟亦冥符。

莊子書中，亦有「書不盡言、言不盡意」之說，在魏晉間引起爭辨。今生公把「理」字來代替「意」字，此理字更在此下思想領域中，占有更高地位。生公以後涅槃宗說性，乃有「佛性是理」、「性理不殊」之說。北史杜弼傳，魏帝問經中佛性法性，弼曰：「止是一理。」性理合一言之，可謂是後來宋代理學家「性即理」一語之張本。

生公又自「理一」義轉出「頓悟」義。其言曰：

夫稱頓者，明理不可分，悟語極照。以不二之悟，符不分之理，謂之頓悟。

生公提出「悟」字，即指心言。以不二之悟，符不分之理，亦可謂即是後代宋儒理學家「心即理」一語之張本。廣弘明集謝靈運辨宗論有曰：

二教不同者，隨方應物，所化地異也。大而較之，華民易於見理，難於受教，故閉其累學，而開其一極。夷人易於受教，難於見理，故閉其頓了，而開其漸悟。

靈運乃文章浮華之士，其語本不足據，推指出中印兩民族，因於處境不同，而賦性亦不同，所以雙方聖哲所陳義理亦不同，此層卻非無可取。至於生公，乃是一虔誠信徒，在其心中，何嘗有孔釋、華夷之辨。其言曰：

> 苟若不知，焉能有信。然則由教而信，非不知也。但資彼之知，理在我表。資彼可以至我，庸得無功於日進。未是我知，何由有分於入照。豈不以見理於外，非復全昧，知不自中，未為能照耶。

語亦見廣弘明集答王衛軍書。此亦孟子「性之」「反之」之義。故曰：

> 見解名悟，聞解名信。信解非真，悟發信謝。理數自然，如菓就自零。悟不自生，必藉信漸。用信伏惑，悟以斷結。

此辨見解、聞解，亦猶宋儒言「德性之知」與「聞見之知」之別。信亦從知見來，惟此知見猶在外。必使此知見深入心中，融為自我，至此乃非聞見之知，而是觀照之知。至是則「悟」發「信」謝。故必如生公，乃可不據涅槃經上文字而自據獅子座説教。故自生公提出「性」字、「理」字、「悟」字，理在外，悟在心，而以性字為之綰合。宋明理學家種種辨論，在生公早已提出其綱要。惟生公意，有了悟，便不用信，信佛必歸極於自悟。而對外之信，亦有助於自發之悟，故主頓不妨由漸。將來禪宗頓、漸分宗，生公卻又已兼顧並到。至於禪宗之不立語言文字，生公「理入則言息」一語，亦已遙啟其祕。如是則印度西來之佛法與經典，皆成借逕。歸宗返極，應重各人之自悟。他力全轉為自力。佛法三寶中，僧之一寶乃更見其重要。此種精神，已與純宗教精神遠異其趣。故只就生公一人為例，佛教之中國化，不待隋唐天台、華嚴、禪宗興起，而已遠有淵源。抑且佛教思想轉成為中國化的佛教思想後，其在全部中國思想之傳統內，終亦只成為一環，而仍不失其在全部思想史中先後條貫之傳統性，更不當堅立門戶，定要把佛教思想分別獨立於中國全部思想史之外而自成一壁壘，亦大可於此悟之。

四九

隋唐以下，中國社會否極泰來，人心亦此復轉。那時佛經翻譯，已成大量結集，於是中國高僧們亦復從別求通，在各別的佛經教義中來尋求其會合貫通所在，於是而正式有中國佛教之出現。舉其著者，如天台宗之「一心三觀」，一空一切空，一假一切假，一中一切中。若認空是本體，假是現象，佛教中原有的宇宙人生之雙層觀，至是乃併歸一層。「空」與「假」不成為對立，而三觀皆本於一心。本體現象，皆在一心中呈現。此正顯然把中國儒家思想之要義滲入到佛義中去；雖其所論是佛書中義，而其見地主張已漸為中國傳統。又如華嚴之四法界，一事法界，二理法界，三理事無礙法界，四事事無礙法界。若認事即是假，是現象，理即是空，是本體。此亦把佛教原有的宇宙人生雙層觀併歸一層。只天台宗併歸於一己內在之「心」，而華嚴宗則併歸於天地外在之「事」。而由「理事無礙」而到「事事無礙」，則在佛法中亦應無礙有父子君臣，父子君臣也可已即是佛法。華嚴經又稱：「法界唯心，一切心造。」則事事無礙，亦只無限在心上。今若略去一切小分別，則天台、華嚴兩宗，似乎都要把佛家「出世法」轉成「世法」，至少是要把世法納入佛家出世法中去。而佛家所原有之宇宙觀則已盡量歸併到人生觀中來。此是最顯然的一大分別。

而在當時佛家中國化中，更見為異軍特起的，則是不立文字，直指人心，自稱為「教外別傳」的禪宗。相傳慧可要達摩為他安心，達摩說：「將心來，為汝安。」慧可良久說：「覓心了不可得。」達摩曰：「已為汝安心竟。」此為禪宗祖師第一祖傳第二祖惟一流傳最廣的故事。一切問題，盡歸到心上，而心又無可覓，畢竟是一空。此即是眞空實相，理法本體。但從此卻得心安，此即天台之所謂即空、即假、即中，亦即華嚴所謂的理事無礙與事事無礙。可見所謂天台、華嚴、禪三宗之佛教中國化，略其小別，求其大通，依然是一鼻孔出氣。

更要的是惠能、神秀同在五祖弘忍門下，一是個不識一字的厨下舂米漢，一則是為教授師的上座。兩人同作偈。神秀偈曰：

身是菩提樹，心如明鏡臺。時時勤拂拭，莫使惹塵埃。

惠能偈曰：

菩提本無樹，明鏡亦非臺，本來無一物，何處惹塵埃。

此兩偈亦復是把一切問題盡歸到身上。只神秀偈在心體外尚有塵埃，即未能一眞一切眞，未能理事無礙與事事無礙。惠能偈只此一心，此心又是一空，乃以此偈終於獲得了弘忍欣賞。至夜深三鼓，惠能被召入弘忍室，弘忍為說金剛經，至「應無所住而生其心」，惠能言下大悟，一切萬法，不離自性。遂啟祖言：

何期自性本自清淨，何期自性本不生滅，何期自性本自具足，何期自性本無動搖，何期自性能生萬法。

弘忍知惠能悟本性，謂曰：

不識本心，學法無益。若識自本心，見自本性，即名丈夫，天人師，佛。

復為說一偈，曰：

有情來下種，因地果還生，無情亦無種，無性亦無生。

是夜，弘忍遂授惠能以頓教衣缽。此為禪宗第五祖傳第六祖又一廣泛流傳之故事。此心既是一眞空，但同時亦是一妙有，故貴不陷死滅，能「無所住而生其心」。而在「心」字外又增出「性」字「情」字，把一切佛法，全歸到心性上，而主要尤在「自本」二字。由生公論佛性，至是轉成「自性」。由慧可覓心了不可得，至是轉成識自本心，意趣識解逐步平實，即是逐步中國化之主要明證。尤其於心與性上特別指點出一「情」字，沒了人情即沒了佛種，把無邊佛法歸結到人情一味上來，更見通俗化、大眾化，更見是中國傳統中人本位主義的精神。然直到此時，佛法與儒義間，究竟還是有差異、有懸隔。上文所指，只是佛法逐漸走近了儒義，此層不可不知。

又惠能於嶺上為陳惠明說法有曰：

不思善，不思惡，正與麼時，那箇是明上座本來面目。

後來禪師們則説為父母未生前本來面目。若依惠能意，只要不思善，不思惡，心無一念時，當下現前，即是此心本來面目，各人可以自己認取。但若定要推溯到父母未生前，亦可推溯到未始有始前；那時若有心，乃是指了人生大本體所在，近似西方哲學上唯心哲學家之所謂心，與儒家言良知良能、赤子之心又有懸隔。

惠能又説：

一切修多羅（卽佛説了義經）及諸文字大小二乘十二部經，皆因人置，因智慧性方能建立。若無世人，一切萬法，本自不有。故知萬法本自人興，一切經書因人説有。

又説：

佛法在世間，不離世間覺。離世覓菩提，恰如求兔角。

可見惠能只要把佛法推溯其原起到人世間來，不是要把人世間一切推溯其原起到佛法上去。此一分別，實大有關係。惠能又説：

佛向性中作，莫向身外求。
自性迷即是眾生，自性覺即是佛。

又說：

不悟，即佛是眾生，一念悟時，眾生是佛。

故知萬法盡存自心，何不從自心中頓見眞如本性。又曰：

汝等諦聽，後代迷人，若識眾生，即是佛性。若不識眾生，萬劫覓佛難逢。吾今教汝，識自心眾生，見自心佛。欲求見佛，但識眾生。

可見惠能只把佛拉近到眾生與自心來，不是要把眾生與自心遠遠拉向佛邊去。於是惠能遂又把修行佛法一大事輕輕轉移到修心一面來。惠能說：

凡夫即佛，煩惱即菩提，前念迷，即凡夫，後念悟，即佛。前念著境，即煩惱。後念離境，即菩提。

又說：

不修即凡。一念修行，自身等佛。

又說：

一念心開，是為開佛知見。汝今當信，佛知見者只汝自心，更無別佛。

又說：

念念見性，常行平直。到如彈指，便見彌陀。

於是又說：

若欲修行，在家亦得，不由在寺。在家能行，如東方人心善。在寺不修，如西方人心惡。

又說：

佛言隨其心淨即佛土淨。東方人但心淨，即無罪。西方人心不淨，亦有愆。東方人造罪，念佛求生西方，西方人造罪，念佛求生何國？

如是，惠能乃把佛法日常人生化，把佛法世俗大眾化。此可說：惠能在把佛教中國化，亦可說，惠能在佛教中，興起了一番大革命。

五〇

此下禪法流衍，且舉例說之。僧問趙州，學人乍入叢林，乞師指示。趙州問：「喫粥了也未。」云：「粥喫了也。」云：「洗鉢盂去。」其僧因此大悟。趙州又問新至僧：「曾到此間嗎？」曰：「曾到。」趙州曰：「喫茶去。」又問一僧，曰：「不曾到。」趙州又曰：「喫茶去。」僧人來到山寺，本為尋求佛法，但趙州也認佛即是凡。離了凡，既無法可得，亦無佛可成。故且令諸僧人來者，屏息諸緣，勿著一念，庶有開悟。故僧人來到山寺，循例教他們喫茶喫粥。喫了粥，則教他去洗鉢盂。僧問青原：「如何是佛法大意？」師曰：「廬陵米作麼價。」僧從廬陵來，不問廬陵米價，卻來問佛法。佛法亦不在喫粥喫茶糴米作飯之外。即此糴米作粥，亦即是佛法。此處只問自己一個心。一假則一切假，一眞則一切眞。即眞即假，即假即眞。理事無礙，事事無礙。心若不異，萬法一如。於一切法不取不捨，無愛憎，無揀擇，當下即是佛是法。三世諸佛，十二部經，不知費了多少語言文字。禪宗諸祖師，只一轉手，破此纏縛，教人在眞實境地中自心自性自悟，一了百了。以此較之當年生公主張「一闡提亦得成佛」，更具體，更直捷。

但若眞如此說，僧人來到山門，只是喫茶喫粥洗鉢盂，則何待要入山門。在家不為僧，豈不一樣喫茶喫粥洗杯碟。此層惠能早說過：「隨所住處恒安樂。若欲修行，在家亦得。若不作此修，剃髮出家，於道何益。」永嘉集：「事理不一，窮理在事，了事即理。即事而眞。」但山門中為僧無多事，喫粥了即洗鉢盂去，在家則事多，不僅當問米價，更有父子、夫婦、兄弟、長幼乃至君臣、朋友諸種複雜關係皆得問。惠能說：

能善分別諸法相，於第一義而不動。

此中卻大有研究。此下宋明理學家，直到朱晦菴，單拈一篇大學，格物致知，止於至善，而誠意、正心、修身、齊家、治國、平天下連帶說上，也便即是要如惠能所說，如何分別諸法相，於第一義而不動。但到那時，目標已轉移，不復是求成佛，又回頭來轉求成聖，從西方佛法重回到中國孔孟舊傳統。一樣在說心說性，一樣在修心養性，明心見性。一樣不在文字言說上用功。惠能說：

自性建立萬法是功，心體離念是德。

宋明理學家，又何嘗不是要從自性上建立起萬法。又何嘗不是要心體離念。程朱言「主敬」工夫，主一之謂敬，即是要從心體上離一切念。所以有人硬要說理學即禪，或說理學即從禪來。若要說理學非禪，則兩者間確有許多相通處。要之，印度佛學東來，經歷了長時期演變，確已為中國思想界融為己有了。但中國思想界，消融了佛學成為己有之後，也究與以前不能沒有許多不同面貌，乃至不同精神。從此一點着眼，上自竺道生，下至惠能，許多高僧們，究亦在中國思想界建立了無窮功德。此等事，絕不可能在文字言說上求。但若抹去了文字言說，亦將渺無痕迹，不可指說。而且語言文字，究亦寄存了廣大心、悠久心，萬世如新。善為尋求，心即由文字言說中見。若只限在小我個己軀體中覓心，反會了不可得。隔絕了語言文字，從本以求，也將會見其本無一物。禪宗「不立文字」，此一語亦當善求。若沒有了一部壇經，我們又從何處來講求六祖。

五一

今再言思想與文字之關係。固是由於思想而有語言文字之使用，但語言文字亦對思想有其制約與誘導的功能。魏晉以下，佛教經典，長期傳譯，一般譯者，愛用中土常用字及其受普遍重視之字來傳譯佛語，於是儒道兩家思想總不免與佛義相牽涉。惟中國固有名詞終亦與佛經中語，不能一一脗合。如論性字，言「佛性」，究與中國儒家言性有別。儒家言「人性」，性為人有，人不同，斯性亦可容有不同。略如今人言「個性」。如伊尹之任，伯夷之清，柳下惠之和。高明柔克，沈潛剛克。由也進，故退之；求也退，故進之。此皆言人之個性有別。至佛家言「佛性」，乃指其所謂法身、眞我而言，不關四大生死之我。三界受生，皆惟惑果。涅槃惑滅，得本稱性。依儒家義，天生萬物，不可謂滅。天命之謂性，乃屬與生俱來。雙方意見，終自不同。

又儒家言性有內容。如孟子言仁義禮智，皆人性所有。般若主性空本無。涅槃佛性，亦復如是。今以儒家「性」字，譯此本無之體，總有差歧。

惟儒家言性有內容，故貴能推擴盡性。佛性乃是一宇宙實相，眾生法身。此法身與實相，亦非有二。返迷歸極，得本能悟即是，更無餘事。易曰：「天行健，君子以自強不息。」而涅槃則寂滅無為，安樂解脫，正是一大休息。

儒家言性得自天賦，中庸曰：「天命之謂性。」孟子言：「盡性以知天。」是性上尚有一「天」。若謂天即自然，則人乃於自然中得此性。佛家則言此性常住，亦稱曰「法」，即如言「自然」。含生之類，同在此自然大法中，即同具此性，故一闡提亦得成佛。華嚴經曰：

> 佛性甚深真法性，寂滅無相同虛空。

在此虛空常住大法之上，便是別無所有。

故儒家言性，必得之於各自之己。如曰：「己欲立」，「己欲達」，「為仁由己」，「反求之己」，「仁以為己任」。極重此各自之「己」。佛家言佛性，則必申「無我」義。即生公亦曰：

> 無我者，本無死生中我，非不有佛性我。

又曰：

大乘之悟，本不近捨生死，遠更求之。

然則悟得無死生中之我，乃可悟佛性我。當年釋迦成佛，即以此一大事因緣出現於世。衆生為死生起煩惱，明得無死生，煩惱即菩提。成佛先須超死生、無我，何得復有己。故儒家所言之性，可以分屬於各自之己。佛家言性，則只是一大共通體，並亦無此體，何得分別屬於人人。

上述儒、釋言性五別。亦可謂佛書中本無儒家性字，乃當時中國僧人自以儒書中「性」字譯佛書。亦因當時僧人多兼通儒書，遠自道安、慧遠，即已在儒書中有甚深體會，並喜會合為說。又如梁武帝作中庸講疏，亦是以儒書會通佛義。如此使佛義易於流通，但亦易滋混淆。此乃異地異民族雙方思想交互染涉所必應有之情事，無可避免，亦無足深怪。

五二

生公論佛性，又常喜用「理」字。有曰：

象者理之所假，執象則迷理。

則顯然成為象是象，理是理，象是現象，理屬本體。生公又曰：

反迷歸極，歸極得本。

此處「本」字，亦與中國人慣用「本末」之本有辨。如樹木，根荄是本，枝葉是末，但根荄枝葉共成一體，只在生長程序上有先後。生公此處所用「本」字，似應近於其所愛用之「理」字，應屬「本體」之本。而現象只是一假，則成了兩個層次。終不掩中印雙方思想之不同。似乎中國人看此宇宙人生，只是單層的，即是言在同一層次中。印度思想似近西歐，把宇宙人生看作雙層，故本體與現象，一眞一假，顯見有別。

中國莊老道家對此宇宙根本抱一虛無觀，則與佛家相近，而儒家則否。儒家並不在宇宙或上帝或天這一方面，作高玄之討論。儒家只是人文本位，就人生論人生，而在全部人生中尤更重視人之一「心」。儒家認為人心在其原始處有一共通同然之點，此乃是「有」，不能説其是無。由此基本而建立起人文界之一切，此即孔子之所謂「仁」。孟子遂以仁義禮智為人性，而推溯之使上通於天。老子則曰：

失道而後德，失德而後仁。

「道」生生化化，尚在宇宙界。「德」則已為所化所生之萬物所得而有，已屬第二層。「仁」則由聖人來規定出名字教人必從，已墮入第三層。可見老子立論，站在宇宙本位的；莊子亦然。莊老道家在此方面與佛家近。儒家則確守人本位，儒家之所謂「天人合一」，並不重要在由天來指導人，乃重要在由人來配合天。消極方面，盡我人事，至少不違背天。積極方面，還要運用人事來輔助天。孔子曰「知天命」，此俱有消極積極兩面意義。中庸曰：「贊天地之化育。」則只言其積極面。至少人類歷史人文界之一切進展，實非天能為，而完全由人為之。即如生老病死是天，但儒家不本此來推出人生一切皆虛，儒家只求在此生、老、病、死中善盡吾生。此是人本位，此是知天命，此是贊天地之化育，此是天人合一。

如是則儒、釋、道三者間，顯各有別，不可相混。但論一民族一國家之思想傳統，有其相通，亦必有其各別。若專就各別處尋之，則不僅釋氏與儒、道有別，即儒、道亦有別。不僅莊老與孔孟有別，抑且老亦與莊有別，孟子亦復與孔子有別。此則將如莊子齊物論所言，「彼亦一是非」，「是亦一無窮，非亦一無窮」，將永不知道之通而為一之所在。惟貴能會其各別，尋其相通處，則不僅儒、道有相通，釋與儒、道，亦有相通，自見有一條主要線索貫串其間。得此線索，乃庶可以識得其傳統精神始終存在，惟此乃是此一民族國家思想生命之所在。眞的新生命乃可由舊生命中誕生，而仍為同一生命。此一生命不絕，乃始可以使此民族國家，亦永遠傳遞而不絕。尋求中國思想史之大傳統與大生命者，正貴從此着眼。而道安、慧遠、道生諸高僧之闡揚佛教，亦復有一番中國思想之傳統精神，隨時隨地而流露，其事亦無足怪。

篇十六

五三

人類莫不有心性，亦如竺道生所謂「含生之倫所同具」。但西方人言心不言性。其言心，又主智、情、意三分說。心本一體，是否可作三分，此暫不論。但既作了三分，或看重這一分，看輕那一分。看法不同，便可生甚大差異。在此三分中，意志應作最先一分看。人類有求生意志，此是天所命，而為人之性。心作用之最先表現在此。釋、道兩家，都不免把人類根深柢固的那一分求生意志看輕了。這就不免看差了人心。

其次是情感，亦是與生俱來。此乃對生命過程之眞實體認與眞實享受。如飲食知味，男女知愛，乃是人生主要情感所起。若加細別，最先應謂之欲。孟子曰：

飲食男女，人之大欲存焉。

欲還是更近生活意志的那一邊。由欲轉情，乃是人類由自然人生轉向到文化人生一大關鍵。在文化人生中，中國人舉出父子、夫婦、兄弟、長幼、君臣、朋友五倫，其相互間，皆是以情為主。若非相互有情，何得成此五倫。故「欲」是個人的，「情」是彼我羣體共通的。人類由自然人進入文化人，比較上，欲日淡，情日深，此是人生一大進步，亦即是人心一大進步。

理智應屬最後起。應由情感來領導理智，由理智來輔成情感。即從知的認識言，情感所知，乃最直接而眞實的。理智所知，既屬間接，又在皮外。如飲食知味，男女知愛，都是情的成分勝過了知的成分。至於如何求飲食，如何求男女，始需理智；但已是功利的，乃手段，非目的。乃過程，非終極境界。故使人類僅賴理智，將使人生永遠走上一條曲折的路，而不得一止境，不獲一滿足。理智人生，終會是隔膜的，搔不到人生眞痛癢。中國人有理智，其最大功用，在其能認識到情感在人生方面之眞意義與眞價值。孔子分別論仁、知，仁屬情感，知屬理智。

又說：

仁者安仁，知者利仁。

知及之，仁不能守之。

可見仁始是此生命之眞實體，知只是知此眞實體，知此眞實體之可安可樂，而加以追求，加以保全。中國人又以知、仁、勇為三達德。勇屬意志方面，論心德發展，勇屬第一位。原始生命，只以此百折不回之生活意志為主。逮後有了情，生命本體轉深轉大，並不即以個別的軀體生存為生命。生命體日大日深，而於是有大羣體之共通生命，與夫歷史緜延之精神生命。此則有貴於具有上智之人加以肯認、指點，而又貴有一番經過理智後之堅強意志來加以保持、創進。中國人言知、仁、勇，亦猶西方人之理智、情感、意志三分說，但不過分重視其分別處，而更益重視其和通合一處。若定要直說一心，則惟仁足以當之，故曰：

仁，人心也。

卻不徑說知與勇為人心。知、勇只是人心所表現，乃是心之功能與作用，不遽說他是心之體。惟仁始是心之體。若知、仁、勇分別說，則曰：

擇不處仁，焉得知。

又曰：

仁者必有勇，勇者不必有仁。

可見仁是主要第一項，知與勇是次要第二條件。

西方人言心，似乎過重了理智，而且把情感一部分又太看輕了。西方人似乎認為惟仗理智，乃可直透到宇宙大自然，乃及人生全過程之眞實所在。但使用理智，必有一立場、一坐標。無立場、無坐標，空間時間都無法測看。西方人認為，理智是客觀的，夾雜了情感，便成主觀，要不得。不知無主即無觀，有觀即有主，那裏能有無主觀的純客觀。西方人則要發展出一種純思辨純客觀的純理智；此只是一種哲學，非眞實人生。此項哲學探討所得，不論在宇宙、人生兩方面，全成為無情感的，不許把情感成分羼進其哲學思維之內。故在西方哲學上，乃有唯心、唯物之爭。唯心論哲學家如古代希臘之柏拉圖，唯物論哲學家如近代西方之馬克思，在他們討論到人生問題時一樣無情。馬克思的共產主義，正在蘇維埃乃及中國大陸推行，其屬無情，已屬有目共睹。柏拉圖的理想國，幸而純是一套哲學思辨，未能眞實在人間世推行。若眞有一個哲人王，依照柏拉圖理想國方案來推行統治，其不近人情處，更要在階級鬥爭、無產階級專政的共產政權一套方案之上遠甚。

目前西方人推求眞理，只走自然科學一條路。其推求所得，儘說有理，仍是無情。自然科學之成就，只能刺激人生欲望，不能滋潤人生情感。無論如何，無情感的人生，總是不安不樂，總是要不得。目前美國人已能送人類上月球，但上月球的人，反而生了異樣感觸，回頭來篤信耶穌教。可見人類生命中確已發展出了一分人心情感，極難置之不聞不問。不能以純理智來領導人生。

古代希臘，地狹物薄，不得不藉海外工商業來營謀生事。唐人詩：「商人重利輕離別。」古希臘人，拋妻離子，蹈冒風濤之險，遠適異國，此即由理智來犧牲了情感。古希臘的哲學家，在不知不覺中受此感染，遂創出了他們那一套純理智的哲學來。但希臘人以同一民族、同一文化，在狹小的疆土上，城市林立，卻始終不能組織起一個同一政府，建立成一個同一國家，因此遭受北方馬其頓蹂躪，而文化為之中熸，民族為之墮落；此乃是他們理智中的不理智。

近代西方承續此一純理智的哲學傳統，已自城市興起而轉為現代國家。因於自然科學之突飛猛晉，資本主義帝國主義如日中天，全世界各民族受其宰制。而內部分裂，西葡荷比，英法德意，爭競不休，角逐無已。第一第二兩次世界大戰，終於使西歐自身遭受大挫折，前途蒙上了一重大陰影。此又是理智中之不理智。若說西歐文化有其缺點，仍在人與人之相互無情或人情不足這一點上。耶教提倡博愛，但愛心乃在上帝身邊，人類具有原始罪惡，不能徑從人類自己心坎深處爆出愛的火花來，則終於救不得此理智中之不理智所引生出的種種災禍。

印度地處熱帶，物產豐盈，摘林果便可飽腹，披單衲便可暖身。生事易給，而釋迦牟尼乃從人之生老病死起念，深切感到人生無常。教人以出家乞食來體悟他的一套空虛本無的無上眞理。佛教動機，本從憐憫人一番慈悲心來，這是屬於情感的。但輾轉推衍，為要證成其空虛本無之宇宙觀、人生觀，仍不免走上了純思辨的理智上，與西方希臘哲學同一類型。從悲憫人生為開始，以取消人生為歸宿，仍是純理智中的不理智。儘説「我不入地獄，誰入地獄」，大慈大悲，救苦救難，乃是佛陀精神。然而竟把現實人生認為是地獄，父母子女，全屬幻化，終是一種無情感的不理智。

五四

佛教傳入中國，正值中國社會陷在重重災禍黑暗中。一輩高僧，尤其是北方高僧們，發心皈依，仍然出於對人類之悲憫心，激自情感，非關理智。但那一套純理智的思辨哲學，實與中國人傳統心情有扞格。其先努力傳譯，此下自為發揮，乃有天台、華嚴、禪三宗，轉成中國佛學。從本體的虛空觀，逐步走向人生的現實觀，出世轉向入世，修養勝過思辨。一切轉歸人身之自心自性，世上之實事實理，從思辨轉向觀照。尤其是禪宗，掃盡一切文字言説，乃與純理智的哲學趨於割絕。本來理智在人心，事屬後起。若非為自心自性，實事實理，理智即不能產生。若非有語言文字，理智即不獲發展。至於弘忍授惠能偈乃曰：

有情來下種，因地果還生。無情亦無種，無性亦無生。

在此偈中，「性情」兩字連用。惠能亦曰：

無情無佛種。

欲求見佛，但識眾生。正為眾生有情，乃知佛亦有情，「情」字乃成了佛法種子。僧問禪師：「信無情是佛否？」曰：

不信。若無情是佛，活人應不如死人。死驢死狗，亦應勝於活人。

如此說來，活人盡皆有情，佛是活人，何獨無情。禪宗祖師們恰恰提出此一「情」字來。只從此情字分上，便可修行成佛。乃有粗看像無情而亦具佛性者，如曰：「青青翠竹盡是眞如，鬱鬱黃花無非般若。」翠竹黃花皆屬有生，有生即不得謂無情。即如曰：「佛在庭前柏樹子」，柏樹子亦屬有生，亦不得謂無情。枯木倚寒巖，三冬無煖氣，此謂枯木禪，終為婆子逐出燒菴。可見禪宗之直指人心，在此人心中，因情見理，並非惠能「本來無一物」一偈可盡。必待三鼓在弘忍室聽到金剛經「應無所住而生其心」一語，乃始大徹大悟。其心能生，即非無物。應無所住，則不住在語言文字上，亦不住在佛法上。惠能言此心不思善不思惡，心空無念時，始是此心本來面目；但貴由此本心生出一切法，卻非住在此心空上，滅卻一切法。

而且先蔑棄了人生現實，專憑理智思辨來求眞求法，既已落空，便不免會羼進許多幻想。佛經中一部分是理智思辨，另一部分卻不免都是墮入了幻想。一切宗教，都不免有幻想。中國莊老思想中，尤其是莊子，亦多幻想。即如西方純理智的哲學中，亦何嘗無幻想羼入。只把文字言說思辨方法來掩飾，像似非幻想。其實認為人心能有純理智，即是一種大幻想。禪宗直指人心，當下現前，可以自證自悟，一眞如如，此中便不容有幻想羼雜。此乃由知性、感性、悟性中見理性。亦可謂即由知性、感性、悟性中生出理性，乃是一種非哲學的現實人生中的唯心論，因此禪宗遂成其為一種中國式的宗教。

佛教中尚有淨土一宗。釋道安早有彌勒淨土之信仰。慧遠渡江至廬山建東林寺，此宗始正式成立。迄於中唐以下，禪宗既盛，乃有禪淨合一之趨向，至於晚明而確定。最先遠公念佛，本只是坐禪心念。此下禪宗參話頭，其實亦如念佛，主要只是繫心一處，從戒定中生慧。佛學中國化，一是悲憫心切，再則束身修持。此二者，與中國傳統緊密相聯。但在佛法中一切超世法的嚴切戒律，過於違背人心之情感，乃亦不為中國僧人所熱切遵奉。至於其純理智之思辨，甚近西方哲學一邊者，在中國僧人，只盡傳譯之功，實未有闡究之績。不過將中國原有儒、道兩家語牽引比附，作為一種「格義」。直到天台、華嚴，眞成為中國佛學，已與純理智之思辨異趣。至於唯識一宗，在中國發展最遲，而亦終無嗣響，亦為此故。

佛教本是一種出世法，而中國文化傳統，尤其如儒家思想，徹頭徹尾，乃是一種人文本位之在世法，兩者終難融洽。天台、華嚴，已為彌縫，而禪宗更作一百八十度之轉彎。在惠能壇經中，言之已極暢竭。但當惠能遠赴黃梅求法前，尚先籌安家銀子辭別老母而去。逮其黃梅得法，渡江南返，再不見提到其老母。此恐仍是儒、釋疆界一大鴻溝。直要到明代季世，淨土大行，人人在家，只口念阿彌陀佛，便得往生西方。子女滿堂，兒孫繞膝，亦不妨事。身居政府要職，或經營萬貫家私，仍得在家念佛。大念見大佛，小念見小佛，於念念中可除八十億劫生死之罪。此亦僅從念者情感上證，不從理智思辨上定。其實一切宗教，禮拜禱告懺悔，何嘗不是此種心情。只一心在念佛上，仍是有所住。宋代理學家如朱子，一意格物窮理，止於至善。止於至善，乃是有所住，亦即無所住。由惠能到朱子，此中又有一大轉變，不可不知。

佛法來中國，不斷人間化，不斷世法化。禪宗不立文字，便把一條佛法中純思辨純理智的哲學路線切斷。淨土宗可以在家念佛，三世諸佛十二部經，一切甚深妙義，乃至出家逃俗，一切苦行，均可不求辨解，只口念「阿彌陀佛」四字，便即同其功德。不離日常，而佛法即在此中。但究因一心念佛，情感不免淡了，理智更無地位。故終與中國傳統人生、人文本位，處處必要情理兼顧之理想有隔膜。

至於在中國內部自己興起的一套莊老道家思想，此亦與釋家有辨。中國文化，自犧、農、黄帝、唐、虞、夏、商、周兩千年長時期演進，迄於春秋戰國時代，人文日進，而其中所附帶而來之種種病痛，亦積累日深，瀑著日顯。莊老激於世變，不過欲歸眞返璞，去泰去甚。在莊子若不過僅欲自求解脫，逍遙適志，在其意想中，仍是有「人間世」，仍自有「應帝王」，未嘗欲把此現實人生一掃空之。老子更平實，老子意想中之人間世，乃及應帝王，較之莊周，似更切近人生之現實。要之，莊老兩家思想，仍在人生社會中，比較上只求淳古化、原始化，而接近了消極隱遁一路。他們對人生一切現實，只求減，不求增。亦可説只求退，不求進。縱有言辭過激處，亦是悲天憫人之意多過了憤世疾俗。縱或推論原始，有一空所有、還本於無之説法，如莊子所謂「未始有物」，「未始有始」，「未始有有」，「未始有無」那一套，幾於只等於如一種文字遊戲。僅逞幻想，何嘗是嚴格的運用理智，要來建立他一番眞空的宇宙觀與形而上學。所以他也並不曾主張寂滅與空無。後人從莊老思想中轉出神仙思想，乃求白日昇化，長生不老，但仍不失其依着人生之本意。秦漢之際，天下大亂，民生塗炭，而黄老無為、與民更始之意想，當漢初而大盛。東漢晚季，天下又大亂，三國兩晉，求如西漢天下渾一之局面已絶望，而莊周思想乃更盛過於老聃。其時如竹林七賢，亦不過曰「禮法豈為吾輩設」。捉麈清談，乃為一輩門第中士大夫所陶醉。當時見譏為「畫眞人於刻桷之室，載退士於進趣之堂」。亦緣莊老原意，本仍在塵世中，並未超塵世外。故莊老究竟不近宗教，亦不是純思辨純理智的哲學路線。莊老思想，仍然極富人情味，依然是中國人的傳統心情之一種表現。不過在現實人文社會中，更多滲進了藝術化與想像化，不如孔孟儒家之更多趨嚮於道德化實踐化。不同在此而已。到底還可說，莊老思想，還是要情理兼顧。

五五

以上述說了人心中情感與理智兩項，尚有意志一項，亦當略加闡述。最先原始，僅見人類之求生意志，此乃萬物有生中一原始共同所有，無法消滅。但人類自原始人生轉進到大羣文化人生，情感、理智不斷加進演變，而最原始的一番求生意志，反若退隱幕後，不受注意。世界各大宗教，不論是耶教、佛教乃至其他宗教，對此一意志，均不免輕視忽視，甚至欲加以消滅。此非斷絕人類生命，其事終難如意。西方哲學，雖說是純理智的，但在其背後，仍有此求生意志為之主宰引線。近代西方自然科學之突飛猛晉，更不免仍為此原始意志為虎添翼，助長聲勢。在物質人生方面，固是不斷進步。但在精神人生或說心靈人生方面，有些處還如原始人一般，人間世相處並存所應有的一番情感，仍是鹵莽滅裂，粗暴野蠻，未經藝術化，未經道德化，殺伐鬥爭，日起無已，而且每況愈烈。此下儻有核子戰爭，勢須將人類數千萬年所積累的人文基礎，連根掃蕩，重使人類真回復到原始狀態中去。

只有中國文化，把人文社會中之情感部分來代替了原始人類之意志部分，把原始人的那一番求生意志逐漸加以藝術化、道德化，以大羣之共生為原則，來代替了小己各個人之分別單獨求生之原始意志。由「求生」轉進到「樂生」，於生命中追求樂趣。此項樂趣，則從情感生，不從意志生，亦不從理智生。惟有在各人情感中覓得了樂趣，而後人類大羣，可以和平相處，使個別小己各安其生；在人生內心安樂中，乃能逐步向前，使人文界遠超於自然界。然亦於自然人生之求生意志，絕不違背，絕無損失。此乃中國社會所以能經歷五千年治安，滋生日蕃，情趣愈豐，擁有了七億人口之一大民族之可久可大之惟一路徑，而其成績亦已與人共見。眞憑實據，經得起理智思考之分析與證驗。

今再從惠能「若無世人，一切萬法本自不有」之意，再推言之。耶教開始於長期受壓迫被驅逐之猶太人中間，實際涵有一種反抗性與鬥爭性。雖標舉上帝博愛為宗旨，但人類則具原始罪惡，此不啻要把天來鬥爭人。故人類靈魂，雖有天堂可進；而肉體人生，總不免有受大清算之末日。耶穌釘死十字架上，即是一具體象徵。肉體結束，靈魂超升。在人世間則永鬥不過此原始罪惡。故耶穌亦說：「凱撒之事由凱撒管，上帝事由我管。」耶教盛行，乃在羅馬京城之地下活動中。深夜祕密來參加此地下活動者，亦全是在人世間那些被壓迫被驅逐的下層民眾。所以耶教傳統精神，總不免避開上層政治黑暗，只在下層在此黑暗中受苦難的人們一邊着眼。經過中古黑暗時期而到此下的文藝復興，則希臘羅馬精神復活，為資本主義、帝國主義開路。那些亦是凱撒的事，壓迫人、驅逐人，加深了人的苦難。但耶教不管，只管為受此苦難的下層民眾來加以靈魂救濟。而到今自然科學領導一切，究不免把上帝也迷失了。連下層受苦難的大眾，也只希望科學救濟。自然科學終於有勢力趕走上帝，而上帝則無勢力趕走自然科學。換言之，則是理智趕走了情感，情感不能趕走理智。而整個世界，整個人生，則永遠在反抗與鬥爭，在加深罪惡。

佛教起於印度熱帶地區，衣食易給，又男女早熟，對兩性要求，亦易解決，故對人生易有厭倦性與逃避性。佛教則為此厭倦性與逃避性作理智的辨護。至於中國，在溫帶大地面農耕社會上，既少鬥爭與反抗，亦無厭倦與逃避，只求和順安樂過日子。儒家成為其代表。此種人生，情感的成分，更需要過理智的成分。其實反抗與鬥爭、厭倦與逃避，亦何嘗不是情感成分，可見人生實永逃不了情感。抑且反抗與鬥爭、厭倦和逃避，在中國人生中，亦不能免。只是中國人生，因得天時地理之特殊優待，又得周孔大聖，因勢利導，遂可不藉宗教，而得美滿理想之人生。惠能所言，正明白指示出其中甚深義理。但人生究竟不能教人盡上十字架，亦不能教人都坐蓮花座，亦不必深究天堂與涅槃極樂世界之究竟；為人生言人生，則且不如都去杏壇，聽孔子說教去。

篇十七

五六

兩漢儒學獨昌，魏晉莊老復起，南北朝隋唐迄於五代，佛學遞興遞盛，與儒、道兩家成為鼎足之分峙。其時則政治體制，猶承兩漢規模，門第中亦講儒禮；而私人修行，有關人生理想之指導，則釋、道兩家轉踞儒上。尤其自隋唐以下，釋氏最秀出，禪宗特起，更為風靡。北宗神秀，見稱為「兩京法主，三帝國師」。其徒普寂、義福繼之，續受朝廷崇重，遂有一門三國師之稱。而南宗惠能以下，五宗七派，傳法愈廣，一世受其掩脅，前後歷三百年不衰。遂使僧人在當時社會上獨得「師」稱。惟韓愈奮起闢佛，亦以師道自居。同時柳宗元則曰：「今之世不聞有師，蜀犬吠日，吠所怪也。」韓愈抗顏而為師，既自為蜀日，天下不吠者幾人。是則公然為人師者，在當時唯有佛，道家亦偶有之，儒者獨可出仕為公卿，已見擯於為師傳道之外。下至宋儒，始再挽此頹勢。

宋儒可分先後兩期。胡瑗、孫復、石介、范仲淹開其先，大率從經學闡儒學，通經致用，近似漢儒軌轍。周張二程承其後，始有所謂「理學」。理學家與前期諸儒異者，在其能入虎穴，得虎子，旁采老釋，還以申闡儒義。復以儒義糾彈老釋，匯三派為一流，卓然成為一種新儒學。乃與兩漢儒學顯然不同。

至南宋朱子，乃集北宋四家之大成，持論融通圓滿；北宋四家之新義，至是乃漸成定論。舉其尤要者，一為「理氣論」，一為「性理論」。

朱子理氣論，淵源於濂溪之太極圖說。孔孟乃以人文本位揭發心性內蘊，於宇宙自然界，頗少論列。莊子則在身生活、物質界方面並不注意，而遊神於宇宙大自然。其意若欲消融人文界納入自然界中，而標出其一套高出人文之宇宙論。老子較為回歸現實，然其所抱關於宇宙論方面之思想，則玄遠一如莊生。釋氏本從人之生老病死感觸思入，而歸結於「四大皆空」為慰藉；此下雖精義迭出，要不脫此本原。故其逃世避俗，輕蔑人生，有近莊老，而亦有其超出人文之一套宇宙論。此釋、道兩家之宇宙論，同樣歸宿於一種虛空觀。孔孟當時所抱的「天」的觀念，尚不脫從古相傳接近素樸的宗教觀。在先秦儒中，亦有采納莊老道家言，而自創為儒家的宇宙論者，散見於易大傳及小戴禮記中如中庸諸篇。故魏晉以下迄於隋唐，治釋老者，亦多稱引及於易庸。如王弼以治老而注易，梁武帝以信佛而疏中庸，皆其顯著之例。

濂溪太極圖說，本附易通書，乃其治易之一部分。後人謂其圖源出道家，「無極」一語亦本道家，然其事無足怪。若純從考據立場，則孔門本不傳易，論語「五十以學易，可以無大過矣」，「易」字本「亦」字之譌。若果孔子五十學易，韋編三絕，何以其門弟子中獨無傳易之人？漢儒謂孔子傳易於商瞿，然其人不見於論語。孟荀亦不言易。即至秦廷焚書，易以卜筮書獲免，不與詩書同類等視。莊子説「易以道陰陽」，此只見於易傳，上下二經亦不見陰陽字，可見乃後起儒家羼入陰陽家言而有此。至於濂溪太極圖説，乃為針對釋、道兩家虛空觀之宇宙論而別創一套儒學的新宇宙論，亦如先秦之有易大傳與中庸，拔趙幟，立漢幟；其兼采道家言，亦何足病！今試為濂溪太極圖説，用現代語，重作一淺説。

依據太極圖説所宣示，宇宙乃一大實體，一氣充盈。此一氣，可分「陰」「陽」兩大儀象。然陰陽只是一氣，在一氣中自分陰陽，非由陰陽對立而合成此一氣，亦非於陰陽對立之外或上而別有此一氣。故陰陽非對立之二，乃渾和之一。惟在此渾和一體中，乃可有陰陽之對立。在此對立之中，亦不當問孰為先，孰為後。只此一體，一動一靜，互為其根，陽動生陰，陰靜生陽，循環無端，渾和合一。只有「動靜」可分，別無「先後」可求。所謂陰陽，並非兩種物質上之分別，乃是宇宙大全體之或動或靜之區別。品物流形，則尚在其後。此可謂是一種「唯氣的宇宙論」。

但此氣由一分二，由二合一。由動生靜，由靜返動。而在此陰陽之分合動靜中，則若有一物，為之軌律，以成其變化。故若僅目此體謂之氣，則嫌於不見其分合動靜之妙與其所以然。若僅認此體為一純氣的，又只偏於形而下，不見其形而上。故一氣陰陽，僅以指其象，又必於此形而下之象以上，別立「太極」一名以名其體，即名此體之形上，易繫傳所謂「易有太極」是也。濂溪太極圖首繪一圓圈，即以象徵此宇宙之體。在此體內，乃有種種分合動靜之形象可求。而種種形象，則不能說盡此一體，故濂溪本於易傳，以「太極」說之。然何以又曰「無極而太極」？當知此「極」字，可有許多義。姑釋以「極限」義。此長宙廣宇，就時間言，過去無限，未來無限，不知所由始，不知所於終。前不見首，後不見尾，是乃此體在時間上之無際限。就空間言，上下四方，亦各無際限。此體既是時空無限，此體乃若獨立自在於無限時空中而即與此無限時空合一為體。既已有此體，既已謂之一，則若為有際限。特此乃一大際限，乃即以無際限為其大際限。故曰「無極而太極」。濂溪此處「無極」字，乃承襲道家。然濂溪乃以道、釋兩家虛空的宇宙觀轉成為一個眞實的宇宙觀。承用其字，而不必襲取其義。

濂溪於太極圖說中又特提出「人極」字。人類在此長宙廣宇中，不能謂其無際限。既有際限，則不得稱之曰「無極」，亦不得稱之曰「太極」，而仍亦得「極」字之稱。何者？此極字又有「中」義。此太極全體，既是一無際限之大際限，故凡萬物之妙合化生於其中者，乃各見其無方隅，無古今，而無不平等一如，故萬物乃各得為此太極全體中之一極。何以謂之一極？因自物言之，則若各處此太極全體中之中心主要地位故。此體既是一無極，故在此體中之時時處處物物，若各不得成為一中點；然亦正以此而若各得成為一中點。故後人稱之曰：

統體一太極，物物一太極。

統體一太極，其義易知。物物一太極者，因每一物無不處在此太極統體之主要中心。儘微小，乃占此廣大無垠之中心。儘短暫，乃占此悠久無窮之中心。由此時間無限、空間無限之大全體而向內求之，則每一物只要占到一極有限之時間空間而存在者，而圓滿成其為一物，乃若各為此無限之中心。既為此無限中心，故每一物亦得為一極。故曰「物物一太極」。濂溪曰：「無極而太極。」以另一義說之，亦可謂其體無極，故其體中每一地位每一部分，乃得各為一太極也。

陸象山有言：

> 曰一日中即太極。

此說似說近了「物物一太極」，但卻未說中「無極而太極」。象山只認己心可與宇宙合一，故曰：

> 宇宙內事乃己分內事，己分內事乃宇宙內事。

又說：

> 此心同，此理同。

此只說了人心可為一太極，卻並不曾說到萬物各是一太極。濂溪太極圖，乃是一宇宙大全體，其中自包有萬物，萬物豈能把一己之心包括盡。即使抹殺了萬物只言心，己心之外尚有他心。象山之說，終嫌太狹。

濂溪太極圖，把太極畫成一圓圈。其實此圓圈其大無垠，無有邊界際限，只畫在紙上，則必有周線匡廓。既有周線匡廓，成一圓形，則此圓形必有一中心。惟一圓形只有一中心，而此長宙廣宇，試問誰為之中心？正因其時空各無際限，故時時處處之物物，乃若皆成為中心。正因其無中心而各得成為一中心，故曰「統體一太極，物物一太極」。此物物之太極，實亦是一無極而太極也。則人之為一極，自無可疑。

故濂溪太極圖，實為儒家描繪出一幅嶄新的宇宙觀。此一宇宙，眞實不虛。在此宇宙內，人人平等，物物平等，又各得為此宇宙一中心。今若以此圓圈移稱先秦儒古樸的「天」字，則人物各在天中，各成其中心。此即「天人合一」，亦是「天物合一」。莊子書：

唯蟲能蟲，唯蟲能天。

原始人生亦如蟲生，以個別小我各自營生為主。莊老主歸眞返璞，定要人生回到原始自然，乃成為極端的個人主義。儒家則要會合小我，達於大羣人生，此大羣人生仍在天中，與天為一，只於自然界中創出了人文界，而此人文界則仍不違離於自然界；與莊子書中所揭示之蟲天合一，有同有不同。故必於長宙廣宇之無極而太極中，另自立出一「人極」來，此始為有合於儒家大傳統中所應有之人生觀。此乃濂溪於太極圖說中別立「人極」一名之精旨所在。故濂溪雖運用了易繫傳中之「太極」字，與莊老書中之「無極」字，乃及後來道家為養生而作之太極圖，而自成其一套新宇宙觀，固不得謂其只是承襲了道家，並亦不得謂其只承襲了易傳。

濂溪曰：

主靜立人極。

又特自說明之曰：

無欲故靜。

此中亦有深義。動靜本為相對之辭。乾坤各兼動靜。惟乾之動屬健，坤之動屬順。健與順皆自動，惟健為主而順為隨。坤屬順動，應稱隨動，不宜稱被動。人生在宇宙間，不為主而為順，應屬坤道。果使人而多欲，則違離自然，蔑天尊己，亦將毀滅了人道。抑且動則進，靜則止。由於人之多欲，乃求進進不已，永無停步歇腳處，此亦正為莊老道家所譏病。易曰：

天行健，君子以自強不息。

似乎亦要人法天行健，進進不已。但由於天之行健，故能於無人類中演化出人類。此是太極圖說之所謂「動極而靜」。有人類則終自有人類了，故曰靜。自有人類，則正貴能人自立極，在人的本位上自強不息，此是太極圖說之所謂「靜極而動」。此乃坤道之順動，固非可以滅卻宇宙太極而自立人極也。由於人之多欲，而喪失了人類之原始本真，夸父與日競走，永動無靜，則將成為人類之大悲劇，結果將失人類之存在。立人極，則永不失人類立場，此乃儒家人文本位之大傳統精神。故濂溪於「無極而太極」之新宇宙觀中，仍能歸宿到儒家精神「主靜立人極」之大傳統，此乃北宋理學所以得為一種新儒學之主要大貢獻。

五七

惟濂溪太極圖說，只提出了太極與陰陽，若只是為說易，則固是矣，然終若與儒家傳統隔一膜。至明道乃又提出了「天理」二字。明道自謂：

天理二字，是某自家體貼出來。

其弟伊川，乃又承其兄明道天理二字，更加闡申而有「性即理」之說。孟子言「性善」，本專指人性，不包犬牛之性。中庸言「天命之謂性」，又說「盡人之性、盡物之性」，始兼言人與物，此已采納羼進了道家義，把人文與自然一並合論。唐代禪宗祖師們說：「狗子也有佛性」，「佛在庭前柏樹子」，「青青翠竹，盡是法身，鬱鬱黃花，無非般若」。以此較之南北朝時竺道生所言「一闡提也有佛性」之說，在心量意境上，又大大推擴了。伊川所謂「性即理」，顯不專指人性。一切物性，有生無生，皆所涵攝。萬物充盈宇宙間，一物一性，相互間各不同，但既說「性即理」，則同屬一理，宜無不同。如此則此世界乃成一「理」的世界，即理的存在。佛家說「涅槃」是本體，但終只是一大虛空；二程所言之理，則是一大眞實。涅槃似在冥漠無何有之鄉，使人難捉摸，難認取。亦本非中國人向來意想所及。故佛經中此字，只用音譯，不能意譯。至於二程言理，此乃當前現實，幾乎使人手可捫而足可履。而且涅槃只是渾然一體，無先後彼此可分。理則一觀中可分萬殊，小求得小理，大求得大理。合之是一天理，散之為性理、物理。人人物物，皆可有其地位，皆可上通於天。在天之下，一人一物，各可分別存在，而保有其獨立性。此又是北宋理學家一番新宇宙觀，新人生觀，由此來轉換接替了道、釋的虛無觀，來開闢了人心之新信仰與新嚮往。

下及南宋朱子，承襲了濂溪二程，加以會通合一，而創立其理氣論。伊川只說「性即理」，朱子卻說「天即理」，此處又是一大轉步。若說天性、天理，終像有一「天」在性與理之上。今直說「天即理」，則明道所提出「天理」二字中之「天」字，只成一形容詞。整個宇宙只是一理，並非別有天在理之前或上。由此回視孔孟先秦儒言天，顯然又是一心胸，又是一意境。但平心論之，朱子此一說法，亦不得不認其有受道、釋影響處。後人為要尊儒，硬要說宋代理學家絕不受道、釋影響，此又何必！但為其受了道、釋影響，便謂其無價值可言，此皆同樣失之。

莊子說天地只是「一氣之化」。易傳因之，曰：

一陰一陽之謂道。

又曰：

形而上者謂之道，形而下者謂之器。

若只言「化」，則過而不留，易陷入虛空觀。改言「道」，則亦如器之存在，只有形上、形下之別而已。孟子亦曰：

所存者神，所過者化。

化指其過去言，神指其存在言。易傳又曰：

神道設教。

正為宇宙是一大變動，須於變中求常，就其存而不去之「神」與「道」來為人文設教。但道只可言天道、人道，不能說物道。而且道亦仍在變動不居中。又「道行之而成」，故稱天道、人道，則天與人似若仍在道之上。故曰：

人能弘道，非道弘人。

可見整個宇宙本體，若竟以「道」字説之，仍感未允。宋代理學家乃於道外別出「理」字，朱子徑説「天即理」，於是宇宙即一理之存在，其語乃無礙。

但照中國語慣用法，又只可説天理、物理，卻不説人理。因理是早存在那裏了，道則有待人行出。物只依理存在，不能自行成道，故只稱物理，不稱「物道」。人雖亦依理存在，但能自行出道，在物的存在外，別有一人的存在，故只稱人道，不稱「人理」。於是此整個宇宙，乃若有天理、物理與人道之對立。人自有道來合於天理物理，亦即合於天道，此始是「天人合一」。此亦是濂溪太極圖説中特立「人極」一項之精旨所在。

只言「性即理」，則物各有性，不免把人、物混同了。而且理乃一靜定之詞，而宇宙則是一變動之局。儒家精旨，又必於宇宙中增進人道，故當時理學家所欲完成之新宇宙論，亦不能僅憑二程之「天理」與「性即理」説為圓滿。朱子乃兼綜濂溪二程之説而創出其「理氣論」。謂太極即是理，此宇宙即為一氣之化之渾成，但此一氣之化，必有其所以然，此所以然處即是理。故但有此氣，理便寓其中。宇宙存在，不能無理。苟無理，亦不能有氣，更不能有此氣之無窮變化與發展。換言之，即是無此宇宙。故宇宙是一「氣」的存在，同時即是一「理」的存在。理非別有一獨立之存在。理不離氣，氣亦不離理，但又不能竟說理氣是一。氣可萬異不同，但不能說理亦萬異不同。氣可隨時變化，但不能說理亦隨時變化。故理氣不相離，而又該分開說。理氣不相雜，但又不能徑說其是二。理與氣，一是其然，一是其所以然。莊子說，一氣之化是自然，但自然中必有其所以然。故自然不能無理。先秦人多言「道」，少言「理」。也可說自然即是道，但不能說自然即是理。一切道中也必有理。「理」字似較「道」字更深了一層次。

理不能單獨存在，理只是一所以然，故理不能有作用。作用在氣，而不能違背於理。但理與氣又不能作體用看，只是理氣合始是體。此與佛家言「涅槃性空」不同。依佛家理論，須破除萬有，始見涅槃性空；而理學家之理，則即在萬有中。又如佛家言「如如不動」，如是則宇宙將歸於寂滅。宇宙究是在動，動之中則必有理。朱子的理氣論，就佛家言，比較若與華嚴宗論理事稍接近。

今若據近代觀念，試問朱子理氣的宇宙論，應說是唯心抑唯物？就實言之，理氣合一，乃是心物交融，渾和為體。有則兼有，無則兼無，既不能說是一唯理的存在，亦不能說是一唯氣的存在。又若問理氣的宇宙論是一元或二元？朱子則說理氣合一不離，不該分先後。若定要追問先後，則據理而言，當云「理先氣後」。但理不離氣，故云理先氣後，終非正論。如說人發明了飛機之理來創造飛機，卻不能說人創造了飛機之理來發明飛機。創造是說前所未有，發明則是先已存在。只未進入人之知識中，故待發明。理應先在，不能由人來創造，只能說由人來發明。而且飛機壞了，失其存在，也並不能說飛機之理亦壞了，亦失其存在。但在沒有飛機前，此飛機之理亦無所寄寓，等於不存在。因飛機之理只存在於飛機中，離開飛機，那飛機之理更存在於何處？人類非創造飛機，即無法證明飛機之理之存在。故單就理論言，可說「理先氣後」。就事論事，落着在實際上，則理氣合一並存，不當強分先後。朱子理氣的宇宙論，自承根據濂溪太極圖說。朱子認為濂溪說的「太極」即是「理」。太極只寓在陰陽二氣中，離開陰陽二氣，即無太極，故曰「無極而太極」。朱子以理說太極，是否有當濂溪之本意，今可不論。但朱子采用二程「理」字來代替濂溪「太極」字，實更為明白顯暢，直捷扼要。故朱子雖沿用了濂溪二程之說，而他的理氣論，乃更為後人所沿用。

五八

朱子於濂溪太極圖說外，又極看重張橫渠之西銘。二程當時，從不提及濂溪太極圖，但專以西銘開示學者。明道說：

> 訂頑之言，極純無雜，秦漢以來學者所未到。意極完備，乃仁之體。

訂頑即西銘也。又說：

孟子以後，未有人及此。

西銘說：

乾稱父，坤稱母，予茲藐焉，乃渾然中處。天地之塞吾其體，天地之帥吾其性。民吾同胞，物吾與也。大君者，吾父母宗子。大臣，宗子之家相。聖其合德，賢其秀也。

此亦合自然界、人文界為一體。人文大群只如一家。亦可說由自然界演生出人文界，自然人文亦如一家。最先孔子提出「仁」字，本專從人心上說，橫渠則遠從乾坤天地整個大自然來說，故明道謂其是「仁之體」。由此可見宋代理學大趨嚮，必把孔孟所言人文本位之心性推擴到外面宇宙大自然，而合作一體說之。此亦顯是承受了道、釋影響。既要說到宇宙大自然，則單從人心仁孝來說，自不如遠從太極陰陽理氣說之，更為恰當。橫渠說：「天地之塞吾其體，天地之帥吾其性」，「塞」猶言氣，「帥」猶言理。但橫渠沒有在此兩語上詳加闡釋發揮，下面便轉上人文社會來；此因橫渠的宇宙論，備述於正蒙，西銘只是附在正蒙中之一篇。而二程對正蒙，轉不如對西銘之重視。因二程弱冠時，從濂溪教其「尋孔顏樂處所樂何事」一語上啟悟。故二程為學，偏重內心參尋，略於向外探求，較不喜作理智之研窮。故於橫渠草為正蒙之苦思力索，頗不謂然。在此處，亦可謂二程比較更近孔孟舊傳統；濂溪橫渠朱子，則於孔孟舊傳統外更多加進了宇宙萬物外面理論的成分。此乃宋五子之自有歧異處。惟正蒙於陰陽二氣之上加個「太虛」，太虛只能說近似「無極」，而更無總和二氣之「太極」。宇宙只是陰陽二氣，近似唯氣論。陰陽之上又加一太虛，則近似虛無論。此乃橫渠構思下語之未盡精切處。朱子避去橫渠之「太虛」字，只采用濂溪之「太極」字，又會合二程所提出之「理」字，而成其「理氣的宇宙論」。朱子在兩宋理學中，調和斟酌，綜合歸一，正可謂是一述而不作之集大成。此下晚明遺民王船山晚年，又專主橫渠正蒙，與程朱生異見，因此其立說更易接近道、釋，與陽明之專主「良知」而接近道、釋者，乃為異途之同歸。專重心與氣，不重性與理，其流弊宜不免。惟船山之說，闇而未彰，故不如陽明說之其弊易見耳。

篇十八

五九

伊川提示學者，於橫渠西銘外，又特重大學。尹和靖說：「見伊川後半年，方得大學西銘看。」伊川又以「理一分殊」四字說西銘。亦可謂大學三綱領八條目，偏詳在分殊上，而西銘更揭出其「理一」所在。自然界、人文界本同在一理中，但不害自然界有自然界之理，人文界有人文界之理，其間正顯見有分殊。窮理必窮其分殊處，再貴能於其分殊處見理一。大學八條目，格物、致知、誠意、正心、修身、齊家、治國、平天下，雖亦同出一理，但亦各有分殊處，須各別研窮；而在此八條目中之最先「格物」一項，自當受人注意。大學本文「格物」二字究作何解，此暫不論，但在宋明理學中對此二字之解釋與爭論，則大值注意。

朱子承接二程，修改大學原本，增進了格物補傳一章，其中所提出的格物精神與格物方法，又顯然為孔孟先秦儒所未經道過的一番新理論新意見。易傳説「窮理盡性」，大學説「格物致知」，程朱則把窮理格物並為一談。理既分散在萬物，故須從物上去窮格。朱子格物補傳説：

即凡天下之物，莫不因其已知之理而益窮之，以求至乎其極。

人類於一切物中之理，非全無所知，只是未到其極。極從外面言，乃指四圍已到盡頭，更無去處。極從內裏言，乃指一切到此會合，亦是一盡頭，亦更無去處。物物一太極，統體一太極；窮理而至乎其極，乃見一物，亦如一統體，統體亦即如一物。朱子只説：即每一物之理而窮到其極處，並不曾説須盡萬物之理而窮到其極處。所以朱子又説：

一旦豁然貫通，則衆物之表裏精粗無不到，而吾心之全體大用無不明。

此只説衆物，非説萬物。理須即物而窮，但並不須亦不能盡物而窮。易傳言「盡性」，性是心之體。大學言「致知」，知是心之用。朱子所謂「吾心之全體大用」，亦是綜合易傳、大學而言。窮理須即物而窮，非窮萬物，乃窮衆物，而致知則只在一心。

今再言「物」字。鄭玄與朱子注，皆言：「物，事也。」物何以訓事，因從物之運動作用看便是事，從事之結合完成處看便是物。如蘋果落地是一事，為何不掉上，定落下，此處便有理，可資研窮；此不從蘋果物上窮，乃從蘋果落地之事窮。但若沒有蘋果其物，又那有蘋果落地其事。故說格物窮理並不錯。若說格事窮理，反而語義晦澀了。逮於研窮所得，發明了萬有引力及力學三原則，此則已窮到了許多物之極處，即是一項分殊之理之極處，此處即是一「豁然貫通」之境。但仍不能說窮到了宇宙萬物之理一之極，故朱子謂「眾物之表裏精粗無不到」，卻不說「萬物之表裏精粗無不到」，此處下語，自有斟酌。至於「吾心之全體大用無不明」，則即物而窮已可明，更不必盡物而窮乃始明。其義易知，不待闡說。

但朱子言格物窮理，主要還是在人文界。「物，事也」之事，亦可謂更注重在「人事」。固是人文界與自然界，其事相通合一，其理亦相通合一；近代西方自然科學的研究，亦正如朱子所謂之格物窮理；但其間終是有一不同。窮格物理，需理智客觀。窮格人事，則應以人類自己一心之情意為重，脫不了主觀。窮理之事，必從人生中之情意為出發，亦必回到人生中之情意為歸宿。如仁孝，都是情意勝過了理智。人文之理與自然之理，其間即是一大分殊。若把「理」「氣」對立並論，此似偏重了自然之理。必把「心」與「理」對立並論，乃始偏重到人文之理。因人心並不以純理智為體，更要乃在其情與意。自然科學之研究對象，與研究者本身，可以截然分開，可以絕不用情意參加。至如仁人孝子，應付人事，固不能說不要運用理智，但仁孝，即由情意發動，非由理智產生。窮此仁孝之理之人，其本身乃是一當事者，即在其所窮之理之內，不在其所窮之理之外。朱子論格物有一最大缺點，乃在其末將「自然理」與「人文理」之分殊處，詳細指出。僅言「性屬理，心屬氣」，雖似配搭匀稱，與其所創的理氣一體之宇宙論相一致，但對孔孟先秦儒所創心性中心的人文本位精神，中間究有破綻，彌縫未盡。人文社會中種種理，自可即事而窮，不當即物而窮。於是遂有陸象山出來主張「心即理」，揭起了與朱子敵對的旗幟。

象山主張「心即理」，自不如伊川主張「性即理」之允愜。惟象山自道其學，謂是讀孟子而自得之。「自得」二字亦本之孟子。大學言「致知」，道生言「頓悟」，非此心開悟有知，則心自心，理自理，二者終不能合併。孟子亦言：「盡心知性，盡性知天」，性與天屬理，有待於吾心之開悟自得。象山則曰：

萬物森然於方寸之間，滿心而發，充塞宇宙，無非此理。

象山此處所謂之「萬物」，當是孟子「萬物皆備於我」之物，非宇宙自然界之物。象山此處所謂之「理」，亦即孟子仁、義、禮、智、孝、弟、愛、敬種種人文社會之理，非關自然物理。象山又說：

宇宙內事，乃己分內事。己分內事，乃宇宙內事。

把宇宙內事全納入了人文界，此乃濂溪「立人極」之說，但人極非即太極。未有人文前，已有此宇宙。人文毀滅，宇宙尚可存在。人極、太極本有辨，謂人文亦宇宙一中心則可，謂宇宙只此一中心則不可。周程張朱乃求於人文外建立一套宇宙論，但斷不是一套唯心的宇宙論。象山又曰：

東海、西海、南海、北海有聖人出，此心同，此理同。千百世之上，千百世之下，有聖人出，此心同，此理同。

但此理究也是人文界之理，非可包括四海內外上下千古大宇長宙間一切萬物自然界之理。而且聖人之心，究亦與常人心有辨，不得謂人生此心全只是聖人心。說理，不能只指人文一面。說心，亦不能只指聖人之心。心有知與不知，悟與未悟。只可把聖人來作人文標準，不可把聖人來說宇宙現象。朱子的格物窮理說，究竟是開闢了儒學新疆域，擴大了儒學新範圍，兼融道、釋，把自然、人文一併納入窮理範圍之內，其意不可忽。朱子說象山近禪，則因其只重一「心」，而忽略了外面之一切，至少是忽略了宇宙自然界。

繼象山而起者為明儒王陽明，亦主「心即理」。早年曾有意學朱子格物，格庭前竹子，幾天病了，終於格不出什麼理來。朱子亦曾聞一道士言，竹笋生長，晝遲夜速。偶在山寺，試格此事，確知道士所言不確。此即所謂「即凡天下之物而格，又必因其所知之理而益窮之」之一例。近代生物學家，亦有主植物生長晝遲夜速之説，則此事更待益更窮之。要之格物乃是格事，須就某一物之某一事上先有所知，或有所疑，乃循此窮格。陽明格庭前竹子，只是茫然無頭腦地去格，宜乎要失敗。而且庭前竹子，與人文界仁孝忠恕之理，有何關係？朱子指導初學，何嘗由此下手？乃陽明遽因此懷疑朱子，此下遂改從象山主「心即理」，而提出其「致良知」的主張。

「良知」二字，亦出孟子，乃人心所不學而知者，與生俱來；這已比較接近到「性」字。陽明言良知，較之陸象山泛舉人心，似為切近。若説「良知即天理」，當即猶伊川之言「性即理」，而非象山之「心即理」。而且良知不煩格物窮理得來，與大學所謂「格物致知」之知不同。陽明説：

此間有個訣竅，只是致知。爾那一點良知，是爾自家底準則。爾意念着處，是便知是，非便知非，更瞞他一些不得。爾只不要欺他，實實落落依着他去做。善便存，惡便去，他這裏何等穩當快樂。此便是格物的眞訣，致知的實功。

如此説來，知不待「致」。應是致知以格物，而非格物以致知。把大學「致」字義別作新解，把八條目中的第一第二兩條，先後倒置了。

陽明不僅於大學致知「致」字創異解，亦於大學格物「物」字創異解。陽明説：

意之所在便是物。如意在於事親，即事親便是一物。意在於事君，即事君便是一物。意在於仁民愛物，即仁民愛物便是一物。意在於視聽言動，即視聽言動便是一物。所以某說，無心外之理，無心外之物。

如此說來，則親與君、民與物，豈不全將成為無心外之存在。如此說來，乃成為一種極端的唯心論，而同時亦必陷入一種極端的虛無論。

陽明又說：

仙家說到虛，聖人豈能虛上加得一毫實。佛氏說到無，聖人豈能無上加得一毫有。但仙家說虛，從養生上來。佛家說無，從出離生死苦海上來。卻於本體上加卻這些子意思在，便不是虛無的本色，便於本體有障礙。聖人只是還他良知本色。良知之虛，便是天地之太虛。良知之無，便是太虛之無形。日月風雷，山川民物，凡有貌象形色，皆在太虛無形中發用流行，未嘗作得天的障礙。聖人只是順其良知之發用，天地萬物，俱在我良知的發用流行中，何嘗有一物超於良知之外，能作得障礙。

此條見傳習錄卷下，乃陽明大弟子錢緒山所錄，可認為是陽明的晚年思想。此乃陽明的一番宇宙論，不僅與朱子理氣的宇宙論大異，亦復與孟子言天、言良知，大不相同。依孟子意，人心所知，並不全是良知。只可說良知即此心，不能說此心即良知。更不能說宇宙自然大全體，亦只是此良知。可謂良知即天理，但此所謂天理也只限於人文界，不能謂一切自然界種種物理，亦皆在人類此心良知之發用流行中。

於是陽明又說：

良知是造化的精靈。這些精靈，生天生地，成鬼成帝，皆從此出，眞是與物無對。

此又那裏是孟子書中所言之良知？陽明又說：

良知是一虛無體。

此則儼如釋氏之言涅槃性空。良知既是一虛無，宇宙萬物全在良知虛無體中發用流行，則宇宙萬物亦皆成幻。此乃道、釋宗旨，決非儒家言。或問：「草木瓦石，亦有良知否？」陽明說：

豈惟草木瓦石，天地無人的良知，亦不可為天地，蓋天地萬物、風雨露雷、日月星辰、禽獸草木、山川土石，與人原只一體，故五穀禽獸之類可以養人，藥石之類可以療疾。只為同此一氣，故能相通。

此說實更無理。猛獸噬人，毒物傷人，又該何說？如此言之，又何如朱子理氣論，天地萬物，同此一氣，故同此一理，而在一理中有分殊，故貴格物窮理以達於豁然貫通之一境之更為平實而妥愜乎？陽明最後語錢緒山有曰：

無善無惡心之體，有善有惡意之動，知善知惡是良知，為善去惡是格物。

此即所謂「天泉橋四句教」。此四句中，心、意、知、物四字順序，恰與大學原來順序，整個顛倒。而且此四句中之良知，又與上引「良知生天生地、成鬼成帝」之良知有不同。今可謂此四句中之下三句，乃陽明早年持論，上一句乃陽明晚年思想。六祖惠能偈：「本來無一物，何處惹塵埃。」既稱本來無物，自無善惡可言。故其告惠明：「不思善，不思惡，正那時，是明上座本來面目。心有塵埃，只從念起。」陽明此處所謂「意之動」，大體即當於六祖壇經中一「念」字。但此四句中，又顯然把「心」與「良知」劃開了。良知能知善知惡，心體則無善無惡，但理非無善無惡。良知知善知惡，即是知此理。今心體無善無惡，便成無理。本說「心即理」，今又說成「心無理」，豈不又是一大翻滾？

陽明此時之意，認為心體空虛，故能創生宇宙萬物，皆在此空體中發用流行。意與知亦然，亦皆在此空體中發用流行。此似老子之言「無生有」。但陽明另一弟子王龍谿，不契此說。謂：

若說心體無善無惡，意亦是無善無惡的意，知亦是無善無惡的知，物亦是無善無惡的物。

如此說來，便把陽明平日教人「致良知」的那「良知」二字，連根剷了，至少也已面目全非。但陽明實也無法反駁，乃說兩說可以相資為用：

利根人直從本源悟入人心，本體即是工夫，人己內外一齊俱透。其次不免有習心在。本體受蔽，故且教在意念上實落為善去惡。功夫熟後，渣滓去得盡，本體亦明。

此處陽明前一說，即龍谿之「四無」說，極似惠能南宗頓教。後一說，即其所告錢緒山者，極似神秀北宗漸教。本來陽明教人「致良知」，又說「知行合一」，乃是要為人在大羣中對君父民物一應行為提示一大標準總綱領。後來說成良知精靈生天生地，乃由人文界轉進到自然界，而不免把自己原先立場全漫失了。最後又回返到心體上來，說出一番極似禪宗六祖的話，此見那時陽明思想大有由儒轉釋之意。惜其不壽，遽此溘逝，對此一番新說，更不見別有申詳。

傳習錄卷下又有黃以方錄一條，謂陽明起征思田，緒山龍谿追送至嚴灘，龍谿舉佛家實相、幻相之說，陽明謂：

有心俱是實，無心俱是幻。無心俱是實，有心俱是幻。

龍谿說：

上兩句是本體上說工夫，下兩句是工夫上說本體。

陽明然之。此猶在天泉橋四句教之後。實可謂嚴灘送別，乃是陽明對其弟子最後的一番指點，亦專從心體言。孟子說「存心」「放心」，程朱辨「人心」「道心」，陽明卻來說「有心」「無心」。從某一面說，有心所見始是實，無心所見，則屬幻。但從另一面說，無心所見始是實，有心所見則屬幻。依照龍谿解說，上兩句有心無心指本體言，下兩句有心無心指工夫言。但若說本體即是工夫，則有心即如無心，實相即如幻相，總之心也好，相也好，大可一掃全空。此即如禪宗由一心建萬法而亦無一法可得之意。緒山較穩重，自謂：

> 當時未了達，數年後始信本體工夫合一。

但又謂：

> 先生是時因問偶談。若吾儒指點人處，必不借此立言。

可見陽明晚年兩大弟子，龍谿顯已由儒轉釋，緒山則猶滯留儒説舊境。至於陽明自己情態，亦已於天泉橋、嚴灘兩番指示中明白顯出。緒山所信本體、工夫合一，其意似猶停滯在人文界之心性修養方面；而陽明、龍谿則早已如大鵬之翔於遼廓，已轉進到另一境界去。陽明所言，恰似禪師們逞機鋒，驟難捉摸。幸賴龍谿為之親切點明。因天地萬物，莫不以良知虛體為其體，故曰「有心是實，無心則幻」了。此心即無善無惡之心體，即是良知本心。明得此心此體，猖狂妄行，一任自然，始是眞工夫。若拘拘於聖、賢、愚、不肖、善、惡、是、非種種分別計較上去用工夫，此則背於此心此體，便成有心俱是幻，無心乃是實了。此心則正是緒山所滯留的，以前儒家所鄭重教人的修心養性之心。今可謂有心無心，乃是儒、釋疆界；而陽明晚年，實已站在疆界之那一邊了。

今若回溯到孔孟立教，似乎謂仁義禮智，乃是人類的原始本心；此等原始本心，乃得自天賦，由自然界來，卻可由此演出人文界種種事為，而發榮滋長，迄於無窮。其餘乃屬緣起後生之心，有的雖亦從原始本心來，而輾轉迷失，走放愈遠。不仁無義，無禮不智，其禍將使人文界太遠離了自然界，而失其存在。宋明理學中陸王「心即理」一派，本要刻意發揚孔孟心教，直指本心，務求簡單化，使人易曉易從。然而一轉手間，終不免為道、釋異說，接引而去。程朱「性即理」一派，則融會道、釋，而轉不失孔孟大統之眞傳。無論如何，程朱立說，實較更與孔孟為近，而後人乃疑程朱多采道、釋，陸王簡捷，較近孔孟。或則謂朱陸異同，乃是一千古不可無之異同。若必求歸一是，則轉謂其不脫門戶之見。蓋簡而玄，乃世人所喜；博而約，則為孔孟常軌也。

篇十九

六〇

宋明理學家，不論其主張天即理、性即理、心即理，要之一「理」字，乃其共同主要對象。與理字站在反對地位者，是一「欲」字。「天理」與「人欲」對立，乃為宋明理學家所共同承認。此在先秦古籍中，唯於小戴禮樂記篇中一見。

樂記云：

人生而靜，天之性也。感於物而動，性之欲也。物至知知，然後好惡形焉。好惡無節於內，物誘於外，不能反躬，天理滅矣。夫物之感人無窮，而人之好惡無節，則是物至而人化物也。人化物也者，滅天理而窮人欲者也。

此節有大可注意，應略作申釋者。此節「物至知知」四字，「物」與「知」相對，恰與大學言「格物致知」相似。大學「格物」二字，陽明以下，異解紛起。直至明末遺老顧亭林，以孟子「萬物皆備於我」之物字解大學「格物」物字；雖同據先秦古籍為解，然以孟子解戴記，何如即以戴記解戴記之更為近情？物在於外，知起於內。「物至知知」者，因於外物刺激，而引起我之心知。苟使無外物，此心可以不知。如饑知欲食，寒知欲衣，饑寒之知，皆因物起。故曰「物至知知，而後好惡形」。陽明四句教：「無善無惡心之體，有善有惡意之動，知善知惡是良知，為善去惡是格物」。第二句若無病，第三句即有問題。知饑寒是知，如何來解決此饑寒亦待知，而此知卻非孟子所謂不學而知之「良知」。此解決饑寒之知，正須「格物窮理」而得。故朱子本於其理氣的新宇宙論而作格物補傳，不僅可認為與大學本義相當，並實是一項宇宙人生之大眞理。而亦人人易知，人人易從。孟子「萬物皆備於我」之物字，此猶近人所謂「德目」，如仁、義、禮、智、孝、弟、忠、恕，種種德目，本備於吾心；然不得謂一切物理亦備於吾心。既是種種德目皆備於吾心，又焉得謂「無善無惡心之體」。陸王「心即理」之說，自謂本於孟子，實多與孟子語有扞格，此處亦是一例。

今再說「性」字。性與生俱來，乃生命中一大根本。自然界萬物各得一性而不變，如水之流，石之堅，鳶之飛，魚之躍。無生有生，莫不皆然，人亦自無不然。故曰：「人生而靜，天之性也。」但在其生之過程中，必不能不與外物接觸，隨所接觸之異，而生出種種活動反應，如饑思食，渴思飲，寒思衣，倦思息。故曰：「感於物而動，性之欲也。」性中必有欲，不僅有生物如此，無生物如水流，石堅，其性所在，即若其欲。因有欲，乃有主動向外之進取，與隨動對外之反應。這裏便生出「知」，故曰「物至知知」。一切生物皆有知，知之進步成熟而有心。人為萬物之靈，即在其心知上。如此說來，性為主，屬先天。心為從，屬後天。亦可說：物各有性，無生物只見「性」，有生物始有「知」，人生乃有「心」。

心知決非純理智，更先見者乃情感。情感大要可分好惡兩面。與物接觸，合於性者生好感，違於性者生惡感。故曰「物至知知，然後好惡形」。嬰兒初脫胞胎，接觸到外面空氣，此是人生墮地最先第一次之物至知知。在其知覺上，必驟感有一些驚異或不舒適，於是放聲而啼。覆以巾，飲以乳，即安然入睡。此一啼而睡，即其內心好惡之發露形顯。但人生不能無好惡，而好惡亦應有節限。人生既以一己內在之性為本，由內達外，此乃人生主要步驟。但亦多有由外向內之相反步驟。內是一靜，是正常的。外是一動，是變化的。正貴內外動靜一常一變之融和渾成，勿相衝突。但日常人生，往往易被外物牽擾，愈引愈遠，失其內在之靜定。故須能時時反躬，即是反向其一己內在與生俱來之天性而善加保住。此一內在之天性，亦即是天理。即是人生之靜的一面。否則一任外物牽擾，不由自性作主，把生活重心轉向到外面物上去，外物的誘惑力影響力，愈來愈強大，你儘應付，全成被動；由於自己好惡無節限，而進至於只見有外面之物，不見有內在之己，此之謂「人化物」。至是則謂之「滅天理而窮人欲」。

「天理」是一個天然分寸，即是一節限。泯滅了此一節限，只向外面物上窮極追求，到頭來，內在之已，其靜的一面已喪失；外物追求，其動的一面也落空。追求者本身已失其存在，所追求者亦全歸於虛無。人欲本在天理中，滅則人欲亦窮。亦可謂人欲亦非人欲。整個人生，到此無路可走，則只有仍回到天理上來。故人欲若無窮而實有窮，天理若有窮而實無窮。換言之，人欲當有節限，而天理可無盡止。人生當善守此節限以求達於無盡止。不當犧牲此無盡止來只求此有節限。

今試續加闡申。獅豹虎狼、蛇豕鼉鱷，雜處山澤間，日夜搏殺吞噬，造成一幅極兇惡的畫面。但論其本初，含生之倫，莫不有求生保生之性，此為凡屬生物共同俱有之第一天性。苟無此性，生物亦絕。至於彼此間之搏殺吞噬，此皆起於外緣。外緣可變，本性難移。莊子曰：

養虎者，不敢以生物與之，為其殺之之怒也。不敢以全物與之，為其決之之怒也。時其飢飽，達其怒心，虎之與人異類，而媚養己者，順也。故其殺者，逆也。

順其性則媚，逆其性則殺。虎之本性，亦為求生保生。為有求生保生之性而起殺心，非為要逞其殺心而始賦與以求生保生之性，其事易知。故殺心乃由外緣引起，若外緣變，殺心可轉為媚心。此亦樂記所謂「物至知知，然後好惡形焉」。性必有欲，故曰「性之欲」。此欲非是要不得，而且不可無。處境異，遇物異，所處所遇之於其欲有順逆，而後好惡分。有了好惡，乃由欲轉出情。情與欲皆根於性，而其為用則大異。

遠在四五十萬年前之原人，亦略如猿猴。為其求生保生，亦不免如其他生物，日以搏殺吞噬為事。但人心靈於萬物，逐步演進，主要在由「欲」轉出「情」。循至欲弱而情強，欲淺而情深。人生中以情為主，由情出發者始成道。其求生保生之性與欲，仍與其他生物無異。但其求生保生之情與道，則日遠於其他生物，而有人文社會之建立。濂溪太極圖說，以主靜立人極，而曰「無欲故靜」。明道提出「天理」二字，天理則在靜的一面，不動不變。伊川又說「性即理」，性是比較不動不變的，欲則常動常變。因有欲則必引向動處去。朱子好友張南軒，首先提出「天理」「人欲」之對立，其言曰：

學莫先於義利之辨。義也者，本心之所當為而不能自已，非有所為而為之者。有所為而為之，則皆人欲之私，而非天理之所存矣。

朱子極稱之，謂其：

廣前聖之所未發，而同於孟子性善養氣之功。

但其説實自樂記先發之，其主要關鍵，在一「情」字上。人類羣體日大，則欲日退而情日進。蓋欲只在己，常要把外物來滿足我。情則及物，常把自己的來推及人。中國人常言「性情」，又言「情理」。可見性與理中決不能無情。凡言天，可曰天理、物理，但少言人理。「人理」二字僅在莊子書中一見，後人絶少沿用。若言人事，則必曰人情，亦絶不言天情、物情。人之有情，乃為人類一大特點，而天地竟可無情。老子曰：

天地不仁。

即無情也。惟其有理無情，故能大公而無私。生物則便見有情。花之開與落，草之長與萎，亦有榮悴之情可見。禽獸之情更易見，而人類更多情。人文社會即由此建立。人文社會之一切理，其本皆在情。人若無情，則一切皆限在物理中，人即無異於禽獸。故於人不言人理，獨言人情，此乃人之可貴處。故自人言之，性必兼情，情乃人之第二天性。亦可謂無生物亦有性，此乃第一天性。生物有性必兼欲，此乃第二天性。人性兼欲又必兼情，此乃第三天性。此為天地生物一絶大進化。亦可謂理是靜定的，而靜定中亦有展衍。所以由天地展衍出萬物，由萬物展衍出生命，再由生命展衍出情感。中國古人，把握此一特殊點來為中國文化奠其大本。張橫渠言「心統性情」，亦可謂性屬先天，情屬後天，心亦屬後天。中國人又常以「情欲」兼言，則因其一脈相生，而性質大異。情不是欲，欲亦不是情，其間相異，不可不辨。

宋明儒又常引人心、道心來分辨天理、人欲。人心道心見荀子引古道經語，又為僞古文尚書采用。此外在先秦書中更不見。此與天理、人欲同為宋明儒所特別提出之新觀點與新論題。茲再據朱子語作標準，為人心、道心略加闡釋。大抵「道心」其先可謂是指人類之原始本初心，如好生、求生、保生，皆是人類共同所有之公心，是即道心之本。其後展衍出情感，推己及人，道心遂顯。「人心」指後天之緣起心。人有形氣，已是後天。朱子曰：

人心生於形氣之私。

如飢飽寒暖，皆為各別己私所有，與他人無預。故道心與人心，實即是一種公私之辨。人心本亦人所共有，本無不好，但在各自之私的一面，須能有一主宰，有一節限，不能儘放任，由其隨外物而流轉引伸，漸成陷溺。只顧一己之私，害及己外之公。所貴能從一己形氣之私而透進到在外道義之公。如己飢己溺，欲立欲達，亦是由人心乃始見道心。故道心人心實只一心，非外於人心而別有道心之存在。只是由私及公，但亦不能有公無私。人之所異於天者只在此。

人心有由外引生者，如忿恨心，爭奪心，皆非原始本心，乃隨外圍遭遇不同而起。惟因外圍遭遇各不同，此等後起由外引生之心，遂成為各自之私心。其由內自發者，如好生心，求生心，保生心，則是原始本心；由此內在之本心，而引生出大羣相處仁、義、禮、智種種道心。此則是人類所可有亦當有之一種同然之公心。由私展衍出公，乃為人類回歸於天之惟一道路。古人好以「性」與「物」分言，性各自稟賦於一己之內在，一成不變，此是私，亦是公，即是天理，亦是道心。物則環繞於各自之外面，萬變紛紜，不停不息，各人所受影響不同，反應亦不同。但若專為滿足己私，此則是私，是人欲，亦稱物欲，亦稱人心。故曰「人心惟危」，因其隨外轉變，不由自主，不易把握。又曰「道心惟微」，則因其深藏在各自之內心，由性生欲，由欲轉情，須待逐步展衍，不易發覺，不易認取。故非「惟精惟一」，此心不易出頭作主。所謂「惟精惟一」者，乃指在此人心中須能精細辨別出此道心而一以之為主，以指揮操縱此人心，則人心可以由危得安，道心亦得由微轉顯。由此始得完成其天性，確然成其為一己，亦可說成其為一人。若不然，一切只由外面刺激而起之心作主，則變動不居，倏起倏滅，遂若不見有此己，亦不見有此人。其人只如一影子，其本身無存在，只隨外面光線投射而形成為種種之異相。此則只是一種虛幻。道、釋兩家，往往從此一角度看人生，只看人之緣起心，不看人之原始本初心，與其由展衍而完成之共通心；儒家謂此乃是不見人性，只有人心，更無道心，即是不見人之眞實心。若非眞實心，又何能踐形盡性？形氣之私，亦非不重要，貴在能實踐其形之所可能以善盡其性之展衍。

如目能視，耳能聽，並非因外面有物要我視聽而生此耳目；耳目非生於外物，乃生於己體，即形氣之私。己體何由生？乃生於己之生命，此始是己之性。若謂有了耳目口鼻手足胸腹，乃有己體，有了己體，乃有己之生命與己之性，此是一種極荒謬之意見。只因有了此生命與性乃有此體。有了此體乃有耳目口鼻手足胸腹種種形。但生命與性不易見，易見者乃此體；此體亦不易見，易見者乃此體之各部分如耳目諸形。於是乃誤認己之性、己之生命即在此目視、耳聽、手持、足行之種種活動上。不知此目視耳聽手持足行皆屬物，乃屬己之生命與性所發出之作用，而非其本體。因有己之性與己之生命，乃始成其為一人。不知有此，僅知有彼，此即樂記之所謂「人化物」。人化物者，即是只知有人欲，不知有天理。此心則全是人心，更無道心。宋明儒在此處，乃從現實人生中指點出一絕大問題來。使人瞭解到此問題，便可由老釋再回到孔孟。此則是宋明理學上一大貢獻。

宋明儒天理、人欲之辨，發展到陽明之「拔本塞源論」，可謂別開生面，又是一番新境界。此論見於陽明答顧東橋書，收在傳習錄卷中。此論大意，似從朱子大學章句序來。人心、道心之辨，則見於朱子中庸章句序。兩序互為發明，而陽明繼加闡申。陽明在此論中，指出人文社會一切病痛禍害之本源，在於人之功利之見之毒，淪浹於人之心髓，而習以成性，實則此皆人欲之私，而非道義之公。

陽明在此論中，分別出人類「道義社會」與「功利社會」之兩型。其描述道義社會之具體形狀，謂：

天下之人，熙熙皞皞，皆相視如一家之親。其才質之下者，各安其農工商賈之分，勤其業以相生養，而無有乎希高慕外之心。其才能之異，則出而各效其能。稷勤其稼，而不恥其不知教。

視契之善教，即己之善教。夔司其樂，而不恥於不明禮，視夷之通禮，即己之通禮。蓋其心學純明，有以全其萬物一體之仁，故其精神流貫，志氣通達，無有乎人己之分，物我之間。譬之人身，目視耳聽，手持足行，目不恥其無聰，而耳之所涉，目必營焉。足不恥其無執，而手之所探，足必前焉。蓋其元氣充周，血脈條暢，是以痒痾呼吸，感觸神應，有不言而喻之妙。

此文主張，知識技能，當各從其人才性所近，以成為一專家之業。而成德之要，則在能克其有我之私，去其物欲之蔽，以復其心體之同然。亦可謂「人心」只是功利之私，「道心」乃是道義之公。道心中已包有了人心，道義中已包有了功利。而此心此道則皆人之性分所固有，而非有假於外。至易至簡，易知易從，學易能而才易成。陽明之言如此。今若以陽明之「拔本塞源論」補充朱子大學格物補傳，互相配合，實可發揮孔孟先秦儒立教所未及，而亦可符合於近代世界自然科學突飛猛進之新趨勢，使自然與人文，相得益彰，而為人類開示一終極的大理想。

今再淺顯說之，各人之知識與其職業行為，可以各就其才性所近而各不同，如此則各人對外，可以各有其一分貢獻，而對內又各有其一分自得之樂。相互間可以配合不衝突，以合成一會通渾和的大全體。其主要之點，乃在使人各去其小我個別的功利私見，而後可到達此境界。一面是天理，一面是人欲。一面是道心為主，一面則是人心為主。拔本塞源者，乃是要把人類此一分功利私見，人心私欲，為人類社會一切禍害之大本大源之所在，拔之塞之，斯人文社會之終極理想，自可如在目前，企足可待。理學家貢獻，在為孔孟儒教創出一宇宙論，然後由此宇宙論轉落到人生論，近之如日常人生，遠之如人文社會一切活動與建設，皆所顧及。陽明雖追隨象山主張「心即理」，然此拔本塞源之論，仍必推本於人之才質，此當屬性不屬心。其論大義，實可補充發明濂溪太極圖說主以無欲之靜立人極，而與程朱「性即理」之說相通。惟惜其晚年之天泉橋四句教，則終不免落入道、釋圈套耳。

篇二十

六一

繼此再辨「情」與「欲」。情與欲，一脈相生，如饑欲食，渴欲飲，寒欲衣，勞欲息。人之一身，耳目口鼻，五臟六腑，凡諸器官，各有所欲，為身生活所必需。此乃樂記所謂「性之欲」，與生俱來。欲即是性，本於天賦。此是生命大本所在。逮其與外緣接觸，有順有逆，於是則有好有惡，此即樂記所謂「物至知知然後好惡形」。但這裏已見有由「欲」轉「情」之趨勢。欲是一種主動，情則是一種反應。生命主動向外，不能無各種反應生於內。有了此種種反應，始見生命之充實與擴大。好與惡則為各種反應一大分辨。由好惡又轉出喜怒哀樂，俱屬情的一面，乃為人類所獨茂，其他生物多未備。

欲的人生，可說是一種感官人生，或說物質人生。一切感官所接觸，都屬物質界。總言之，則是一種自然人生，此為人生之基點。脫離自然，不能有人生，亦可謂是一種現實人生。但人從外面攫取物質滿足自身需要時，即附帶有某種享受之感，此種享受之感則已是「情」而非「欲」。中庸說：

人莫不飲食，鮮能知味。

飲食滿足飢渴要求，知味則是一種享受。此種享受則只見於心靈上。故飲食只是自然人生，但知味則轉進了心靈人生。由飲食而知味，這是人生一大轉進。人生理想，應在少少的爭取中獲得多多的享受，那即是寡欲而多情的人生。孟子說：

飲食男女，人之大欲存焉。

由飲食漸轉入知味，由男女漸轉入知愛，這就有了夫婦與家庭。男女相交，只是一種「欲」的滿足，夫婦相愛，乃成為一種「情」的享受。人生固以物質自然為基礎，但應在此基礎上建立起心靈生活來。人文社會，則由心靈生活所建成，非由物質生活所建成。若僅知有物質生活，人生止於爭取，各自向外，個人主義，楊朱為我，羣道終無由立，而種種禍害，則必隨之而起。莊子說：

人之所畏，在於袵席之上，飲食之間。

人文社會種種禍害本原即在此。但人生大本亦在此。取消了飲食男女便無人生，但亦不能只在飲食男女上求人生。老子說：

吾所以有大患者，為吾有身。及吾無身，吾有何患。

人生即建基於身生活。但人生種種問題，亦皆起於身生活，取消了身生活，更無問題可言，但亦無人生可言。飲食男女皆從身生活起，只求於飲食上知味，男女上知愛，從物質生活、身生活轉進到心靈生活、精神生活來，此是生活之上層。人文社會若只是個別的身生活，則與其他生物何異？孟子曰：

人之異於禽獸者幾希。

此「幾希」則在情不在欲。所謂精神生活，「精」是一種精細的，非感官所能接觸，「神」是一種變化的，非物質所能限定。即如飲食知味，男女知愛，此即有精神作用在內。由自然人生轉進到文化人生，其關鍵即在此。

而且「欲」是自己本所無有的，如饑思食，渴思飲，皆須向外求取。「情」則自己原已有之的，如食而知味，先已食了纔知味。食從外來，味則由己知之。其事在我不在物，在內不在外。故僅有欲的人生，必感內在空虛；而情的人生，則感內在充實。欲向外，注意未來，遂感外界之無窮，而自己生命則成為渺小與短暫。情向內，乃是一種感覺，一種記憶，一種回味，眞實在己，而且常是少少即夠。飯疏食，飲水，曲肱而枕之，樂亦在其中，一夫一婦，可以百年和好，偕老同穴。因此欲的人生，必向前進取；而情的人生，則待回念保守。人生不能只向前不回顧，亦不能只進取，無保守。懂得回顧與保守，乃知此人生之眞實不虛。

再進一步言之，個人人生身生活方面，轉瞬百年，即告消失。若能回顧，當知我生從父母來，人類此一段人生，乃從前一段人生來；如是則生命延長，人類之悠遠人生皆可在我回顧中。回顧自有情味。祖宗家族，社會人羣，盡在我回顧中，亦盡在我生命中，我之渺小化為廣大，短暫化為緜長。此是一種「精神人生」，於是而有「文化人生」之發現，人生遂不限於小我，而投進了大我，生命積成為歷史。我之喜悅，即是大羣歷史無限之大喜悅；我之悲哀，即是大羣歷史無限之大悲哀。飢欲食，勞欲息，只限在各人小我肉體中。悲哀喜悅，人之情感，乃有一大境界，大天地，會通人我古今，在一大心靈中而有此悲哀喜悅。此乃一種心靈的、精神的、文化的大生命與大眞實。此心雖若在吾身方寸之間，雖若在吾百年短暫之生命中，而廣大悠久，可通之於全人類而充塞宇宙間。此心之能如此，正在其「情」的方面，不在其「欲」的方面。從前有夫婦相愛，說希望能把此兩身，各自搓散，磨成細粉，再調和化合重造兩身；此實只從身體物質上起念，乃是一種淺薄之見。只要夫婦相愛，兩心如一，在雙方情感上親如一體，何害物質上之各有一身！其實人之有身，亦正從一氣大化中來，每人之身，早已經自然界搓散磨細，集異為同，和合配成。只為人多寡情，遂把此自然來源忘了，卻誤認為吾身是我，你身是你，沒有了相互之情，而儘量發展其各自之欲，因此使人生悲劇，層出無窮而永不能休。

從此應知，人生大道理，主要在減「欲」而增「情」。飲食男女，最先是欲的滿足；此項滿足，應知一節限。此是一個自然分寸，即樂記所謂之「天理」。若越此分寸，昧此天理，只求滿足，進進不已，反成不滿足。人生須在小量的物質滿足上，得到多量的心靈享受，否則食前方丈，可無下箸處。三千嬪嬙，寵愛只在一身。忘天理窮人欲，人欲轉成為苦痛。賈誼鵩鳥賦說：「貪夫殉財，烈士殉名，夸者死權，品庶每生」；已把一幅人生修羅相，活活畫出。

繼此有「宗教人生」與「科學人生」之出現。宗教人生，只求抹殺人欲，流弊成為無情。西方中古時期耶教反動，而有文藝復興，循此乃轉進到現代的科學人生，又把人欲部分太過提高重視了。人生不能有外無內，亦不能有內無外。脫離了物質肉體來求心靈精神，此是宗教人生之走向一偏；但只重物質肉體，忽視了心靈精神，同是一偏，同樣要不得。現代科學所探究，總不出物質範圍，只供物質人生之利用，漫無止境地走向外面大自然。此與西方中古時期儘把人封閉在黑暗教堂內，各自偏了。在人類應有的正常人生中，同為不得一中道。

今再申說，身生活自然人生，應為人生之第一階層，心生活心靈人生，應為人生之第二階層。此兩階層之人生，實際上是一氣相貫，極難分割。

人類在其第一階層身生活物質人生獲得簡單滿足以後，早已有第二階層心靈生活之開展。如原始人在其洞居生活中，亦便有繪畫、雕刻、歌唱、舞蹈等諸藝術，乃及神話傳說種種文學的表演。此則已在原始的物質人生中即已有了文化人生。在物質爭取外，已有心靈享受。此等皆是一種人生樂趣，即是人生中之「情」，不與「欲」為類。換言之，此是一種「心生活」，不復限於「身生活」。今說身生活只是一種「生存」，心生活乃是一種「生命」；生存代代接替，生命繼續成長。人類的飲食男女，論其純屬自然方面者，由原始人類一百萬年五十萬年到今天，還是無大差異。其間無深度，無常性，只是不斷地要獲得暫時滿足。一代如此，代代如此。自有了心靈生活，從物質生活中透進了藝術的、文學的，乃至道義的人生，即是飲食男女，也早已在物質人生滿足之上，有其各色各樣的心情享受。此等情味，可以教人默默體會，可以教人時時追念，可以使此人生在深度常性中續續前進。現代科學，儘看重了人生一代代的「生存」，卻沒有能更注意到人生中長時期的代代相續不斷長成的「生命」。此是一錯誤。宗教家則只懂要「生命」，不懂要「生存」，也是一錯誤。人生大道，應能在物質人生之生存以上來求心靈人生之生長，而接觸到其大生命所在。人類歷史文化，主要是定存在人類心靈之生長上，而有其一番生命存在的。

孟子曰：

口之於味，目之於色，耳之於聲，鼻之於臭，四肢之於安逸，性也，有命焉。仁之於父子，義之於君臣，禮之於賓主，智之於賢者，聖人之於天道，命也，有性焉。

何謂「性」？何謂「命」？命由外圍決定，性則從內在自發。身生活其來源在外，並不由我自生，必為自然物質條件所限制。並且身生活各別分開，形成為一個個私的小己，己與己之間各不自足，相互必爭，故不免以欲為主。心靈生活，則由人人自心自性自生長，自發展，並皆由我自主。此種生活，乃內外可相溝通，形成為一公的大我，相互有欣賞之同情，有同一之內心。故肉體人生，乃由外命定的人生。而心靈人生，則是由自性內發的人生。中國古人，稱專知有肉體人生者為「小人」，兼知有心靈人生者為「大人」。如味、色、聲、臭、安逸，皆限於一身，各別私有；專務在此層面上生活者即小人。如仁、義、禮、智之與天道，則不限於此身，必同時及於他人。必公此心兼通人我，而始有此等心生活之生長與發展。故進而務於在此層面上生活者為大人。

近人每言共同生活；但若僅在肉體物質人生上共同生活，仍是各為其私，無當於所謂公。如蜂蟻只有一羣體之公，而更無各己之私。有羣無己，與人類之所謂羣不同。人類之所謂羣乃合己而成，非蔑己所成。亦如公私，因有私乃有公。有公無私，即亦非公。孟子曰「性也有命，不得謂之性」，正可援以評蜂蟻。其他禽獸亦然。即其性命，不能於「命」外別見「性」，此之謂「自然生命」。如獅如象，可謂於自然生命中有進步，但終不能與人類相比。人類能於「命」外別見「性」，於肉體生活之上別見有心靈生活，於自然生命外別具有「文化生命」，此是人性之靈，異於萬物處。但亦仍自自然來，故曰「盡性可以知命」。若不能善盡其心靈生活，善盡其性，則亦不能知肉體生活之最高可能之所在。由肉體生活中能發展出心靈生活，而達於其最高可能，此始是天命之眞意義與其可貴之眞價值所在。

再換言之，「命」在外，須由我應付；「性」在內，須由我發展。應付只限於現狀之變。發展則必有一永恆之常。如飲食男女屬於欲，外面如何遭遇，即對之作如何反應，不僅人類，禽獸亦然。外面的變，我的反應對付便亦隨之變。至於仁、義、禮、智則非「命」屬「性」，亦附隨有「情」，此等皆自內發，有一不變之我存在。今說禽獸亦有性，但禽獸之性，僅亦是一自然，限於命而附見。人類則有人文生活，始由「命」轉「性」，成為一種自發自主的新生命。所以孟子必分別人性、物性。宋代理學家言「性即理」，乃並人性、物性言。物各有性，斯見有理。性命皆出於天，故曰「天理」。人則由性中顯出情，故在物曰「物理」，在人則曰「情理」。又曰「人情物理」，又曰「人情天理」。可知宋代理學家，天理、人欲之對立，實際乃指情與欲之對立。其義與孟子性、命之辨相通。春秋時，鄭子產言：「天道遠，人道邇。」孔、孟、莊、老，其實亦皆言人道。莊老雖若時言天道，亦只言天道不易知。春、夏、秋、冬四時更迭，晝夜寒暑，周而復始，似非難知。然為何如此，則不可言。故曰遠而難知。若人之春耕夏耘晝作夜息，則依於天道而行事，豈不近而易知乎？至程明道始言：「只天理二字，是自家體貼出來」，於是於天道之上又增言天理。伊川增之曰：「性即理」，則人性物性皆即是天理，天理變成邇而易知了。此是宋儒思想較先秦孔孟一大進步處。但物性見於其「欲」，人性見於其「情」，此層必加以微辨。否則認欲為性，即下儕人類於禽獸。而天理只在消極反面見，不在積極正面見，而人道亦無可言矣。

清儒戴震孟子字義疏證，用意在抨擊宋儒；但不知提倡孟子，即是宋儒之功。漢儒則言周孔，不言孔孟。今清儒亦言孔孟，即其承襲宋儒處。言孟子則當重其義利之辨，此義人人知之。宋儒辨天理人欲，即承孟子辨義利來。兼言之，則曰「義理」，曰「利欲」。孟子僅曰：

何必曰利，亦有仁義而已矣。

固是未嘗主張於利中覓理。戴氏辨理欲而避言義利，顯為不得要領，抑且混並情欲說之。其言曰：

古之言理也，就人之情欲求之，使之無疵之謂理。今之言理也，離人之情欲求之，使之忍而不顧之謂理。

不知理字在先秦本不多言，重提理字，功在宋儒。即就孟子言，孟子明曰：「乃若其情，可以為善」，未嘗聯言及「欲」。又曰：「養心莫善於寡欲」；未嘗聯言及「情」。戴氏混言情、欲，不僅搔不着宋儒痛癢，抑亦於孟子本書離隔太遠。乃於孟子性、命分說之淵旨，亦遂不能理會。近人有深喜戴書者，認為提高欲望，乃促起近代科學文明進展之要端。孔子曰：

> 我欲仁，斯仁至。

又曰：

> 仁者己欲立而立人，己欲達而達人。

孟子則曰：

> 養心莫善於寡欲。

孔孟書中言及「欲」字，率如此，何嘗有近人所謂提高欲望之想法。高抬欲望，則必反宋儒，連帶反孔孟。其尊獎戴書，則僅為此種意態之一項遮眼法。而其極則流為唯物的人生觀，與其提倡個人主義，聲息相通，血脈流注。一轉則為共產主義，亦尊欲不尊情，其為禍於今日可不詳論。故一般清儒，依傍漢儒言考證，其失小。如戴氏，招搖孟子而言義理，其害大。此亦不可不辨。

篇二十一

六二

今再將情欲之辨更作引伸。大抵「欲」起於內不足，賴於向外攫取為填補。「情」起於內有餘，乃出其所賸以沾溉及於外。如洞居人獵羊宰殺以充饑腸，此出於欲。或今日獵物已多，留羊不殺，翌日復出獵物，此羊久留，遂生愛惜之心，此則成為情。獵羊是內不足，惜羊不殺是內有餘。齊宣王見牽牛過堂下者，不忍其觳觫，命以羊易之。孟子謂：「君子之於禽獸，見其生不忍見其死，聞其聲不忍食其肉。」故遠庖厨乃仁術。方其在洞居獵物為生之原人時代，亦惟相互搏殺吞噬，於其他生物不暇有同情。然其欲亦出於自好己生，並不可無。逮及人類生事稍進，求生保生之餘，對其他生物發展出同情。最先起於同類之近者，推而遠之，至於異類之有生，更至於無生之類，對之莫不有情。乃有文學藝術之產生，而人生意義亦隨而大變。故人文社會之演進，決然起於「情」而不出於「欲」。

循至於有夫婦、有家室、有社團、有族黨、有邦國。人類之有羣，大要亦不起於「欲」而生於「情」。人文演進，自漁獵社會而游牧而耕稼而至工商社會之出現。其前漁獵、游牧兩階段暫不論，論農業與工商業之兩項。農業人生易得滿足，八口之家，百畝之田，稻麥桑麻，得衣得食。生事粗給，因其「欲」淡而「情」生，中國文化即生長茁壯於此農業社會中。夏尚忠，言其勤於事。商尚質，言其務於本。周尚文，則踵事增華，由藝術文學而道義，層層演進。要之建基於農業社會。然而莊老之徒憂之，老子曰：

五色令人目盲，五音令人耳聾，五味令人口爽，馳騁田獵令人心發狂，難得之貨令人行妨。不貴難得之貨，使民不為盜，不見可欲，使民心不亂。聖人使民無知無欲。小國寡民，使有什伯之器而不用，使民重死而不遠徙。雖有舟輿，無所乘之。雖有甲兵，無所陳之。使民復結繩而用之。甘其食，美其服，安其居，樂其俗。鄰國相望，鷄犬之聲相聞。民至老死不相往來。

此似對於人類由農業社會轉進到工商社會這一階段寓有深悸。但亦不能說其全屬過憂。人類一到工商社會，知識、欲望交相用事，非患不足而病害叢生。老子楬櫫「人情」一味來作解消。所謂「甘其食，美其服，安其居，樂其俗」，甘美安樂都指人情言。人能在現實生活中知享受，知滿足，而甘之、美之、安之、樂之，情味長則欲望消，自不至違離本眞，一意向前。

但道家終不欲明白提出此「情」字。「甘其食」、「美其服」、「安其居」三項，都指自然物質生活方面言。惟「樂其俗」一項，內容已不簡單，因其已深深侵入了心靈人生，其中乃大有講究。儒家在這一項上特加注意。認為婚姻嫁娶之禮乃人倫之始，而鄉飲酒乃可為推行王道張本。儒家注意此「俗」字上，惟不言「俗」而改言「風」。其意乃要在「俗」上加以不斷的鼓動興起，於是又由「風」而進到「教」。儒家好言「風教」，此處顯出儒、道兩家之異趣。但儒家言「風教」，亦建本於人情，不看重在欲望與知識，則與道家根本無二致。

隨後道家，連「樂其俗」一項也求擺脫，遂成為隱遁派。陶宏景詩：「問我何所有，山中有白雲，只堪自怡悅，不堪持贈君。」於此人文界若超然淡然無多情可說，但於自然界則轉抱情深。中國詩人具此情趣者幾難屈指數。亦可謂此等情趣乃中國文學一大主幹。然非農業社會衣食居住生事粗足，亦何能有此等情趣。佛教中禪家亦然，「曲徑通幽處，禪房花木深」，栽花種樹，亦復有情，只不用在人事上。然道家與禪師們，亦只能在如中國般的農業社會中生存滋長。他們似乎多看重藝術人生，不看重道義人生。但在無道義的人羣裏，又如何發展出他們一套藝術人生來？

工商社會，乃是比較在內不足的情況下產生。因於求生而遠出經商，最先是農業社會中之商人，以己之有，易己之無。山居有㲋兔，水居有魚蝦，此皆樂生之餘事。至於商業社會，本身生事缺乏，乃不得不出其奇技淫巧，投他人之好，博利潤以謀生。農業社會面對自然，天時地宜物性，皆有限制。添上自己一份辛勞，亦僅獲溫飽，不求節欲而欲自節。商業社會所面對者乃人文界，非自然界。商品在根本上亦非生活之主要必需品，而多屬次要非必需之奢侈品。求能激起別人欲望來滿足自己欲望，此與農業社會性質大異。農業亦可有積餘。三年耕有一年之蓄，九年耕有三年之蓄，以防久旱長澇。過此以往，倉庾陳腐，無所用之。商人操什伯之利，所貯乃金玉珍寶。可以厚藏，可以無盡止。欲望遞進遞升，而慾壑終於難塡。農人雖辛勞，春耕、夏耘、秋收、冬藏，年有農隙，不乏閒暇，仰蒼天而俯后土，宗族鄰里，牛羊雞犬，桃柳桑麻，霜露雲氣，俯仰周旋，莫非有情。故農業社會乃能在有限僅足之生事上，而潛滋暗長其對於人生無限之深情。中國古詩三百首，主要即以田園詩、人情詩為主。商業社會，不能安其故土，奔波浪蕩。以羈旅處異俗，藉刺激為消遣。得所欲，必超然去之，無可留戀。所謂「商人重利輕別離」，乃使人生如浮萍飄梗，無所安着。以此較之農民，見聞知識多、欲望盛而感情則薄。性相近，習相遠，自無足怪。

中國社會當春秋戰國之際，商業隨農業而繼起。此下的社會經濟並不是純農的，而其文化傳統則實建基於農業人生上，儒家立論最可見。子貢問：

貧無諂，富無驕，何如？

孔子曰：

不如貧而樂，富而好禮。

子貢之問守己不卑屈，對人不矜肆，在己已有甚高修養，但猶若有彼我、內外之隔，此心尚不免受道義拘束。不如孔子所答，樂能好禮，則此心已不見有內外、彼我，而生機活潑，情趣洋溢，亦已不復為道義拘束，而深入道義之蘊奧。貧富之別，則大可不論。可見孔子及其門人，對於人生財富皆非所重視，所重乃在各就其經濟狀況而完成其心情上更恰當更高尚之人生。然儒家亦非不重經濟，故曰「民以食為天」，又曰「為富不仁」，如是則已。故孔子在中國歷史文化演進中，乃主周代之文，而常夢見周公。是其在農村經濟之成就中，更主前進，亦居可知。墨子反孔子，主張以大禹為法，以自苦為極，以「節用」為主，而反對儒家之禮樂。主「兼愛」，欲使人視人父若己父，此非人情。乃於歷史文化之演進抱退轉態度。墨子可謂抱過分之「實利主義」，無商人之好利，然亦如商人之斤斤於實利作打算。老子更退轉，主張「為腹不為目」，以「歸根復朴」為人生大道，其言曰：

化而欲作，吾將鎮之以無名之朴。無名之朴，亦將無欲。不欲以靜，天下將自定。

當原始人洞居時代，出洞覓食，即已是為腹；老子倡導歸根復朴，然並不主張歸復到原始人生活，僅欲還歸農村，非欲還歸洞穴。老子乃只見於社會由農轉商之種種可憂，卻不知人生社會之演進，有其無可窒遏而亦不必窒遏者。然墨子、老子，皆不失為農業社會人思想。惟其節制「人欲」已過，而培養「人情」則不足，最多可濟一時之亂，而無可期於永久之治。是皆震世之危言，非盛世之正論。

若改言文質，墨老皆尙質惡文，孔子儒家則主文質兩重。故子貢曰：

文猶質也，質猶文也。虎豹之鞟，猶犬羊之鞟。

此言虎豹之皮，遠貴於犬羊之皮，更貴在毛文上，不專在皮之本質上；可見文亦自有可貴處。論人欲，應只貴質；論人情，則兼貴文。今再以情欲言。物各有性，性必有欲，好生求生保生，凡屬生物皆然，人與禽獸無異，此即「虎豹之鞟猶犬羊之鞟」也。所異者在其文，亦即在其情。生物有雌雄牝牡，而人類文之以嫁娶婚姻。生物亦各有飲食，而人類文之以酬酢勸獻。婚姻嫁娶之與酬酢勸獻，皆本於情，非限於欲。若非鞟而是皮，其實大可貴，與鞟無異。子貢所論，實極明通。孔子曰：

文勝質則史，質勝文則野。

若以人類歷史文化演進之歷程言，「質勝文」則猶未脫野蠻原始時代。「文勝質」則工商社會每易見此病。惟以農業社會為本，則易於「文質彬彬」。復以情與欲言，則欲勝為野，文勝為偽，而文與質，情與欲，要為兩不可缺。宋明儒辨天理、人欲、人心、道心，義亦如此。故謂「人欲」即在「天理」中，「人心」即在「道心」中。惟離卻天理、道心，始是人心、人欲。又若天理與人欲相衝突，道心與人心相衝突，人心人欲，始是要不得。而且此雙方，於互為分別中，亦互為包涵。此則待人之深細善觀。近代人只看重人欲，不認有天理，只識有人心，不認有道心。為要補偏救弊，似乎老子所言，更較孔子言為易於使人接受。故近代中國思想反宋儒，卻不反莊老。若幷莊老而反之，僅知有物質進步，而不知有人欲橫流，則誠難與為言矣。

六三

中國社會自戰國以後，商業經濟突飛猛進，大都市大商人風起雲湧。但並不能說中國已由農業社會轉進到工商社會去，只可說由農業社會中冒出了工商業，而成為一個農工商業融和並榮的社會。其主要關鍵，在於上面有一個謹守儒家傳統的士人政府，掌握着調和整齊的工作，使工商利潤永不能過分吞噬淹滅了農業生產而成為一種獨占偏霸的局面。工商還以滋榮農業，相與前進。遂使中國社會自秦以下，形成為一個士、農、工、商的「四民社會」，由政治來操縱經濟，由人文理想來操縱政治，由儒家傳統來主持人文理想，如是一貫相承。在中間不乏許多頓挫曲折，而其大趨勢則兩千多年來迄不見有大變動。

直到清末迄今一百五十年來，經不起西方帝國主義資本主義之強力侵略，中國社會始見整體搖撼，至今未見有安定寧息之跡象。在過去歷史中，只是由政府上層出現腐敗，引起下層擾亂；只要政府組織新，滲進新精力，重整新秩序，國家上下即復平安。即或是外族入侵，如魏晉時代之五胡，下迄南北朝對峙；又如唐末以下，遼金夏侵占部分中國；元、清兩代，則統治了中國全部；然亦僅憑武力凌跨。因彼輩都係游牧民族，文化低淺，對中國傳統文化人文理想，惟知羨慕，不能作根本之搖撼。晚清以來，則情形完全不同。西方文化，徹頭徹尾，乃是一種商業都市文化，從一小地區向外展擴，其進程，顯然與中國傳統不同；而近幾百年來，長駕遠驅，無堅不摧，實有其一番不可輕視之力量，為以農立國的中國文化所不敵。曠觀全世界人類文化現勢，只有此東西兩型，可以分庭抗禮，迄無第三種文化堪與鼎立。而中國人在此西風東漸的一百五十年來，心理激盪，不斷產生高度的危疑不安之勢。

最顯見者，為一種「新」「舊」之衝突。農業人生比較戀舊，工商人生比較喜新。由此推衍，戀舊則易於形成一靜態社會，喜新則易於形成一動態社會。靜態的戀舊，易趨保守；動態的喜新，喜言進取。戀舊保守，偏近於內傾型；喜新進取，偏近於外傾型。內傾的好抽象的精神界，外傾的好具體的物質界。內傾的看重心性享受，外傾的看重事業擴張。內傾的崇尚道義，外傾的好言功利。如此一連串的對立，新與舊，靜與動，保守與進取，內與外，精神與物質，心性與事業，道義與功利，在此一百五十年來之中國人心中，由此一端轉變向那一端，幾乎認為凡新皆是，凡舊皆非。動的皆對，靜的皆不對。外面的皆要得，內面的皆要不得。換言之，西方的都可羨慕，傳統的全該推翻。此一趨嚮，愈演愈烈。

但論其背裏，亦由雙方天時、地理、物質條件種種相異，影響到人生，再由長時期的人生影響到人性。農業人的性格，顯與商業人性格有相異，此層較易觀察。但由此引生出種種文化觀念，如新舊、動靜、內外、心物等，逐步轉進到抽象的玄談空論上去，則既難把握，亦難剖辨。由傳統文化積累而成的具體落實的生活，驟難徹底改造；而空洞游離的思想辨論，乃益形紛亂，過激反動，橫軼疾出，更難控馭。此一百五十年來中國之人生苦痛，主要不外於此。

但就中國傳統觀念看，無論名詞對立，抑或事象對立，皆非可以偏執一邊而偏棄一邊於不顧。中國古人發明了一番「執中」論，本不主偏向一邊。又發明了一番「循環」論，如所謂一陰一陽之謂道，物極必反，周而復始，此一面轉瞬可變成為那一面；如新與舊，春夏秋冬，四季迭新，天運循環，還只是那一套。天道不變，則仍是一舊，亦可謂全是一新。昔人詩：「流年何處在，白日每朝新。」易傳：「日新之謂盛德。」是農業人非是不知新。如說：「周雖舊邦，其命惟新。」其所謂新，只在舊的上面翻一轉便是，非是要消滅了舊的才能有新的。又如說：「人惟求舊，物惟求新。」此兩語，卻說出了農村人和工業市場商人的相異心理。工商業人對一切物品，生產求快求多，推銷求廣求遠，物品只是一手段，牟利始是其目的。將本求利，本不足貴，只求賣出，換來利潤，一番又一番，惟求變化出新。其對主顧，亦盼其日新日廣，那求只限在幾個老主顧身上。農村人則生於斯，長於斯，老於斯，葬於斯，安土重遷，離鄉去井，是一大事。不惟於人求舊，於地亦求舊，於物亦然。古代商周彝器銘辭皆稱「子孫世世永寶用」，一件日常器物，亦求傳家傳世。故其日用品，同時即成為藝術品。石器、玉器、銅器、陶磁器，乃至絲織品、雕刻品皆是。又如後代所稱文房四寶，紙筆墨硯，莫不窮精極良，皆為各項藝匠之內在生命所寄，與工商人製造只為向外牟利，物件本身本不顧惜，雙方性質截然不同。因此農村人縱是對器物亦仍重舊。

此因農村人一切觀念，皆滲入了一個「時間」觀念在裏。自其耕地作物乃至全部人生四圍日常用品，皆須靜待時間來完成，亦求於時間中保存。只求其歷時愈久，則愈可滿足。其生命本身之要求與意義，所謂舊，與靜，與大，所謂內心德性，皆在此同一觀念下融通會合。把時間分別看，此一時，彼一時，新與舊，動與靜，皆顯有分別。但若把時間拖長了看，百年前之舊，此刻還是一新，一百年來之動，此刻還是一靜。時間尚未變，事物何來有變！農業人生，其實內涵有一種極高深的藝術人生，其主要關鍵，即在能把時間拖長。所謂德性的人生，則是一種最長時間、最高藝術的人生。中國畫家，最好畫山水，山中草木，水上波瀾，時刻新，時刻變，但山水還是此山水。中國社會緜歷了四五千年，何嘗不時變日新，但仍還是此中國社會。此所謂「天不變，道亦不變」。

其實農村人之所謂「天」，主要亦只是此時間觀。亦可謂農村人之時間觀，其實亦即是一天。天指悠久，地指廣大，但農村人心中，常感天地合一，以時間觀包容了空間觀，故曰「天長地久」。農村人認為只要有此天地常在，一切便可作長久打算。時間在農村人觀念中，並非一去即逝；春耕之後有夏耘，當其夏耘時，春耕之時間效用仍存在。接着是秋收冬藏，當其秋收冬藏時，春夏耕耘之時間效用亦仍存在。耕荒不如耕熟，當其下一年繼續耕此田，前一年耕此田之時間效用亦仍存在。甚至父傳子，子傳孫，此一片土地與其歷代辛勞，此一切時間效用，亦仍一并存在。此時間與此天地與吾人在此天地時間中所付出之一切工作辛勞，則融凝合一，不可分離。由天地言之，此之謂「天地之化育」。農業只是在替天地化育。農村人之自身生命，與其自身辛勞，乃把來與天地之化育合成一體，亦具有同一精神；故既曰順天、應天、參天、效天，尤進而曰先天、配天、回天、勝天。就天言之，一年之後又一年。就人言之，一代之後又一代。子子孫孫繼繼承承，乃與天而無極。故農村人不看重在「變化」上，而看重在「積累」上。人生惟在工作上能作不朽永久存在，積累又積累，乃與天地參。此是何等的人生藝術，又是何等的人生道義！即此可見人的德性之偉大。

故農村人觀時間，決不是一去即逝刻刻換新的，乃只是積新成舊，積舊成新。新日月積成舊日月，決不是舊日月去了乃始變成新日月。舊日月中又積成了新日月，決不是新日月來替代了舊日月。因此農村人觀念中，又極重視「工夫」。所謂「工夫」，時間緜歷只是積舊成新，其作始也簡，其將畢也鉅。中庸說：

天地之道，可一言而盡。今夫天，斯昭昭之多，及其無窮，日月星辰繫焉，萬物覆焉。今夫地，一撮土之多，及其廣厚，載華嶽而不重，振河海而不洩，萬物載焉。今夫山，一拳石之多，及其廣大，草木生之，禽獸居之，寶藏興焉。今夫水，一勺之多，及其不測，黿鼉蛟龍魚鼈生焉，貨財殖焉。

農村人的宇宙觀，極為簡易單純，只是一積累，由積累而無窮。此一無窮積累，中庸又稱之曰「誠」。誠是眞實不虛的，返就人言，此一誠，也只就在人類各自的一顆心中。人類此心，本極單純，只要保住弗失，不息不已，積厚流光，此心也如天地之無窮。參天地而贊化育，一切都由此心。只要有時間、有工夫，此心便即是天，天便在我此心之不斷的時間工夫上。此是耕稼農村人由其生活本身之親切經驗而獲得此信仰。

但都市工商人想法不同，他們重視製造，因亦重視方法，爭奇鬥巧，日新月異，只求把此項技巧來打動別人心理，勾起別人愛好，把此等新異奇巧的器物出售，便可騙取十倍百倍之利潤。這不能說是出於一種誠，因其誠則只在牟利上。誠於牟利，而產生出種種機械變巧。此等工商製品，既非製造者自身生活所必需，亦不為他人生活所必需而製造，只在新異奇巧上誘起他人欲望，俾得達其牟利私圖。工商人須得設盡方法毀壞了天地自然來製造。製造求快，乃嫌時間悠長；推銷求廣，乃嫌空間遼闊；為了滿足其牟利心，乃嫌天地亦若與我為敵。因此工商人心胸，乃與耕稼人心胸，引生起了種種的大差別。

農村人又好言一「養」字。耕稼工作之本身便是一養，因此農村人看人生，一切需賴養。農村人所重視的工夫，亦可說只是一「養」字工夫。如曰培養、曰育養、曰滋養、曰修養、曰涵養、曰保養、曰容養、曰調養、曰綏養、曰撫養，對一切物，如植物動物，乃至對人對己，尤其是對人心內在之德性，無不求能養。孟子曰：

苟得其養，無物不長。苟失其養，無物不消。

荀子亦曰：

萬物各得其和以生，各得其養以成。

孟子又曰：

存其心，養其性，所以事天。

南宋詩人陸放翁詩有云：

致一工夫在存養。

亦可說中國的人生哲學乃至文化精神，主要精義，亦盡在此「養」字上。但都市工商人則不懂得一「養」字，他們的主要精神在能「造」。養乃養其所本有，造則造其所本無。養必順應其所養者本有之自然，造則必改變或損毀其物本有之自然。養之主要對象是生命，造的主要對象則是器物。此兩者間大有區別。今日自然科學之突飛猛進，製造創造，日新月異，若無止境，但一切製造創造有其大限制。一不能製造自然，創造自然；二不能製造心靈，創造心靈。自然與心靈結合而為生命。一切創製，乃由生命主持發動，斷不能在創製中創製出新生命來代替舊生命。中國人言「造化」，專指天地大自然，天地大自然始能有大創造，人類只能有小創造。淮南子言：

惟造化者物莫能勝。

物只是被創造者，生命亦是被創造，而同時又是創造者。今天科學發達，幾乎已把器物世界來凌駕了生命世界。器物世界，可以破壞自然，窒塞心靈，而乾涸了生命的泉源，因此也會乾涸了創製的泉源。在今天的創製中，自然與心靈與生命的成分愈見減縮，由器物造器物，整個世界已成為一器物中心的世界；心靈愈見沉溺於器物中，而生命亦愈陷於器物化。但器物終是無生命、無心靈，而不自然的。若使此世界成了一個器物中心，由器物來主宰世界，則此世界之將來，也就不問可知。

而且養出於愛好心、仁慈心，以所養為主，而養之者若退處於貢獻與犧牲之地位；造則出於功利心、自私心，以所造為滿足造此者之另一期圖。若人類對於此種功利自私心日滋月長，充塞人間，則所造全為爭器，不僅爭財，抑且爭生命。今天的世界，乃至變成一人相食乃至人相殺之世界，乃全賴此等器物之造出，而核子武器成為今日人類創造之頂點。一面說是巧奪天工，另一面說，奪了天功，則弄巧反成拙。核子武器之創造，乃成為今天人類莫大之大拙。初造原子彈，在日本廣島投下，認為可換來和平，其實和平只在人類一心，決不在原子彈頭上。原子彈在三十年前，豈不是人類最新創造，但在三十年後之今天，豈不已成了舊的，於人類和平，絲毫無補，而且其害不勝，舉此一例，可知其餘。

再就「養」與「造」回到「舊」與「新」的問題上來。養是養其舊，造是造出新。所謂「人惟求舊，物惟求新」，亦可說生命該是要舊的。一切都為維持發皇此生命，即為維持發皇此一「舊」。今人乃為要求不斷有新器物，卻誤會成不斷要求有新生命。其實食求飽，所飽仍是此舊生命，即使不斷造出新食品，依然還是求得此一飽。配偶求愛，能愛與所愛仍皆是此舊生命；即使不斷尋求新配偶，依然還是求有此一愛。可見農村人戀舊並非全不是，都市人喜新，也並不全是。

再由此轉到「動」與「靜」的問題。動與靜，亦如舊與新，兩不相反。讀者稍治易，便知中國人從不認動靜為對立。主靜非厭動，好靜非惡動，只是惡躁、惡擾、惡蕩、惡競則有之。人在村墟中自感靜，一入大都市則感動。農村人雖備極辛勞，自古憫農詩已備言之，然其心自靜，不如都市人其心不安不靜。如人在幼少時，生活一切仰賴他人，但其心則靜。沈括夢溪筆談稱：

物盈則變。盈為老，故老動而少靜。

此處所謂動靜，指心理狀態言。幼少之心，中無容藏，而生命泉源，卻在幼少心中汩汩流出，其心虛靜，自見有一段眞本命。人到中晚年，世變不斷流入心中，經驗日益複雜，理智日益老成，其時則此心已盈，生機窒塞。莊子曰：

其殺如秋冬，以言其日消也。其溺之所為之不可使復之，其厭也如緘，以言其老洫也。近死之心，莫使復陽也。

老年晚年，其心近死，反而不安靜而求動。大至世局亦然。太古之世，亦如人之幼少。董仲舒言：

上天之理，太古之道。

天理乃易在太古中見。然亦僅曰靜如太古，不能謂動如太古。詩人言「小村風物古」，又曰「地僻民風古」。中國人好言古，又好言童年，其實多是農村人意想，但其中涵義，卻大可作深長思。

就道家言，太古之與村墟，乃及人之幼年童真，此皆天地元氣，淳樸未漓，生機內蘊，靜中爆出動來；造化之奇，賴由此見。若離眞日遠，澆漓日薄，愈動而愈失其本原，是否能仍歸於靜，此已大有問題。莊子謂：「近死之心，莫使復陽。」一意向前，回不過頭來，遂成人生大悲劇。天地有一大化機，老者歸於死，幼者得新生，此一生機乃永久活潑；而人文社會則不然。歷史上各民族，絢爛一時，異采繽紛，終則歸於煙消火滅，痕迹不留，此種民族，亦復多有。故周濂溪太極圖說，既曰「動靜陰陽，互為其根」，而又必以「主靜立人極」，並明言「無欲故靜」；此非深參化機，眞實明瞭於天人之際者不能言。今若求於實際社會中求之，則亦惟農村人能有此境界。

愛因斯坦的「相對論」，在近代科學史上，見稱為劃時代的發現。有人依其理論推演，謂有夫婦一對，夫年二十五，妻年二十三，有一三歲大的孩子，其夫駕超速的太空船，以每秒鐘十四萬英里速度遨遊太空。太空船的速度，是光速的百分之九十。當他在太空船中，據他腕上的日曆手錶經過二十二年後返回地球，卻正等於地球上之四十四年。他和兒子正同是四十七歲，而其妻則老態龍鍾，已是一六七十歲老婦。此從物理上推論固是如此。手錶在高速運動中會減慢，人的心臟跳動亦然。美國太空人某降落海面，太空署醫生宣布他年齡比地球上同年齡人減輕了百萬分之二十二秒，此是一例。但人類並不能在超速空間過活。中國人說法，則正與此相反。「山中方七日，世上已千年。」卻說人在靜的環境下，生命時間會延長。此乃心理上說，此事人人皆可證驗。當星期假日，一人閒在家，或深夜無事靜坐，皆會感到時間過得慢。忙迫活動中，會感到時間過得快。手錶上的時間，較之各人自己心上的時間，究竟誰更眞實。近人言，運動可以強身；莊子書則說：

靜默可以補病。心有天遊，大林丘山之善於人，亦神者不勝。

此言大林丘山，其境虛曠，所以覺其善者，乃因其人果心無天遊，神情不勝外界之煩擾，遂更感其如此。其實山林也只是外在的，人生自有其內在的。就內在人生言，都市不如農村，其心比較易於靜定專一。而中國道家言，則農村仍不如山林，更宜使人靜定專一。然無論都市山林，實際人生，則仍必賴於農村。故惟農村人生活，乃為得其中道；體力之勞動，無害其心神之寧定；身心動靜，兼顧並到。道、釋兩家，終不免有太偏山林之嫌。出世避世，惟求一心寧定，乃使身生活賴他人周濟，此非人生之正道。宋代理學家繼道、釋盛行之後而起，濂溪太極圖說主張「主靜立人極」，乃曰「無欲故靜」，因無欲則其心向內，可有一靜止之坐標。一切動皆由此出發。此後程朱又改言「主敬」，敬則顯然寓有動，但亦兼有靜。明道言：

某寫字時一心在寫字上，並不要字好，只此是敬。

寫字是動，一心在寫字上是靜；並不要寫好，此是無欲，乃是眞靜。如此般的人生，乃當於藝術的人生。人生能有藝術，便可安頓停止，而自得一種樂趣。惟有農村人生，乃可輕易轉入此種藝術的人生。因其是藝術的，便可是道義的，而且有當於人生之正。都市工商業人生，則只是一種功利的，必待計較與競爭，把自己勝利放在別人的失敗上，人生大目標不應如此。昧失了農村人生，則終亦不能瞭解中國人的那一套文化傳統與人生理想之所在。中國社會，工商業早已發展，全國都市林立，已不是一農業社會，但中國文化演進，則大本仍在農村人生上。

陶淵明桃花源記，描寫田園靜態人生，黃髮垂髫，並怡然自得；此亦老子「小國寡民，甘其食，美其服，安其居，樂其俗，民至老死不相往來」之想像具體故事化。就余足跡所至，山陬水澨，近似桃花源者，全國各地，亦尚多有。憶抗戰時在成都，慕聞青城山區老人村之名。據云村沿溪，上源多枸杞，村人飲溪水，多踰百歲。適在灌縣靈巖山遇一學生，家在老人村，導我往遊。步行半日，歷數索橋，薄暮始到。翌日午，由其一戚家設宴，晚轉別一家；如是經旬，遍遊其山水村落市墟，意興甚佳。然因成行倉促，有事欲返。學生告我，村中禮俗，一家設宴，同席者必輪番作主。不知我欲去，每宴有新人參加，尙多未輪及者，懇再留。此後每宴，戒勿再納新人，更數日始畢，惟此學生家反未及設宴。余堅辭必行，其村多產玉蜀黍，乃於晨作窩窩頭早餐，皆採新苞未成粒者，一席當耗數畝黍。其村俗之敦厚有如此。然此村實是由成都至雅安交通孔道。袍哥携槍械西去易鴉片東返，必經此村。余在村中，曾親見之，惟非往來旺季而已。然則此村非能與外隔絕，其往來行旅亦多非善類，村中人豈能「不知有漢，無論魏晉」，不受外面影響。然余觀其土地平曠，屋舍儼然，良田美池桑竹，阡陌交通，往來種作，男女衣著，悉如外人，則誠不啻如桃花源中氣氛景象。惟此學生，遠道赴昆明進大學，實開此村新風氣；不知此下演變當如何。其他生平足迹所到，類此髣髴者，亦尚有之。惟此村有半月滯留，乃今記憶猶新。中國人之田園靜態人生，大可於此等處尋闡其意味。若如在上海、九江、漢口商埠碼頭所在，何從體貼到此等情況？亦幸中國乃一大陸農村，故能屢經變亂，而此等靜態人生，終於保存不滅；此如百泉湧地，乃使歷城衛輝終成勝區。考論中國傳統文化，人生理想，則必於此乎參之。若捨人生實際而空談文化理想，徒知有孔老之陳編，又何從於陳編中獲得其眞趣。而今此一百五十年來，驟遭西方工商資本主義社會之突飛猛進，正如秀才遇了兵，有理說不清，應付誠是一大難事。然若謂人生正道在彼不在此，則亦急切間恐難獲此定論也。

篇二十二

六四

人類文化，即是人生一綜合體。人生可分兩部分，一曰物質部分，以身為主。一曰精神部分，以心為主。文化亦可分為兩部分，一曰自然文化，又一曰人文文化。自然文化以人對物為主。人文文化以人對人為主。換言之，亦可謂是以心對心為主。物質人生與自然文化屬先起。精神人生與人文文化屬後起。中國人以自然屬天，人文屬人。亦可謂物質人生與自然文化屬先天，精神人生與人文文化屬後天。後天從先天中演出，但亦不能違異先天而自有其獨立之存在。中國人之人生理想乃及文化理想，則貴能「以人配天」，而達於「天人合一」之境界。

先天的物質人生與自然文化，乃屬基本的。後天的精神人生與人文文化，則屬進步的。基本的在低階層，進步的乃高階層。天地生物，最先只是物質低階層方面。中國人觀念，凡屬物質必有「性」，

「心」則從性中演出。故「性」屬先天，「心」屬後天。中國人稱之為「天性」與「人心」。故心性之辨，即是天人之辨，亦即是物質與精神、自然與人文之辨。中國人的人生理想及其文化理想，主要在不違基本之進步，即是不違自然而建立人文，而一切貴從人心出發。心對物，有理智。人對人，心對心，則有情感。中國人之人生理想與文化理想，重視情感乃尤過於理智。

一切既由心出發，主要更在心對心。此乃人類最大的自由。但人心進步不能違離了性，此乃人生文化理想一最終極的限制與規範。孟子曰：

盡心知性，盡性知天。

此是說：人類貴能從各自後天之心來認識先天共同之性，由此亦即是認識了天。天即從人身上去認。心屬人，在人類自身之內部。性屬天，在人類自身之外部。故要認識心，可向各自內部己心去認。要認識性，可向外面人性共同處去認。人生文化理想，不能有外無內，亦不能有內無外。貴能內外合一。換言之，即是「心性合一」，亦即是「天人合一」。亦即是「心與物，人文與自然之合一」。人類生活在自然界之中，不能離物以為生。但人類同時亦生活在人文界之中，此人文界，乃從人羣相處，即由心與心之相交，從其心之融和合一而演出。故天與物，若在人與心之外部，實亦在人與心之內部。外部轉是其基本處，而內部則轉為其進步處。

今日人類所處之自然界，已與原始人時代之自然界大不同。今日凡與人類切身相關之自然界，多已經人類心靈創造，而成為人文化的自然，也可謂乃是符合於人類理想之自然。原始自然，並不盡符人的理想，所以荀子要主張「性惡論」。但原始自然，並不曾限制人類心靈之自有其理想，而使自然日益接近於人文化，所以孟子要主張「性善論」。易經上說：

先天而天弗違，後天而奉天時。

此是說：天地自然還是許人加進人類自己的理想，但人類雖求盡量加進自己理想，亦終不能違離了原始自然的基本規範。此賴人類之聰明。但究極論之，人類聰明，仍屬天賦，亦是天誠，乃是得天之放任而如此，故又曰「聰明天縱」。惟天縱聰明，則終是表現在少數人身上，並不是人人各可獲得此聰明。換言之，多數人仍屬自然一邊。人類的理想，則只由少數人來代表。多數是人類的基本，少數乃代表人類之進步。故「孟子道性善，言必稱堯舜」，堯舜即是人類中之少數。孟子乃從少數人着眼。但既同屬是人，少數人能如此，多數人自可逐漸進步到也如此，也和少數人一般。故在人類理想上，少數人宜可代表多數，故孟子徑稱之曰「性善」。荀子則從多數人着眼，從原始自然着眼，乃惟見人性之惡。但從天地原始自然中演生出人類，此已是一進步，也已是一善。更由人類中演生出少數，則更是一進步，更是一善。即在荀子，也主張由多數人來學樣少數，如是纔有進步，纔有善，如是乃可從自然演進到人文。此是孟荀兩家之所同。但依荀子意，似乎不免要由少數來限制多數。而孟子之意，則由多數自由向少數看齊，其進步與善，仍是一自然。人文演進，亦可說即是一自然演進。故就天與人言之，荀子主張「以人勝天」，而孟子則主張「以人配天」。一主天人分，一主天人合。後代的中國人，則寧信孟子，寧以為性善只是人類之自然進步，而非限制與壓迫可能。

宋儒周濂溪通書中說：

士希賢，賢希聖，聖希天。

中國社會相傳之所謂士，即是人類理想中之少數。賢與聖，則是更少數，乃至是極少數。中國人認為，只有人類中之更少數乃及極少數，始能運用天誠人類的高度自由來創出理想而引導人類向前，使人類在自然的低階層上來建築起人文的高階層。

濂溪通書中所說之「士希賢」，又指示出兩個標準：

志伊尹之所志。學顏子之所學。

此兩標準，一向外，一向內。伊尹所志向外，對人亦兼對物。多數人只懂自然人生一邊之物質要求，而引生出對人對物之無窮鬥爭。伊尹則視民饑民溺猶己饑己溺之。把人類各自的私問題，轉換成人羣共通的公問題；把外面對物問題，轉成為內部對心問題；把自然問題，轉成為人文問題。此種心情與此種責任，則只能落在少數人身上，而伊尹把此來擔當了。但要志伊尹之志，進一步不能不學顏子之學。顏子之學則比較更向內，專在自己內部心上做工夫。舉例言之，如「不遷怒，不貳過」，「有若無，實若虛」皆是。多數人心，易生氣，一事遷怒及他事，又把錯誤認作為自己之性向所好。人類心與心之不相通，其端正在此。而又沒有裝作有，空虛裝作實，此心全向外面用；此只是一種原始的自然心。顏子則要把此原始自然心經過最高陶冶與修養，成為高度進步之人文心，來適宜運使於人文理想中。故須配合伊尹之志與顏子之學，乃始見得中國人之人生文化理想，務求融心物，合內外，通羣己、天人而為一之境界。

再進一層言之，伊尹之所志在堯舜，顏淵之所學為孔子。堯舜乃中國上古聖人，偏重在政治一面。孔子乃中國中古聖人，偏重在教育一面。堯舜孔子相隔已近兩千年，中國人之人生文化理想，由堯舜展演到孔子，其間有一大傳統，亦有一大進步。孔子弟子有若說：

> 夫子賢於堯舜遠矣。

孟子道性善，言必稱堯舜，但又曰：

乃我所願，則學孔子。

孔子以下的中國人，更把教育事業看重過政治事業。而周濂溪之所謂士之希賢希聖，則更看重在少數人之自我教育上。

中國社會，遠自戰國以來，即成為一士農工商、以少數士人為首的一個傳統的「四民社會」。自漢武帝以下，中國政府，也成為一傳統的「士人政府」。學校教育乃及選舉考試一切政治制度，均在培養選拔少數士人參政，而使政府幾乎清一色的由士人所組成。即高踞政府最上位的皇帝，亦必與士人接受同樣教育。故中國人之文化理想，亦可謂是「政教合一」的。由教育來領導政治，由政治來輔護教育。而孔子則被稱為「至聖先師」，其地位遠在歷代帝皇之上，而為歷代帝王之所共同尊奉。

中國社會之士階層，亦有其共同信仰，惟與世界其他宗教信仰不同。一切宗教信仰，全屬出世的，反自然的，非進步的。而中國人所信，則自修身、齊家、治國、平天下，徹頭徹尾，乃是一種「人文信仰」，亦可稱為是一種「人道教」，由政教合一而達於天人合一，以往天地大自然中完成其天下太平，世界大同，為終極理想之所在。

中國社會之士階層，亦有其一套共同思想，乃亦與其他社會之有哲學思想不同。一切哲學思想所追求，往往先注意在形上學、宇宙論方面，由此再降落到實際的人生論。而中國人理想，則只在此人生現實中。直從人生現實中展演出理想，一切理想亦斷不違離此人生現實。在其他哲學思想中，有唯心、唯物之爭。中國人思想，則主「心物合一」，亦即是「天人合一」。其工夫，在由心來領導物。其終極，在由人來配合天。

中國士階層之所志所學，又與現代科學有不同。現代科學，重在向外探索，以自然物質為主。然後以其探索所得，回供實際人生之利用。其視人心，亦如其視自然物質般，由物理而生理而心理，一貫相承，着重點仍在外。中國傳統學術，重人心尤過於重物理，重內尤過於重外。大學言「格物致知」，但主要在求「止於至善」。故其窮格物理，主要仍在人事上。人文大道乃格物之終極目標，而自然物理，只為其附屬之一部分。中庸言「盡物性」，以「盡人性」為前提。若不先在人性上用工夫，徒求盡物性，則核子武器，乃屬殘殺人類之新工具。登陸月球，亦將為爭取殖民之新戰場。而中庸之「盡人性」，又以「盡己性」為前提。盡己性則貴能內求之己心。在人心中，自可涵有對於自然物質方面之若干要求，但人心更有其更進一步之要求，絕不限於一些自然物質方面者而止。中國傳統學術，層層向內，主要對象，在人文方面，在人心方面；而自然科學，則在較外面之較低層。

中國之士階層，更有其一套獨特生活，與農工商三階層之各務其物質方面之私生業者有不同。孔子曰：

士志於道，而恥惡衣惡食者，未足與議也。

孟子亦曰：

士尚志。

人類中大多數，只注意自然物質人生；在此方面，亦可不斷進步，從石器、銅器、鐵器、電器，歷級而上。但此只是人類文化演進之一面，仍當稱之為自然文化，或物質文化。而人類文化演進更有其另一面，則為人文文化，或精神文化。人類必自自然物質文化演進到人文精神文化，始是人類文化演進一大軌轍。固然此兩種文化之演進，同賴人心開發。但自然科學，僅運用了人類心靈中理智的一部分，並未顧及到人心之全部，並不如孟子所言之「盡心」。中國孔孟儒家之所言道，乃指人文全體言，乃包括了人類之自然物質人生與心靈精神人生之兩部分。一部分主要是人對物，另一部分主要是人對人。中國人之文化理想，更主要在人對人；而人對人之主要，則情感尤重於理智。中國人言人倫道德，如父慈子孝之類，均屬情感方面，但非反理智的，乃是更理智的。孔子總稱此種情感曰「仁」。仁必包智，但智不必包仁。中國之士階層，則貴在能接受此種人文理想之教育。主要在人心之全體發展而形成的一種「人格教育」。換言之，乃是指導其有志於此人文理想之全體，而把私人的物質人生淡忘了。至於人類全體之物質人生，雖是基本的，亦是次要的，主要在能不妨害其發展全體心靈之條件下求滿足。此即是人類之自然物質文化，應在不妨害其人文心靈文化之條件下求進步。中國社會傳統，因於長時期接受士階層之領導，所以發展不出資本主義；而在政治上，亦發展不出帝國主義。至於主張極端的唯物史觀與階級鬥爭的現代共產主義，則更不易為中國傳統的士階層所同意與接受。

現代中國，因抵不住西方資本主義帝國主義之衝擊，而亟思改途。其主要大病，在沒有好好保存其傳統的士階層之文化教育，誤認為人人爭自由、爭平等，乃屬人類向前進步一大原則；而忽略了人類理想中之高級部分，須由少數人來指示與領導。現代中國，此一傳統少數的士階層，已逐步崩潰。一般觀念，只知有「知識分子」，不知有所謂「士」。他們提倡新文化，又好說「只開風氣不為師」。開風氣，只注意在多數人。為師則要由少數人來負責。中國傳統少數士階層希賢、希聖，所志、所學之一番精神與擔負，全放棄，全遺失了。此是現代中國動亂相尋而循至於大陸赤化一大病徵所在。但在中國舊傳統中，此一番人生理想文化理想，乃及注重培養少數士階層之精神與意義，則實有重加闡申與發揚之必要。

篇二十三

六五

孟子有「性也不謂之命、命也不謂之性」一章，提出性命之辨，其實亦即是天人之辨，理欲之辨。同時亦即是內外之辨，多數少數之辨，亦即是心物之辨，人文與自然之辨。戴東原孟子字義疏證，於孟子此章涵義未能明瞭，乃於天理、人欲之辨，多滋誤解。

中庸「天命之謂性」，物各有性，莫不由於天命。無生物如火炎水潤，山峙川流，物之性即是物之天。有生物亦然。莊子曰：「惟蟲能蟲，惟蟲能天。」蟲能不失其性，性乃天之所命。天即從蟲身蟲性上見，此即是天蟲合一，性命合一。程伊川言「性即理」，天理從物性見，物性由天理出。物性雖異，其為天理則一。天若在外，性則萬物各自保有，乃在內。此處可見內外合一。物性若萬異，而同出天命，此處可見一多合一。在內即猶在外，一處便是多處。其事易簡，易知易從。若反而言之，多處亦便是一處，在外亦即是在內，此亦無不是。但如此主張，易於歧中生歧，群龍無首，為智者所戒言。

如慈孝之性，其實皆出天命，禽獸莫不有之。梁上巢燕。哺育羣雛，往返頻仍，不辭辛勞。又教之庭院中習飛。此莫非一片慈心。一俟雛燕能飛，即離巢而去。固似孝有不足，其實慈亦有限。羣雛既去，老燕亦不關心。此皆是無所用心之一片天機。可以謂之「性」，亦可謂之「命」。

家中畜一母犬，每年育稚犬，備極照顧。遇有危險，叫嚎警戒，無微不至。但兩三月間，稚犬自由活動之能力漸增，母犬關切之情，亦漸淡漸消。一日，將稚犬送走，母犬若無其事，更不見絲毫留戀回憶之情。程明道言：「觀雛鷄可以識仁」。然雛鷄追隨母鷄，為時亦有限。即如獅象大獸，父母子女聚居之期較長，然亦慈勝於孝。故禽獸能有羣，猶過於其能有家，即雌雄牝牡，能有配偶，亦未必能有長期之父母子女關係。「性」之所限，是即「命」之所限，亦即「理」之所限。而獨於人類為不然。

人類育嬰之時期，較之其他禽獸為特長。雖曰子女脫離父母懷抱，僅止三年。然三年以後，仍未能獨立成長。中國古人，特有冠笄之禮。幼小成人，脫離家庭而投入大羣之期，遠非其他禽獸之比。則「欲報之德，昊天罔極」，在人類中乃獨有所謂孝道。而中國人之提倡孝道，尤視其他人羣為獨勝。此是以人報天。於自然社會之上，建立起人文社會，由中國人之文化理想言之，重孝尤為其基本之出發點。

今試深進一步言之。生物之有慈，固是出於天性，此為一命定者。而生物之有孝，則於天性中若較淡薄，若非命定，不能與慈相比。惟有中國文化，亦視孝為人性，要人於「盡性」中成出大孝，其實亦可謂是「人道」已越過了「天性」。中庸所謂「贊天地之化育」者，其實天地之化育偏重慈，贊天地之化育乃重孝，若僅慈無孝，或厚慈薄孝，則不見有所謂「贊」，人類只是一自然，又於何處乃見其能「與天地參」。而人文特性，乃終不彰著。此乃中國傳統文化一主要特徵所在，不可不特加以申釋。

固亦不可謂人性中無孝，而孝之為性，終不如慈之普遍而彰著，終不如慈之一本於自然；此即徵之其他禽獸，徵之原人時代，徵之並世諸民族之其他社會而可知。而中國人必特重此孝道，認定孝為人性，又必求於盡性中成出大孝，又必於古人中特別提出堯舜。堯尤在其能「讓」，舜尤在其能「孝」。「讓」固不能不謂其亦出於天性，但讓固不如「爭」之尤更顯其為天性。但論語必曰「君子無所爭」。中國人重讓，亦如其重孝，必求於天中顯出有人，於自然中顯出有人文。必求於天地大自然中顯出人之能參、能贊。但人道終自一本於天性，不於天性外自建立人道。固不蔑天而尊人，但亦不尊天而蔑人。乃求人與天地參，與天地並。不曰「唯蟲能天」，乃主「唯人能天」，此是中國文化之大理想所在。

孟子性命之辨，其要旨即在此。人心之孝，不得不謂其由天所賦，是亦根於性而命於天。但天之所命，似乎只命人可如此，而未命人以必如此。人既受命於天而得之在我，此正屬人類自身之一分自由。人可以憑此自由，自盡吾心，以到達於儘可能之境，使我可以異於天而確然成其為一人，使我可以異於人而確然成其為一我。如舜之孝，固非天之必然命其如此以為孝，乃舜之自為孝，亦未嘗違乎天之命。此所謂「先天而天弗違」。自舜以前，未嘗有大孝如舜者。是天固未嘗命人必為如舜之大孝之證。但自舜以後，人人慕為舜之大孝，孝道益昌，孝德日隆，天亦未嘗命人不許如此以為孝。故孝之在人性，只是一可能，非是一必然。可能則其權在我之內。必然則其權在我之外。在我之內者是為心，在我之外者是為物。如飢寒求衣食，此亦是天賦之「性」。然衣食屬物，在我之外，非我所可必得。是當歸之「命」。命則有限，故人當僅求溫飽而止，弗可求之於無限。故孟子曰「命也不謂之性」。事父母求孝，孝則屬於心，在我之內，為我所能必得。雖如舜之父頑母嚚，然固不能禁止舜之自盡己心之孝。故孟子曰「性也不謂之命」。命是在外而有限的，性則在我之內，可以自由自盡而無限。

舜之父頑母嚚，此是舜所遭之一分之命，其權不在舜，舜亦無奈之何。但縱遇頑父嚚母，仍不妨害我之盡我一分之孝心。孝心在我不在外，可以其權操在我。故曰「天下無不是的父母」。父母並非無不是，乃在孝子之心則不計較到這些。若為子女者，心計較父母之是非，則父母之非，為子者未必能使之必歸於是，而子女之孝心不免由此漸歸於淡失。若舜之大孝，而父母終歸於感格，其事不得不歸功於舜心之孝。是則人心可以動天心，即可以轉移天命。張橫渠謂「為天地立心、為生民立命」者，其意正在此。

孔子曰：

為政以德，譬如北辰居其所而眾星拱之。

又曰：

孝乎惟孝，友於兄弟，施于有政，是亦為政，奚其為為政。

為人子者居其家，對父母惟孝，對兄弟惟友，其一人之心，正如舉家之北辰，為家庭中一樞紐中心；舉家人皆環拱此心，隨此心而轉移。何以證之？即證之於舜而可知。舜之在家如此，一旦在朝廷為政，亦如此。人人能明此心，居此德，人人之在社會大群中，亦將如在家、在政府朝廷，此心如北辰，高懸天空，而眾星環拱，隨之旋轉。其實不僅舜如此，人人俱如此。只人自昧失此心，則不覺其然。只見外面一切為「命」所限，而不知此心大可自由自盡，先天而天不違，誰也限不得。此中機栝，全在人之「心」。故孟子曰：

盡其心者知其性。知性即知天。

天即在我之性中，性即在我之心中。我心之可自由自盡處即是性，亦即是天。但此心發動，即有兩大分歧。一曰理，一曰欲。由孟子言之，亦即是性與命之辨。求之在內是曰「理」，求之在外是曰「欲」。孝惟求之在內。孟子曰：「父子不責善。」責善即是求之於外矣。求之外者亦此心，而孟子稱之曰「放心」。放心只是此心放在外，非即是無心或失心。如鷄犬之放，非是無此鷄犬，此鷄犬走失了，不存在了，乃是此鷄犬放在外而已。如人在物質生活上用心，在我之所不可必處用心，此非失了心，乃是此心用在外，用在不可必處。這將等如失了心。孔子曰「知命」，命有不可必，而同時亦有其必然。命之必然處，孟子稱之曰「性」。如孝，此乃天性，我必當如此。命之不可必處，孟子稱之曰「命」，實與天所命我之性之必當如此者不同。如父慈而子有不肖，子孝而父有不慈，父惟盡己之慈，子惟盡己之孝，此乃必可得者。若父須待子之孝而始慈，子須待父之慈而始孝，此乃不可必，當曰「命」。命之於我，則惟安之順之，無所用心而止。大學曰：

為人父，止於慈。為人子，止於孝。

知所止，則不放心在外矣。

六六

孟子七篇中，言「養心」工夫非一處。宋儒朱子分言理氣，以性屬理，心屬氣。中庸言「率性」，但率性必有「工夫」，此則必待養心。莊子言「惟蟲能天」，蟲無心，其率性較易。人類有心，其率性較難。後世陸王言學，皆本孟子，而不知於孟子意有背。象山鵝湖詩：

墟墓興哀宗廟欽，斯人千古不磨心。

不知上古有不葬其親者，又何來有墟墓。黃帝堯舜垂衣裳而天下治，在其前，又何嘗有宗廟。五十萬年乃至一百萬年以上之原始人，亦已有心，但何嘗有墟墓哀而宗廟欽之心。此等皆待在大羣中有少數人肇始，而後為大羣所慕效。孟子曰：

堯舜性之，湯武反之。

此「性之」、「反之」兩類，皆待少數人在「心」上用工夫。少數人之心上工夫，亦斷非多數人所驟能企及。文化心與自然心不同。象山言：

東海有聖人出，此心同，此理同。西海有聖人出，此心同，此理同。

不知此聖人之出，在人類社會中，是何等難事。原始人已歷五十萬年一百萬年，中國社會之有文化歷史，則只四五千年中事。「堯舜性之」，人類中出一堯舜，是何等難事。「湯武反之」，自堯舜後生出湯武，又經歷了幾何年歲，又是何等難事。堯舜湯武以後生出孔子，雖曰「天縱之將聖」，然孔子自言：

十室之邑，必有忠信如丘者焉，不如丘之好學也。

可見養心有學，決非一任自然徒曰「率性」即可。而象山則曰：

堯舜以前，又曾讀何書來。

不知自原始人迄於堯舜，正為無書可讀，所以歷五十萬乃至一百萬年以上，乃始有一堯舜出世。堯舜以後，有書可讀，事則較易，所以不千年而有湯武之反之。又不數百年而有孔子之好學，信而好古，述而不作。孔子之所信所學，乃在堯舜，不在堯舜以前之原人。而象山又曰：

我雖不識一字，亦將堂堂地做一人。

不知象山所欲堂堂地做人者，將做堯舜，抑做孔子，抑將在無文字無書本之原始社會中做人？如曰「墟墓興哀宗廟欽」，不識字人亦能然，然不知已歷有史以來幾千年文化陶冶，乃始有此墟墓宗廟，教哀教欽；豈可混自然人與文化人一並言之，而曰「斯人千古不磨心」乎？若論人類之千古不磨者，當為「性」，不為「心」。盡心而後可以知性，盡性而後可以知天。當五十萬年一百萬年前之原人時代，豈知天之可以生如舜之人乎？若非舜之自盡其心以孝其父母，又豈知天命之性之中，有若是之孝德，為五十萬一百萬年以來之人類所能想像及之乎？「惟蟲能天」乃自然，「以人合天」乃人文。莊子心目中之天，乃與儒家孔孟心目中之天大不同，亦在一盡人事，一則不待盡人事而已。

陽明言良知，語本孟子。然孟子曰：

人之所不學而能者，其良能也；所不慮而知者，其良知也。

是則明有待學而後知者。孟子又曰：

乃吾所願，則學孔子。

若非學孔子，何從知孔子，此則不關良知事。而陽明則曰：

見父自然知孝，見兄自然知弟。

不知孝弟重在人文教養，非關自然。當五十萬年一百萬年以上之原始人類，豈亦各具良知，見父自然知孝、見兄自然知弟乎？孟子言孝弟，是「性」非「命」，「性」則有待人事人力，始能發揮完成；「命」則一任自然，無可增損改易。孟子曰：「人皆可以為堯舜」；然需「誦堯之言，行堯之行」，仍是所學在外。王門言人皆可以為聖人，則一任自己良知便得。孔子惟稱顏子為好學，然曰「吾見其進，未見其止」，未嘗便許顏子以聖也。即孔子之自謂，亦曰：「聖則吾不能，我學不厭而教不倦也。」若羅近溪便許講堂上一端茶童子為聖人，端茶不傾，行步不倒，亦一任良知而已。亦可曰端茶自然知不傾，行步自然知不倒。此即象山所謂「不識一字，亦可堂堂地做人」也。然此只在「命」

一邊，不在「性」一邊。「命」一邊則自然能之，「性」一邊則待自力自盡。故孔孟只言「盡性」，只言「知命」。天之命人，原始人與文化人無別，非有不同之命。然論性則不同。原始人於性多未盡，文化人始有能自盡其性者，則屬人中之聖，少數之尤少數，乃始能之。陸王之學，昧於此一辨，乃不知教人用力處。象山有言：

我只教人減，不教人增。

不知人欲當減不當增，天理則當增不當減。慈孝皆天理，然慈本自然，孝則增出。明道言：

人性中那有孝弟來。

若從五十萬年一百萬年以上之原始人言之，當知此言之確切。孝弟之道，本屬人文中事，非自然中事。老子曰：

六親不和有孝慈。

此語若謂孝弟非自然，亦若謂孝弟亦自然。不知文王為父，周公為子，何嘗由不和而始有。中國後世人言孝，每喜舉周公，又勝於舉舜。蓋舜之孝，猶若有出於「命」一邊者。周公之孝，乃盡屬於「性」一邊。忠臣不盡出於衰亂，乃尤見其為其「性」一邊事。

六七

再就夫婦一倫言之，男女之愛本於性，然夫婦婚配，則當歸入「命」一邊。中國詩經三百首，凡言及命，多指夫婦配合，蓋其間有不能盡如人意者。今日吾國人，羡慕西化，爭言自由戀愛，一若父母之命、媒妁之言，為萬萬不可忍。其實婚姻對象，在外不在我，自有種種條件限制，亦有種種機會湊成。儘求自由選擇，而此自由實有限。中國人稱婚姻曰「因緣」，「因」則男大必須婚，女大必須嫁，不僅由於男女之愛，亦有人文社會之倫理要求。「緣」則盡在外面，不由人力自己作主。抑且縱曰自由戀愛，亦不能盡成佳偶。惟此愛，則雖曰本於性，而仍必出於人之心，乃可由人自己作主。一旦結為夫婦，此愛可以終始不渝。夫婦好合，百年偕老，中國人言愛，轉重在已成婚後之夫婦，轉不重在未成婚前之男女。推本孟子義言之，夫婦之配有「命」，而夫婦之愛，則當曰「性」，不謂之「命」。人性中有愛，男女之愛，則自然分數居多，易見為是「欲」一邊。推男女之愛以為夫婦之愛，則人文分數居多，乃見其為是「理」一邊。由自然轉出人文，即是由命轉出性，由欲轉出理，此則有待於人文教育之努力。夫婦一倫，乃為人類參天地而贊化育之一大項目，不得以此委之命。

吾家育一婢，其父母為言婚事，此婢私告人，婚事我不反對，但願在婚前有一段戀愛生活。此婢畢業小學，來吾家，好看電視，看報章雜誌上之近人小說，因此亦迷醉於所謂自由戀愛，若認為乃人生中所不可缺。彼不知婚後亦可有愛。中國古代舊小說傳奇戲劇多重婚後之愛。如王寶釧，如韓玉娘。王寶釧尚有拋彩球擇壻一節，但此非自由戀愛之比；其苦守寒窯十八年，乃始是其最眞摯最深誠的一段戀愛生活。韓玉娘則由被俘後指配為婚，更說不上自由戀愛。且其與程鵬舉婚後生活，只是倉皇間事，程鵬舉由彼勸逃亡，而韓玉娘此下歷盡千辛萬苦，矢志單棲。其婚後可謂盡在戀愛生活中。由近代人觀念，一若此等故事，乃受不近人情之道學家禮義觀念所束縛，既絕不自由，亦更無戀愛可言。然不知愛心在內不在外，主要不在外面所愛之對象，而在自己內部愛此對象之一心。所謂「道」，只是說人生向前的一條路，中國人正為珍重此一條路之可以無限向前，而在此路程中又可無限自由，故稱之曰「道義」。遂更看重了夫婦之愛，遠勝於男女之愛。正因男女之愛，路短易窮，乃說作「結婚為戀愛之墳墓」。今可謂男女之愛，乃「人欲」一邊之分數多。夫婦之愛，始是「天理」一邊之分數多。而且男女之愛，出於命定，有種種限制，不得太自由。夫婦之愛，本於人性，乃始有無上之眞自由。

五十萬年一百萬年以上之原始人，其先只知有男女之愛。男女之愛，只由外面天賦，權不在人。禽獸皆有此愛，何自由可言。禽獸中亦有雌雄牝牡，結為終生伴侶者，然亦出天命，非其自所創造。

只有人類，始在此天賦之內自創出一番自由，由男女結合成夫婦。禽獸中如鳩鴿鴛鴦，如獅象虎豹，亦有配匹，但永遠有此配匹，實出命定。夫婦則是人文自由，可有可不有，乃非自然命定。人類乃在天命男女中自創出人文夫婦，於是此一片愛心乃有永遠著落，乃得迥異於命定的自然之愛之上，而展演出一番人道的自由之愛。此永遠愛心，乃不期而高出了自然愛心一等。故人類自有了夫婦，乃頗不願重返於僅有男女的命定之愛的老路上去。此乃人性自由，天命亦無如之何。但近代人不知底細，誤認為未成婚前之一番戀愛，可此可彼，始是自由。一旦結為夫婦，對象一定，乃受道義束縛，戀愛再不自由。而不知婚後之愛，始屬人類之眞自由，乃始有人性中之自由意志參加，非關自然命定。

孟子曰：

> 知之於賢者也，命也，有性焉，君子不謂命也。

人類之有知識，亦從天命來，此事不煩詳說。但人類中有少數賢者，其所知若與眾人所知異。此一種少數賢者之知，乃大可珍貴，可以推及之於人人，多數人惟當向此盡力追求，卻不該以「命」自限。如人人知有男女，又皆知有男女之愛，此乃多數人之共同所知。在人類中有賢者，乃知從男女結合為夫婦，夫婦生活中之愛，乃較自然男女之愛為更可愛，此則決非多數人所知。少數人知了，為多數創下規矩，教多數人遵守。但多數人不明其中奧妙，尚時時踰越，於是又為定下法律。但多數人仍不斷違犯此法律。一若夫婦一倫，在人文社會中，仍未到達十分穩固不再變易之階段。然正因於此，乃證其中乃有人類之一分自由可言。烏得謂男女之愛轉是自由，而夫婦之愛轉不自由。亦有少數宗教信徒，遵守獨身出家主義，一意要擺棄自然命定的男女之愛；此卻亦得稱之為人文自由。但此種人文自由，又不免要違反了自然命定。若果人人沒有了那一分愛，斷絕了男女交媾，此下人類又如何延續。只有夫婦一倫，既不違背自然命定，又不為自然命定所限，使人類此一分愛心，能超出自然，而為人文社會創建出一新中心，那是何等偉大之事。

中國人傳說，嫁娶之禮，始於伏羲氏。事遠難稽，無可考信。但人類有嫁娶，有夫婦，決然是由於人類之自己意志；而此等意志，則決然先起於人類中之少數，而其中則附隨有一分甚高深之理智作用，使人類愛心可以超自然而大發揚。愛是情感方面事，由愛制禮，使自然之愛有一條永可遵循之人文大道，此則屬於理智方面事。人類之理智，則始見於少數人之心頭。故孟子必曰「知之於賢者」。因此等知，不能普遍寄望於一切人，應由少數人負起此責任，來發揚此等知；故孟子曰：「命也，有性焉，君子不謂之命。」正因為此等創建，乃屬人文，不屬自然。人類多數，只生活在自然中；有待於少數賢者，憑其知之所及，逐步教導人由自然中昇華到人文境界去，此事乃人類自由，而非自然命定，但亦不違反了自然命定。故曰「命也，有性，君子不謂之命」。

陳造詩：「蘭摧蕙枯崑玉碎，不如人家嫁狗隨。」今人以「嫁鷄隨鷄」嘲笑人安於命定。其實嫁鷄隨鷄，其中亦寓有一分愛。苟有愛心存注，則鷄非鷄、狗非狗。苟無此心一片愛，則一切人皆如鷄狗，並將見為芻狗而不如。人道斯絶，何論蘭摧蕙枯與崑玉之碎。孟子又曰：

聖人之於天道，命也，有性焉，君子不謂命也。

此處天道即指人道，不獨天命，乃有人性之表現在內。口之於味，目之於色，耳之於聲，鼻之於臭，四肢之於安佚，雖亦有人性表現，但以外面之自然命定為主，君子即不謂之性。今人乃誤認此等物質人生由於自然命定者，以為人性所在，盡量在此等處求發展，求滿足，結果只滿足了耳目口鼻與四肢，卻沒有滿足了父子夫婦與君臣。近代自然科學，突飛猛晉，而人倫道義，反益湮塞，人直將返至新原人時代。人性日晦，外面自然命定之力量，轉更猖狂。人類乃惟感自由之可貴，而儘向反自由之道路邁進。男女間力求戀愛自由，乃至高呼性解放。其實則自由日進，戀愛之情味日淡日薄，循至於不見有情，僅見有欲。欲則非愛，情始是愛，乃並此而不知。此皆不辨孟子「性命之辨」一章微旨之所致。而賢者之知之可貴，亦因此而益顯。

此一辨，不僅孟子有之，即同時莊子亦有之。惟莊子不用「性命」字，轉用「天人」字。「人」即人欲，即物欲，其事實本於命，「天」即天理，即人道，其事則見於性。人道何以能擺脱物欲，一歸天理，莊子於雜篇中暢發其旨，乃成為一派極精湛的藝術理論。此事余已詳論在前，此不更贅。其實儒家孔孟論道義，乃是人生中更高藝術。道義中之自由，乃更深更高於藝術，故孔孟必提倡一「志」字。凡屬藝術意志乃及道德意志，其實皆是自由意志。無此一番自由意志，則人生中乃將不見道德與藝術。功利人生非道義，非藝術，一切皆須從外面自然命定中精打細算，服從遵行。不安於命，斯為不知命。違棄己性，斯為不知性。戴東原惟因不識孟子性命之辨一章之深意，乃謂一切「天理」皆從「人欲」中精打密算而來，是不啻謂一切天理皆功利而已。其實只為命定人生作辯護，無他奧義也。

篇二十四

六八

請繼此再言人類之聰明。人類之聰明，即屬「心靈」，或稱「性靈」。此可分兩部分言之。一屬天賦自然的。人自嬰孩以至耄耋，日與物接，物至知知，聰明日開，此為自然聰明，限於各個人之狹窄環境與其短暫生命中，似應無大成就可言。一屬人文積累的聰明，乃自人類歷史文化傳統中所積累衍生。似乎只有此等聰明，乃有其無窮之前途。但深一層言之，則又見其不然。

人文積累聰明，又略可分三方面言之。一屬器物的。一如現代人飲食、衣服、建築居住、道路交通，日常所需，生活所賴，一切器物，無不遠自幾千年幾百年前所遞禪，極少為現代人的自然聰明所創製；可見人文傳遞聰明已代替了當身自然聰明而為人類之大用。然亦有邃古遺物，為考古家所津津樂道，亦供現代大眾觀賞研摩，乃竟渺不得其精巧匠心之所在。此可謂器物雖存，而聰明已失。即欲模倣，途轍難尋。是乃後世積累聰明有轉不如前古自然聰明之處。

其次如社會風俗。現代人生中一切生活方式，近自家庭，推而遠之，至於種種禮法制度，為大羣所遵行；高至宗教信仰，乃及其一切傳説儀節，組織體制；亦無一不傳自一兩千年以來。其創自現代者，可謂極少，亦竟可謂沒有。故知人生當從通體看，上有千古，下有千古。現代人之在通體人生中，正如百年壽翁之一朝一夕，或尚僅如幼稚，如未成年人，在人類之整體生命中，殆屬微不足道。僅憑其人當年當日一番自然聰明，其為不可恃，不足重，為事至顯，可勿詳論。

繼次再談到文字。人類之有文字，乃貯藏人類心靈之寶庫。人類心靈一切活動，皆賴文字作媒介，以傳播於他人。人類在歷史傳統中所曾發現之種種聰明，即都存貯於文字中。故人類教育，亦莫不以文字教育為首要。自然聰明之進而轉為傳統聰明，主要即由文字。舉凡上述器物製造、風俗習成、制度裁定、信仰傳播，乃及其他一切發明規則、思想途轍，亦幾全收納在文字中。文字乃如人類一大腦海，大智慧藏，其廣無涯，其深莫測。乃使人人皆可取之而無盡，用之而不竭。上面所謂後世積累聰明有轉不如前古自然聰明處，則正因為沒有文字記載，遂使此項聰明無法傳遞，無法積累。

然人類各民族發生文字，皆在邃古文化初啟之際，雖非一人之功績，但總不易得其主要之發明人。如中國相傳有倉頡，其人其世，已皆不詳。舉此為例，人類一切大發明，乃多在蒙昧之世，亦都無主名可舉。文化愈開，歷史愈久，凡有發明，其實皆淵源於前世。踵事增華既較易，其功亦較小。故論人類聰明，後世之所以能勝於前代者，其實只在人文積累之傳統聰明上。至於天賦自然聰明，後世人未必定能勝前代人，抑且有遠見為遜之迹象。概略而言，亦可謂前代人多「創闢」，後世人多「因襲」。若以通體言，則每一創闢，事先亦必有所因襲；而每一因襲中，亦可不斷涵有新創闢。二者一體，亦不必強為分優劣。

抑且因襲與創闢，不僅不易作明晰之分別，而天賦自然聰明之與人文積累聰明，時亦難於剖劃，必然分之為兩事。醫學最見為有積累的傳統性，非經長期學習，不易入門。近讀某書，見美國曾有一人名西斯，其人初不知醫，因病入醫院求療，群醫束手。忽一日，若在夢寐中，命醫為之處方，黏其脊上。諸醫怪其不習醫，何知諸藥名，乃及複雜之配劑。姑依其言試之，而病遂瘥。此後其人亦為人治病，其配方製劑，乃有遠溯希臘藥名，出羣醫所知之外者。余讀其故事，因念弱冠在鄉間，有一忘年友華君，年逾四十，常相過從。其人醇謹。有一弟，三十餘，醇謹一如其兄。讀書不多，在蘇州城中一綢布店作夥計。某日之夕，忽為人處方治病而效。初屬小恙，後及疑難雜症，皆能治。一時名大噪，辭去夥計業回家。余屢見其人，辭態醇謹，一如往時。鄉人皆稔其素未習醫，不敢乞治病。而遠方慕名爭聘，一船常駛數十里外，家道以隆。鄉人傳談為怪事。後其人亦潛翻醫書，而操術漸不靈，遂謝絶邀請，閉戶閑居以終。此事已在六十年前，今獲讀美國西斯故事，乃又憶起。

醫事初起，亦屬一種自然聰明，但至現代，則轉成傳統聰明。何以上述兩人，一在美國，一在吾鄉間，皆憑其自然聰明，不經學習，而直透進傳統聰明中？此等事甚屬神怪，惜乎未經專門研究，無可說其所以然。

其實此等事，亦尚不乏其例。王荊公集有傷仲永一文，載金谿民方仲永，世隸耕。仲永生五年，未嘗識書具，忽啼求之。父借旁近與之，即書詩四句，並自為其名。自是，指物作詩立就，其文理皆可觀。荊公見之於其十二三時，作詩已不能稱前時之聞。又七年，復問焉，則泯然眾人矣。寫字作詩，其先亦皆出自然聰明，其後乃需傳統聰明。如方仲永，乃亦由自然聰明直透進傳統聰明中。未教識字便能識字。未曾見紙筆墨硯，便能作書。更怪者，能吟詩成文理。其中平仄格調，即識字讀書人，能作文，亦可不知。仲永五歲忽然能此，較之三歲識之無，事更神奇。較之不學醫而能醫，事正相類。

其他有關文學藝術方面之神童故事，更屬舉不勝舉。更就哲學思想方面言之，即如王弼，年二十四而卒，然其注易、注老子，兩書傳千古不能廢。非深入文化傳統深處，烏得有此。惟王輔嗣家世與方仲永不同。若方仲永亦能有王輔嗣家世，繼之以學，其在文學與思想上，亦何遽不如輔嗣。可見傳統聰明中，仍以自然聰明為之奠基作柱。而自然聰明不成傳統，則如曇花之一現，亦無深遠價值可言。

再言宗教。如唐代禪宗六代祖師惠能，乃一不識字之獦獠，乃心忽開悟，直透佛法眞髓。細讀壇經，六祖之生平經歷，一言一行，非不時時接受了許多人文積累，但終不掩其天賦自然聰明活潑呈現之本色。世界幾許宗教大教主或多類此。但經後人傳奇性之潤飾，驟難窺其眞面目所在。惟有中國禪宗，六祖以下，尚有不少類似六祖之人物，見於傳燈、指月諸錄中之素樸描寫，可以使人體會到人類自然聰明之於人文積累世界中，「源泉混混，不擇地而發」之可珍貴而值得吾人之參究與追尋。

在人文積累中，宗教一項，大抵最易表現出自然聰明。哲學次之。此所謂哲學，乃指其仰觀俯察隨事應變之一番思維工作言，與成為專家專業後之哲學有不同。其次當為藝術，而文學更次之，自然科學又更次之。因文學不能擺脫文字障，自然科學又增器物障，故於自然皆有隔。人類之自然聰明，有時似能衝破時間空間限制，直闖進人類智慧大海。其中有創闢發明在前代，而經後人之模倣因襲者，其事理固易曉。何以其人生在後世，而前代人之創闢發明，乃能不經傳授學習，而徑自闖進其腦際，一若亦屬其人之自然固有，此事實難明。在宗教上如六祖惠能，彼之信仰，與其所思維，人皆認其有天賦聰明，若無多詫怪。雖原始洞居人，亦能歌唱舞蹈，事出自然。惟文學上如方仲永，以五齡幼童，不學書而能書，不學詩而能詩，則理無可明。與醫學上如美國人西斯，皆屬神祕莫測。蓋因多數人所賦有之自然聰明，人人皆然，習以為常。即如其他動物禽獸魚蟲，若仔細觀察其生活，其中儘多曲折細膩，千異萬怪，可驚可詫，匪夷所思，有為人類智慧所遠莫能及者。此亦皆天賦聰明，莫之為而為而自然如此。以此推想到原人時代，歷百萬年五十萬年而至有歷史文化之創興，此一段長時期中，亦寧無許多天賦聰明，乃為後代人類所不及乎！即就後代人類言，考古學家探尋史前器物，或大或小，有只有驚詫、無法理解者，亦復屈指難盡，更僕難數。至於自有歷史文化以後之人類，只短短在一萬年之中。而今日吾人乃自以為文化積累之深，進步之速，邁越前代，超出萬類；乃於人文傳統聰明之外，一若天賦自然聰明，更無再足重視之餘地；則誠可謂淺見薄識之尤也。

今擴而言其大體，自然中本涵蘊有人文，人文亦必由自然中演出，但亦不能違反自然而獨立。最近天文學上發現新星雲，距離地球有八十億光年之遠，其星羣之繁密，又遠出舊所發現諸星雲之上。人類只占太陽系中一小點，最近始能登陸月球，其更去其他行星之可能，尚屬渺茫。人類在此廣宇長宙中，滄海一粟，何足以喻。人類欲求自身生存，對於倚仗天賦自然聰明之重要，宜更無出其右者。人文傳統聰明，積而愈厚，遞而益進，其重要性人所俱知，可勿深論。但若因於人文傳統聰明之遞進，而引入歧途，或踰其分限，而違離了自然聰明，使自然聰明之生機漸趨窒塞，則為禍之烈，將難想像。

就於人文演進言，宗教信仰之與哲學思維，其事顯見多賴於自然聰明，故使人人各得有其一宗教信仰，亦使人人各得有其一套哲學。藝術之發現次之，文學之成長又次之。又進而至於近代自然科學之突飛猛進，乃使其有賴於人文積累聰明者，遠過於其所賴於自然聰明，而近代自然科學乃成為一種特殊性之專業化。非經長期訓練，幾於無法接近。乃如近代愛因斯坦發明「相對論」，在其同時，舉世眞能瞭解者，寥寥兩三人而止。退而言之，現代人日日生活在一切自然科學之發明中，如人人日日用自來水，用煤氣鑪，用電燈。然多數不知自來水煤氣鑪電燈為何物。一旦運用不靈，竟不知何以度此日夜。原始人居住在自然世界中，豈不人人能自營生活。人文日進，相互依賴為生之情形，亦日益增強。今日人類，已可謂居住在科學世界中，人皆謂近代人生活，遠較前代人為易。然不知近代人生活，實乃遠較前代人為難。只觀於人類之日趨都市化，即可窺見其中之消息。然則人文日進，豈不亦距離自然日遠？遂使今日之人類，其對於自然世界之認識，乃遠不如前代人，抑且其對科學世界之認識，亦屬茫然。而人生物質要求，則日益增添。前代人根本不知有此等物，近代人乃陷入不可一日無此等物，而對此等物之無知，則一如前代人。然則人文日進，遂使人類投身居住於一不可知之世界中之情況亦日增。人生危機，豈不將隨此情況漸滋暗漲？此固不待深思而可知者。

故人文演進，主要仍貴能勿距離自然太遠。人文聰明之積累，亦貴能與自然聰明長相親即，勿使以人文積累，而窒塞了自然聰明之生機。至如今日，由於自然科學之種種發現，而上帝迷失，宗教信仰到處墮落，已成為當前人類一大問題。而哲學思維，亦墮入文字障，亦已成為一種特殊性之專業化。人生日趨複雜，而人類之思維能力則日趨薄弱。藝術則轉為機械化，文學則轉為商業化。要之人文日進，而人生日趨於不自然化。今日之世界，可誇稱之為科學世界，實已是一不自然世界。今日之人生，亦可誇稱之為科學人生，實亦已是一不自然人生。今日之自然科學，人人均認其為探討自然眞理，實則探討眞理之動機，已為尋求利用之動機所替代。有關人類自身之功利，乃成為至高無上。而所謂功利，亦幾為滿足物質欲望之一狹窄觀點所獨占。人類既高捧一己之物質欲望踞上座，乃欲奴婢大自然，肆意指揮，一若此大自然乃專為我之物質欲望而存在，乃能惟我物質欲望之馬首是瞻，聽命未敢有違。若認今日人類之此一種想法，即是人類之人文聰明，則至少其違離了人類本所具有之一番天賦自然聰明已甚遠；無源之水，其涸可待矣。此層實大有待於吾人作深細之認識。

茲再回就中國文化傳統言。中國古人一向便注重天與人相互的問題。天即指自然，人即指人文。

司馬遷言：

究天人之際。

即是要明白自然與人文雙方各自的分限，乃及其相互間之關係。其進一步之主要目標，則為以人合天，或說以人配天，或曰贊天地之化育以與天地參。孟子道性善，而曰：

知性以知天。

每一人之責任，即在盡己之善以盡人之善、盡物之善，而以善的人生來參贊一善的宇宙。孔孟儒家一切理論，乃在指示人如何由自然來展演出人文、又如何由人文來參贊此自然之一條正路。莊老道家，則擔憂於人文展演之橫生歧道，乃至於踰越分際，而作防戒之警告。中國文化傳統中之有儒、道兩家，陳義相反而相成，要以達於通天人、天人合一之一主要目標為其共通終極之理想。

在傳統中國文化中，並無自創之宗教，但不害於自古到今的中國人，常保有一套共同信仰，信天命，信人性，信於天命人性之有一共同趨向之「善」。中國人又常不使此一信仰趨於形式化，即神話化；乃至專業化，即僧侶教會化；而常求保持其直接訴之於人類之自然聰明，即各自悟之一心，為其深極無窮之泉源。

又在傳統中國文化中，有關思想方面，亦常以訴之人類之自然聰明為其啟發指導之所憑藉；即直訴之人心，而亦不使之形式化、專業化。故在中國，可謂有思想家，而無哲學家。亦可謂人人可望其能有思想，而不希望每一人之思想之流於形式，僵化而成為一套哲學，而使哲學成為人文中之一項專業。如孔孟，如莊老，既皆不得目之為一教主，亦同時不得目之為一哲學家。惟莊老比較似乎更接近於教主與哲學家之地位，因亦不如孔孟之更為闊通而自然。然而更能盡宗教與哲學之在人文中之任務者，在傳統中國文化中，孔孟之成就實更勝於莊老。孔孟儒家以教人向學為先，而莊老道家則主「絕學無憂」。學乃人人共通事，孔孟教人以學，乃更接近自然；而莊老道家非不學，乃不主以學教人，其蹊徑乃轉較孔孟有不自然之感，此即為孔孟勝莊老之所在。

藝術與文學之在傳統中國文化中，同以自然為尚，同主從人人之天賦自然聰明中自由流露，同以能如天工之無斧鑿痕迹為其至高之理想，同以形式化、專業化為戒。故曰「一為文人，更無足道」。而又更以機械化、功利化為戒。一犯此戒，乃如一匠人。不論藝術匠與文學匠，皆為傳統中國文化所鄙視。傳統中國文化中之藝術與文學，同主一本性靈，而同時又主好古向學。不鄙模倣，不言創造，而以不背傳統為尚，不遵規矩為戒。何以故？因人類性靈，本出同一模子，本屬同一生命。千古前人之性靈，實亦無殊於千古後人之性靈。人文傳統，實汲源生根於天賦自然。故人貴能「盡心以知性」。求能「盡心以知性」則必貴於學，至於「知性以知天」，斯可達於藝術文學之最高境界。所謂「天人合一」亦即由此見。故於中國藝術文學之傳統中，乃更易見中國傳統文化精神之所在。

其次自然科學，如天文、曆數、水利、農政、百工建造乃至音律、醫藥諸項，因其外向於器物，一若更近自然。而從人文立場言，反轉遠離了自然。因其為器物所限制，轉若於人類之共通性靈為遠。故凡此諸項，則必漸趨於專業化、形式化、機械化，與功利化。換言之，此諸項皆屬「有所為而為」，不若藝術文學之更接近於「無所為而為」。無所為而為，必待天賦自然之聰明。有所為而為，乃出人文積累之聰明。故在藝術文學中，多見孟子之所謂「良知良能」。而自然科學，則多從「困而學」中來。在傳統中國文化中，非不重此諸學，但列之於專家專業，則自不如通人通識之更為可貴。在傳統中國文化中，有關自然科學方面之發明，亦復罄竹難書。抑且如羅盤針、印刷術、火藥，中國三大發明，皆為近代人所樂道。而中國傳統文化所重，則在彼不在此。

根據上述，中國傳統文化，其主要長處，在求自然與人文之融和協調，在使人文演進之不背自然而能緜延悠久。在其人文積累聰明之常能汲源植根於天賦自然聰明。雖極重少數之傑出，而更寄望於多數之同能企及此一境。驟觀之，若近保守，其實在保守中可以不斷有進步。又若近平淡，其實在平淡中可以涵藏有驚人之奇蹟。又若遷就實際，缺乏高瞻遠矚之豪情。其實千里之遙起於足下，九層之臺築於平地。中國文化歷史，傳遞積累，已逾五千載之久。於並世人類其他民族之文化歷史演進中，乃可謂最不自然而實最自然之一項奇情實蹟也。

篇二十五

六九

其次再言「道德」與「知識」。道德原本於人類之天性，發生於人心之內部。但道德非即自然。若專就自然言，亦可謂自然中無道德。道德乃從人文中展衍而出。中國道家太看重了自然，故不喜言人文衍進後之道德。儒家主張人文本位，故極重道德。但儒家言道德，仍必推本於自然。其關鍵均在討論人性問題上。宋儒程朱一派言「性即理」，此「性」字乃兼一切有生物無生物言，其義已偏近自然。先秦孟荀論性善惡，則專重人文言。理不論善惡，自然亦不論善惡，增進了人文精神，乃有善惡可言。

天地生物生人，一視同仁。人物間若求生存，互相噬殺，此是一自然現象。固不得謂之善，亦不得謂之惡。辨別善惡，乃屬人生問題。人性同本於天，屬於自然，故亦稱「天性」；天性亦宜無善惡。孔子僅曰：

性相近，習相遠。

「習」則起於人事。同一性根，可以衍出種種萬不同之習。此萬不同之習在人文中可相比較，而賦之以價值觀。此習勝於彼習則曰「善」，彼習遜於此習則曰「惡」。善只是較勝義，惡只是較次義。就「天性」言，則善惡同根。就「人性」言，則善惡異趣。

孟子道性善，只勸人向較勝處去。此較勝處亦出於天性，則不得稱之曰性惡。人性自求能向較勝處去，則亦不得稱之曰性惡。孔子曰：

三人行，必有我師焉，見賢思齊焉，見不賢而內自省也。

三人中一人是我，其他兩人，可比較而見其賢不賢。見賢思齊，此是學，亦即是善。見不賢而內自省，亦是學，是善。賢不賢，亦只我心覺其如此。故一切學與一切善，皆由我內心生起。如孟子言，上世蓋有不葬其親者，偶有一人，見親屍在野，心覺不安而葬之。他人聞此，亦覺葬勝於不葬，於是葬親之事，遂相習成風。可見在自然天性中本不知葬其親。不葬其親，亦不得謂之惡。逮後人性開發，漸知葬其親，皆知葬親是一善，於是不葬親乃成一惡。人生一切演進皆如此。人性初不知熟食，後知熟食。初不知衣服房屋，後知衣服房屋。初不知嫁娶，後知嫁娶。一切善，皆從人文衍進來，皆從人之内心各自知所選擇取捨向背從違來。若一人熟食，人人皆不喜此事，皆不從，則人文中終不能有熟食一事。熟食必偶從一人先起，又必繼以人人慕效；此皆起於人，但亦可謂是起於天，起於自然。

易大傳有言：

繼之者善，成之者性。

一人熟食，人人繼起，此即是善。久之，熟食若成人性，非熟食則性不喜。其實熟食應可謂是「人性」，非「天性」。只可謂人性出於天性，不得謂是違反了天性乃有此人性；其實是有了此人性，而天性更覺舒適、安全。乃是由天性中成長出人性，而更由人性來成長此天性。中庸說「贊天地之化育」，其實事實例即在此。

「善」便是一莫大的道德標準，要能繼續便是善。天地自然最大功能，便是能繼續。所以也可説：天地大自然乃是一「至善」。人能贊天地之化育，輔助自然來盡其能繼續之大功能，此是人文道德一最高標準。由是便衍生出「知識」問題。

道德屬內，知識屬外。道德原本內心，知識則牽涉外面事物。如熟食、如葬親，皆必牽涉到外面事物上去。若無此內心之向背，則何來有所謂善？但此心向背，皆已牽涉到外面事物。其先尚不知熟食，尚不知葬親，何以知熟食是善，葬親是善？可見此知實無所從來。偶有一人忽知熟食葬親，此在宋儒稱之曰「德性之知」。此後乃人人皆知熟食葬親，此在宋儒稱之曰「聞見之知」。自熟食之知演進而有專司庖厨者。自葬親之知演進而有專司墓穴者。若人欲設盛宴款客，必求名厨司其事。欲求安葬其親，必求風水地理專家，墓工葬師棺槨之匠等人司其事。人人知欲熟食，知欲葬親，此屬德性共通之知，因其不待學習而可知。但烹飪埋葬實事，則必待學習，而有專司其業、專門名家者。然在專家知識以上，又必有需要此等知識之人心共同趨向以促使此等專家知識之產生；而此等人心共同趨向，亦不盡即便是道德。如人人喜愛熟食，此並不為人文中一道德。人人皆求安葬其親，始成為人文中一項道德。斯其間亦必當另有一辨別。

促成專家知識之產生，道德以外，尚有功利。功利可以即是道德，但亦可以是非道德，乃至反道德。如稷司稼，禹司治水，稼穡之與水利，皆屬人文中不可缺少之兩項專門知識；然神農、后稷發明耕稼，亦猶如燧人氏之發明火食，就其知識貢獻言，同值後人讚美崇拜。而如禹之治水，櫛風沐雨，腓無胈，脛無毛，三過家門而不入，以贖其父鯀治水成災之舊愆。在禹之故事中，尚有一番偉大道德精神，不僅限於水利工程之專家知識而止。故後代中國人同稱舜禹為大，同尊舜禹為聖，至於神農后稷乃至如邃古之燧人氏，發明熟食耕稼，雖於人類生活有大貢獻，依照中國傳統，儘可奉之為神，卻不尊之為聖。「神」屬於天地大自然方面，「聖」則屬於人文方面。神在知識技能方面，應遠超過了人，但道德方面，則屬人類文化所自創。故即如天地名山大川，為人生所依賴，不可或缺，但中國人亦奉之為神，卻不尊之為聖。中國人傳統中所尊奉者，有神、聖之別，即技能知識與道德之別；故常稱神技、聖德，卻不能稱神德、聖技。其實此亦即是自然與人文之別。神技多在自然方面，聖德乃在人文方面。此層大可注意。

其他民族之宗教信仰，無不奉其教主為神，視現實人生為塵濁，死後乃升天堂與極樂世界。此種觀念，未免重視知識技能更勝過了道德。論技能，人文總不能與自然相比。論知識，則人類之所知於自然者，究屬渺小，不可知者遠勝於可知。但論道德，則屬人類特創，最先原非自然所有。人類之贊天地化育而與天地參，固亦在知識技能上，但更要則在人類自創之道德上。

近代自然科學在知識技能上突飛猛進，而有原子彈核子武器之出現，可以頃刻間痛快毀滅全人類之生存。又能登陸月球，使人類能越出其數百萬年來所蟄居之大地。此等發明，在知識技能上論，亦可謂已到達了「神」的境界。但是否可謂是人類文化一絕大進步，其對人生前途之影響，究竟是禍是福，目前實難輕下斷語。歐洲人其先也曾發明了槍砲而雄視一世，在此數百年來，歐洲人算是幸運了；但對全人類言，受災禍的較之被幸運的，究是大過得多了。哥倫布發現新大陸，其實即是紅印度人失去了舊大陸，而且是在此一片大陸上失去了紅印度人。果把人類作全體來看，把道德觀念也放進去衡量，此等事，究於人文為禍為福，似仍很難得出一結論。

中國的文化傳統，則常把道德與知識相提並論，而且更重視了道德。尤其在傳統教育精神上，可以極顯明的看出。中國人傳統的道德教育，並不在灌輸一番哲學思想，或說微言大義，或用邏輯辨證法，或仗宗教信仰；此等皆與中國人觀念中之道德無關，或可説都是隔了一層膜。眞實道德並不由上述中產生。中國傳統的道德教育，乃一本於人類之自然天性，直訴之人心，而在實際具體的日常人生中使之自然透露。中國人認為，人文道德即是一大自然，即在自然之中；自然中可以流露出人文道德。此是一番極具神祕性的可貴眞理，非具大智慧人不易窺見。具此大智慧，發現此眞理，而使在人文社會中能成為具體事實者，中國人即尊之曰「聖」。

孔子曰：

> 弟子入則孝，出則弟，謹而信，汎愛衆而親仁，行有餘力，則以學文。

此是中國傳統的教育方法與教育理論。孝、弟、謹、信、愛、親，皆是人類自然天賦本所具有的道德心情。即在人生幼稚時代，未能獨立營生前已有了。而且正在那時，因其未能加進獨立實際營生的社會中，未有其他種種知識技能乃及一切人事上之需要與干擾，此諸種道德心情，乃更易流露。故道德教育，更易在此時實施。此種教育，即與人生同時開始。從幼稚以至青少年時代，即從其家庭中，漸推及於其戚族鄉黨中，凡其與他人相接，即起有一番道德心情，即可由此心情發生出一番道德行為。

中國人的道德教育，即從其人之日常人生具體實際行為上教，即從其人之內心實感自然性情上教。如孝弟謹信愛親諸德皆是。次要的乃始是知識教育。故曰「行有餘力，則以學文」。此並不專指文字書本，乃相當於孔門四科文學之「文」。孔門以六藝教，禮、樂、射、御、書、數，皆包括在此「文」之內。

就禮樂射御書數言，皆屬「藝」，皆在四科之文學中，其實亦皆在日常人生中，乃亦皆與道德有關。禮樂自周公以來，即為中國傳統政道一致的理想所寄，其與道德之關係可勿論。中國古人常以射御比德，射御不僅是一技，正亦是一禮，在禮中即見德。故教射教御，亦即所以育德成德。文字書寫與數字計算，乃日常人生實務中最普遍使用之兩技。直至現代，書仍為人文學科之基本，數仍為理工學科之基本。但在中國古代六藝中，書數最居末位。獲得書數基礎，即當進習射御。獲得射御基礎，再當進習禮樂。書數如小學，射御是中學，禮樂乃大學。其被重視之階層，乃就道德觀念而定，不就知識觀念而定。

道德所重，在人與人之間。如上舉孝弟謹信愛親，本於內心，而皆見於人與人之相交。書數之學，可以閉戶伏案，不與人接，可謂是純乎技之事，與道德修養之目標距離較遠。射與御則不然，御必有車上之主，射必有席上之朋。雖亦一技，但必使用於人與人之交，即不能不連帶有道德意味之存在。後代人在教育上，重視了書數，忽視了射御，乃是教人專務知識技能來改進各人的私生活，於是道德薰陶，乃不得不另闢途徑。

以今言之，書數若屬於文，射御則屬於武。在古人言之，人羣自衛，武事不可忽，武德亦不可忽。曠觀歷史，頗有蠻族一時崛起，侵凌文化之邦，鋒厲不可當。此亦有一種武德之發揚。衆志成城，化羣私為一公，耐勞茹辛，死不旋踵，此亦一種道德精神也。子路自謂：「治軍三年，可使有勇，且知方。」有勇知道義，皆是一種極高尚之道德。中國古人以止戈為武，認為整軍經武，不僅為自衛，更要乃在禁止戰爭，發揚和平。中國人必以道德觀念灌輸進軍事觀念中，尚德不尚力，德之為用，更遠超於力之上。近代君主專制國家，亦能以愛國忠君之大義砥礪民衆，而得意一時。凡屬軍人教育，其中每必寓有一種道德教育之意味，較之長治久安各樂其業各務其私之和平社會，文藝技術之教練運用雖可日益求精，然其於人與人間團結一致公而忘私之精神，其於艱苦勤勞不求逸樂之日常生活之奮發蹈厲，實反有不如。故使文治社會常易屈居下風。中國古代，即不專以武術視射御。秦漢以下，文人通武事，代不絶書。而如漢代之國民義務兵役，唐代之府兵，明代之衛所，每於國民教育中注意軍事訓練。訓武即所以訓德，其主要用意在於自衛，在於和平，故能不陷於窮兵黷武，如近代帝國主義之自取滅亡之所為。

又有進者，近代自然科學日益趨新，殺人武器亦日益精進。即不言核子武器，專憑飛機拋擲炸彈以及長程大砲等，軍人可以不進入戰場面對敵人，高翔空中，或居遙遠安全地帶，憑其武器，濫肆殘殺。抑且其軍中奉養，務求舒適。飲饌起居，儼如平時，而又豪奢過之。經歷一時期，必得休假，結隊轉赴後方商業繁華都市，酣酒漁色，恣其狂歡。一若軍人生活，向前則暴厲殺人，退後則荒淫無度，亦幾於過的一種非人生活。在軍事上則僅以技術求勝。其非人生活，則補償其容有生命之危險。看自己生命太過重於看敵人生命。於是使軍事與道德，截然分成為兩事。而對方則以科學落後，武器不如人，僅憑血肉，反而益勵其敵愾之心；此方則轉加譏笑以為是不人道。然則殆必以仗智欺愚、恃強凌弱乃始為人道乎？如此雙方相較，其所得於人道之多少，至少當謂楚固失之，齊亦未為得。而勝敗逆轉，科學利器，有時轉不敵血肉之軀。其實此等在歷史上早有前例，馬其頓勝希臘，北方蠻族勝羅馬，豈不可重演於今日？斯誠大堪今人之警惕也。

六藝於射御之上有禮樂，不僅指射御為軍事，禮樂屬政事，政事當在軍事上；其實即在軍事中，禮樂亦在射御之上。此亦非屬一種理論，在春秋時代，禮樂之在軍中，亦認為是一種人生實務而具體履行。一部左傳記載兩百幾十年大小戰事，何慮數十百次，禮樂在當時軍事中所占之地位，即在軍事衝突中雙方所表現之道德情味，幾乎隨處流露，而皆有其極高深之人生意義。惜限於篇幅，不能詳細舉例說明。要之中國古人之重視道德教育，皆在人生實務中指導其具體履行，而非發揮為一套道德理論，組織成一套道德哲學，徒託之於空言。其在家庭中、在軍隊中，莫不皆然。而在其他場合，亦復如此。此可類推而知，亦可隨處舉例，以資共信。

七〇

今再言中國社會，分為士、農、工、商之四階層。農工商三階層，各自經營生業，斯必有賴於其各自一套之知識技能，此不待言。惟「士」之一階層，獨不從事謀生實務。孔子曰：

士志於道，而恥惡衣惡食者，未足與議也。

衣食指物質人生，道即指道德人生。道德人生，即在物質人生中而有其高出於上之一境界。本書中詳闡此義，茲不多論。今當論農工商三階層在道德人生中之地位與關係。

農業最與道德人生有關。民以食為天，即當以農為本。中國人認為農業即為最基本之道德人生，此層暫勿深論。農民生活最為勤勞刻苦，日出而作，日入而息，其侍奉五穀，侍奉牛羊鷄豚，實不啻犧牲自己精力以冀其他生命之暢茂順遂。其道在先順彼性，即是順天性，順物性。而其事實不易，又必從自盡己性始。此所謂自盡己性，卻只是一種不辭勞苦，盡己為物之性。農民之從事於耕稼畜養，其實乃不啻已是一種忠恕之德。盡己之謂忠，推己及物之謂恕。試讀中國歷代文人所作之憫農詩，農民生活豈不已儕「盡己」之極致。己欲生，他物亦欲生。農之為業，乃求先遂五穀牛羊他物之生，然後乃及我生。「人欲」乃盡化於「天理」中。曾子曰：

夫子之道，忠恕而已矣。

其實孔門師弟子言忠恕，何嘗是一種哲學思維，何嘗是一種道德哲學。孔子曾子，皆生在農業社會中，只就農業人生之此一種心情，而具體指出，曰忠曰恕。農民之殖五穀，畜鷄豚，皆須知恕道。揠苗助長，便是不恕。孟子言盡心知性知天，亦可謂農業人生恰符合於此道。孟子又說：

鷄豚狗彘之畜，無失其時。百畝之田，勿奪其時。

「時」之為義大矣哉。孔子乃是「聖之時」者。孔子亦如一般農民，懂得一切人事無失時、勿奪時而已。欲求順物性，順天性，則必求適時。中國文化理想之最高境界曰「天人合一」，其實農民生活早已符合此道。亦可謂中國古聖賢一切大道理皆從農民的實際生活體會發揮而來。今人稱中國文化曰農業文化，其語實深有理致。

由農業而附帶有工業，如製衣、造屋、陶器、冶鐵，種種工業，皆附隨於農業而興起。道家主歸眞返璞，但不能反農業，而頗有反工業之傾向。莊子外篇有漢陰丈人為圃畦，鑿隧入井，抱甕出灌。用力多，見功少。子貢告以桔槔之械。丈人忿然作色而笑，曰：

有機械者必有機事，有機事者必有機心。機心存於胸中，則純白不備，神生不定，道之所不載。

今試闡其義，似乎認為抱甕汲井，事近自然。用力多，見功少，乃益見為圃者之忠於其事。圃畦需水，忘我疲勞而勤加灌溉，此正為忠恕心之一種具體表現。子貢聞丈人言而慚，乃曰：

執道者德全，德全者形全，形全者神全。神全者聖人之道。功利機巧，必忘夫人之心。

因求功利，乃重機巧，其心向外，不免欲役物以自逸，異於自然忠恕純白之心，故稱之曰「機心」。子貢反魯告孔子，孔子曰：

彼假修渾沌氏之術者也。識其一，不知其二。治其內，而不治其外。

外篇本出莊子後，此處乃託為孔子儒家言。治內同時當治外。尙道德不妨講求功利，講求功利，即所以成全其道德。心貴純白，但純白中亦不妨有機巧。只求不以功利害道德，不以機巧傷純白。農業社會中不能無工業，工業不能無機巧。就儒家言之，其事固無病。

但農工業日見進步，漸成專業化，而商業繼起。以己之有，易彼之無。孟子告陳相曰：

以粟易械器，不為厲陶冶；陶冶亦以其械器易粟，豈為厲農夫。

可見依儒家義，農工之後有商業，亦屬人文自然演進，無可反對。但其間有階級層次，必以農為先，工次之，商又次之。若倒轉其層次，商為先，工次之，農又次之，則意義即大不同。商業必隨附於工業，工業必隨附於農業。人類自漁獵轉入畜牧，漁獵即不見重要。又自畜牧轉入耕稼，畜牧亦不見為重要。但自農業展演出工商業，而農業之重要性則依然如故。如以釜甑爨，以鐵耕，陶冶工業之重要，決不勝過了農業。陶冶以其械器易粟，耕者以粟易械器，此種商業，其重要亦決不勝過於農工業。中國古人以農為本，商為末，此乃就於日常人生之確切需要而判定；亦可謂此一種本末之判，即是根據道德觀念，而非根據經濟觀念。經濟價值，亦必隨附於道德價值而判定。

若有一個社會，本末倒置，以商業為最重，由商業立場展衍出工業，則此種工業，必以營利為目的，發掘人類弱點，誘導虛榮心，創作奢侈品，侵蝕他人工農實用之生產製造，以供彼之貪黷揮霍與享用。不僅剝削了他人之產業利益，亦損害了自己之生活道德。此種隨附於商業立場之工業，中國古人稱之為「奇技淫巧」。技巧固可貴，而淫奇則足戒。何謂淫奇？乃指其非人生確切所需，故為道德觀念所不許。即就近代自然科學之種種發明言，技巧之上，豈不亦橫增了許多不必要之奇淫。不僅不必要，而且要不得。何以致此？則亦為農商觀念之本末倒置而致此。

商人之日常必需品，必待與人交換而來。而彼之所交換與人者，乃並非其人所必需。雙方交換，彼又必占贏裕，不涉虧損。在彼何術以得此，則必有一番機心之運用。此番機心，在能於空無所有中自占便宜，用力少，見功多。恰恰與農民美德成了一對比。

但近代農業，亦因自然科學之發展，而隨之機械化。勤勞日減，收穫日增。其治田圃所用之械器，較之子貢所知之桔槔，變巧便利，層出不窮，不得不認為是人生一大進步。中國古人所詠憫農之詩，可以不再詠於今日。然而古代農民此一番純白之心，忠恕之德，勤勞操作之修養，亦漸轉淡薄，將不復見。抑且農產品決不如工製品，工製品亦決不如商用品，可以費力更少，獲利更多。一切技巧，必轉入商人手中，乃成為大技巧。亦成為大淫奇。翻雲覆雨，轉瞬之間，其所獲利，乃可在其他人終年辛苦勤勞之上。粟米遠不能比珠寶貴。而珠寶亦必轉入商人之手而始可貴。商人之用心，豈不如一架最機變最靈巧之機器。而今日之人生，則全操縱在此一架機器之下而惟命是聽。固不論道德，即言功利，亦終必失其存在。故道德中自有功利，而不道德之功利，乃亦無功利可言。而今日人類一切知識，乃集中奔湊在此不道德之功利上使用。機械變巧為主，日常人生之實際需要為奴。全人生競趨於商業化。商業必依於人以生，而使彼所依之人失其生，則彼固將何所依以為生乎？

故自然科學之發現眞理為一事，而自然科學之商用化，則另為一事。知識之可貴，在其能發現眞理，卻斷不在其能運用於商業化而獲利。惟西方人之眞理觀，即是其道德觀，中古時期，乃一本於上帝之啟示。在其先，希臘時代，則為哲學家運用思維與邏輯之所有事。此皆不免有近於知識專業化之趨勢。自然科學之興起，如哥白尼之天文學，已使宗教傳説動搖，而有上帝之迷失。如牛頓之力學，亦使哲學思維與邏輯，有轉重尋求事物實證之傾嚮。於是近代自然科學成為一枝獨秀，而自然科學之探討，本屬外於人事，並不能先立一道德標準，因此古希臘語「知識即權威」，遂重為自然科學所證成。

惟中國古人之道德觀，則既不信奉上帝之啟示，亦不依賴於哲學專家之思維與邏輯所創出之一番空洞玄虛之理想。中國古人之道德觀，乃一本於日常人生之具體實際需要，淵源於自然，而發現於人心。凡屬農工商各業，無不從道德中產生，亦必以道德為依歸。在人羣社會之長期衍進中，斷不能有不道德之農工商業之存在。故此諸業，在人羣社會中所占地位之高下緩急之階級層次，亦必依道德標準而判定。惟此各業，各為其生，道路分歧，操其業者，不能望其各自深明於其相互間之道德關係，以共赴於人生共同終極之大道，於是中國古人，遂於農工商三階層之上，又獨特有所謂「士」之一階層。

中國社會上之所謂「士」，既非宗教信徒，亦非哲學專家，並亦不得僅稱之曰知識分子。因中國社會士階層之所追求，尚有高於知識之上者。孔子曰：

士志於道，而恥惡衣惡食者，未足與議也。

士不以各人衣食私生活為志，而以社會人羣共同生活之道德真理為志。故士在下，則為師，從事於教育。在上，則為君卿，為百官，從事於政治。君師合一，政教合一，人生與道德合一，於農工商三階層之上，有此一負責追求共同關係、共同標準、共同理想之道德知識。道德知識即是日常人生具體實際之知識，而由士階層負其追求傳遞發揚光大之重責。

中國古人又曰：

推十合一為士。

十指專而分，一指通而合。亦可謂十即指人生分別之各業，各有其專門。各自推而廣之，此一業必牽涉到別一業，又牽涉到其他各業。如是乃無不可推及到人生之大體合一處，此即人生之大道。此一大道，外面牽涉到人生各項生業，此即在道德中寓功利。內面牽涉到人生各自之內心，此即在道德中寓性情。「道德」與「人生」合一，斯即「性情」與「功利」合一，亦即是中國理想所謂天人之合一。

農工商諸業，各有其專門所需之知識，即各當有教育。而超出於此諸業之上，尤當有一共通所需之知識與教育，乃成為人羣社會之另一職業，是即中國所謂「士」之職任所在。中國古人又認為士之一階層，比較與農最相近，與工為遠，於商更相遠；此亦由道德觀念來。至於今日，工商業日益發展，所需於各項專門知識者日殷，然在各項專門知識以上之此一項共通道德知識，其需要之程度，宜亦隨而日殷，而不幸不為近代人所瞭解。而在中國社會之士階層，乃亦隨之日趨墮落，人人心中，只知有知識分子，不知有所謂士。知識又日趨於職業專門化，人人爭崇專門知識，而專門知識又日趨於功利化。於是在日常人生中，乃僅知有功利，不知有道德。此實近代人生一大值憂慮處。

篇二十六

七一

上文曾言文化上之「動」與「靜」，請繼此再言「進」與「止」。人生不能有進無止，亦如其不能有動無靜。專偏一邊言之，則必有弊，人生乃是一條遙遠路程，不當漫無歸宿歇足處。一般宗教，將人生歸宿轉移到死後，人生消滅，乃見天堂樂土，則人生只成一過渡。換言之，人生只是一空虛。就實際人生言，一足止，乃可一足進。若使兩足齊進，則成跳躍。但跳躍仍必落地小止，始得再跳躍。盡日奔波，總得歇腳小憩。旅客則需覓旅店。人生正貴隨時隨地可獲歸宿，此乃人生大道。孔子曰：

朝聞道，夕死可矣。

聞道即人生歸宿，即人生一止處。詩云：「緡蠻黃鳥，止於丘隅。」大學言人生應「止於至善」。「為人父，止於慈。為人子，止於孝。」慈孝即為父為子之道，即為父為子之至善。人道止於仁，仁亦即是人道之至善。中國人俗語稱「良心」。子曰：

吾欲仁，斯仁至。

良心正可時時當下湧現。人當循此良心之路前進，亦即當在此良心路頭上停止歸宿。千里之行，始於足下，此一足下，亦即是一停止。千里雖遙，時得停止，惟有停止，乃得向前。故當下即是無窮，剎那即是永恒。「孝子不匱，永錫爾類。」原始人在洞居時已知孝，此即是人生一該停止處。不該由孝再求前進到不孝。由慈再求前進到不慈。由仁再求前進到不仁。亦有後代文化人間之仁與慈孝，轉不如原始洞居人者。此乃人生走上了歧途，迷失了正道。不安不樂，由此更向前，則危疑苦痛益甚，將永無安樂可得。

七二

試再就人文演進言。原始洞居人，以漁獵為生。此一階段，不得停止。若停止了，與其他禽獸何別？由漁獵轉進到游牧，生事稍舒，但終年流轉，逐水草遷徙，不能安土定居，此階段亦不得停留。繼此有停留在此階段，種種人文，不易有進展。耕稼社會，以農為生，此乃人類惟一可停止之階段。亦有負山面工商業演進，但工商業，仍須奠基於農業人生之上。不得有了工商業，便不要有農業。亦有負山面海，不適耕種，或農地狹小，不足自給，乃不得不轉賴工商為生。但工商只是一種寄生，非可視為獨立正常之人生。近代帝國主義殖民政策即由工商社會而起。但其勢不可久。頃者帝國主義殖民政策均告失敗，單賸工商資本主義，將見其無所寄託，此亦不得停留。既必附於外以為生，又必損其外以為生。其心專向外，而外面又使他不得安定停下。由不安，生不樂，乃更益向前；但何處能覓得一可停腳之安樂土，此是今天工商資本社會之大苦痛所在。

七三

再繼而言「常」與「變」。凡可止皆是常。在不失其常之中儘可有變，但不當變而失常。再言「巧」「拙」。蹈常襲故，止而不變，此似拙；但一切巧皆從拙中生。老子曰：

大巧若拙。

孟子曰：

梓匠輪輿，能與人規矩，不能使人巧。

巧必在規矩中，貴能從拙生巧，不貴以巧喪拙。「民多利器，國家滋昏。人多伎巧，奇物滋起。」離去拙與常，以競巧與變，工商業演進，易有此病。正常中自可有新奇，但不可為求新奇而失卻了正常。失了正常，造化亦無以為造化，生命亦不保其生命。

七四

繼此再言「久」與「速」。孔子曰：

欲速則不達。

孟子有「揠苗助長」之喻。莊子亦曰：

美成在久，惡成不及改。

只有農村人纔能深深透悟到時間精義，遂認識到此久與速之別。宇宙自然，由變化中醞釀出生命，人類則又由其生命成長中展布出事業，此皆需時間。亦可謂時間、生命、事業，三者間，有其甚深之一致。今論時間，則只是一「久」字，無久不成時間。無時間，亦不成此世界萬物與人生。

人孰不求其生命之不老長壽，又孰不求其事業之牢靠穩固？卻又求時間急速而去，求動求變求進，若惟嫌此時間之猶滯遲而停留。不悟時間停留，能靜能止，能久能常，此生命與事業始有存在，始有成長；若使時間惟動惟變，惟進惟速，曾無停止，亦將使一切生命事業如風馳電掣而去，將等於無生命無事業。

其誤只在認時間如瞬息，如刹那，瞬息必動，刹那必變。不悟此瞬息刹那，仍是一靜，仍是一止。刹那永是一刹那，瞬息永是一瞬息。億兆京垓刹那瞬息，依然仍是此一刹那一瞬息。故此刹那瞬息，同時便可是安定靜止，而其久乃無窮。人當即在此刹那瞬息中見永恒，不當求脫離此刹那瞬息覓永恒。脫離此刹那瞬息，仍是一刹那瞬息，前一時即猶後一時，後一時還如前一時。所以說時間本體即是一安定靜止，像是刹那瞬息；實則其久無窮，在此中乃可包孕有種種變動。天包孕地。天只是一久，纔可包孕地上種種變動。若天亦惟有變，惟有動，將使包孕在天之內之一切，惟變惟動，惟進惟速，更無絲毫從容迴旋乃至喘息之餘地。故可謂刹那瞬息即是永恒，但不可謂永恒即是刹那瞬息。時間則只是一永恒，不是刹那瞬息。所謂刹那瞬息，其實乃由羼進了空間種種事務器物之變動而見。純時間則只是一「久」，決非刹那瞬息。

中國人說：

十年樹木，百年樹人。

此亦是農村人對生命與時間之甚深聯繫具有甚深認識而來的兩句話。非農村人則不易瞭解時間一「久」字，卻要提出一「速」字來扭轉此天地。不悟速了便不成天，不成地，亦不成自然。不成生命，不成人類與文化。時間只是一久，速了亦不成為時間。沒有了時間，違背了時間，那復再有天地自然生命人類與文化。一彈指頃可呈現者只是幻，凡屬眞實不虛，則必需通過時間一「久」字關。

愛因斯坦的相對論，只在三度空間外又加上時間一度，成其所謂「四度空間論」。其實空間全涵藏在時間內，無時間，即空間一切不存在。時間歪曲了，空間亦全隨之歪曲。人類之欲速心，老是要來歪曲此時間。只有農村人對時間觀念比較不歪曲，因農村人常直接觀察自然與生命，故能懂得時間。都市工商人對時間觀念比較易歪曲，因都市人距離自然生命較疏較遠。他們從空間種種事務器物來看時間，不直從自然與生命來看時間，因此看不見眞時間。農村人肯耐心順從天地大自然之時間特性，故於其自身之生命與事業，亦肯從一久字着眼。十年樹木，並不指種一桑種一棗，揮鋤發土，最多半小時即可竣事。但「綠樹村邊合」需十年，「禪房花木深」也得十年。一園林之構造，多需在幾十年以上。人生自呱呱墮地迄於老死，不出百年，乃樹人卻說要百年；此已自祖迄孫，緜歷了三代之久。當知人生上有千古，下有千古。孔子為中國至聖先師，其為學集上古之大成；其垂教，開下古之新統。自有堯舜以至有孔子，已經歷了幾何年。自孔子迄今，又已是過了兩千五百年。孔子教人理想，還只是在緩慢進行中。何嘗樹人可即以百年為限。

柳子厚種樹郭橐駝傳，記橐駝之言曰：

橐駝非能使木壽且孳也，能順木之天以致其性焉爾。凡植木之性，其本欲舒，其培欲平，其土欲故，其築欲密。既然已，勿動勿慮，出不復顧。其蒔也若子，其置也若棄。則其天全而其性得矣。他植者，根拳而土易。其培之也。若不過，則不及焉。苟有能反是者，則又愛之太恩，慮之太勤。旦視而暮撫，已去而復顧。甚者，爪其膚以驗其生枯，搖其本以觀其疏密，而木之天日以離矣。雖曰愛之，其實害之。雖曰愛之，其實讎之。

此言樹木，即所以喻樹人。

柳氏引言中，特提「天性」二字。中國人每以「天」與「時」連言。有時間存在，斯見有天存在。時間不存在，斯天亦不存在。性有人性，有物性，皆稱「天性」。性亦必於時間中見。若非長時間緜延，亦將無從見性。而人物之所以為人物，則一本於其性。中國人的文化傳統，以農業為本，故其宇宙觀特重時間，人生觀特重生命，而教育觀念則特重一「性」字。由有時間與生命，乃始有種種事業變化。時間生命是其主，事業變化乃其從，而仍必本於性。人性物性，乃此時間生命事業變化之總起點與其總歸宿。

中國人每兼言「天地」，乃以天兼攝地，即以時間兼攝空間，其言宇宙亦然。以時間兼攝空間，亦即以生命兼攝了事業變化。此乃農村人觀點。都市工商業人，在此不免輕重倒置，看器物重過於看生命，遂過分看重了事業變化，成為一種功利觀。但生命可以兼涵有事業，道義可以兼涵有功利。只一「性」字，可以兼涵有生命與事業，道義與功利。工商人不重視此「性」字。自然科學只重物性，又求變性成利，結果則違性造害。以宋儒語説之，即「天理」可以兼涵有「人欲」，而事業、功利、人欲，則不盡能兼涵有生命、道義與天理。差以毫釐，繆以千里。正為失卻了一個靜止久常之基點，於是而求變求動求進求速，一反天地自然生命之正常，遂使盡日奔跑，無可歇腳。因亦誤認時間，只認時間亦只在進速變動，不知時間之本眞在進速變動中，尚有其靜止久常之底層。證之中國文字，「時」字即是「是」字。「是」者，俗云「這樣」。這樣則只是這樣，乃是一永遠的靜止久常，佛家稱之曰「如如不動」。印度人亦能直接從自然與生命中看時間，與中國不同者，只其意態上之消極積極有異而已。今若使一意求變求動求進求速，則勢將使舉世不得有一「這樣」之存在。此世界，既不這樣，又不那樣，一切在變動中，即是此世界，此人生，將見一無是處。試問人生將於何寄託，事業將於何展布？

既知人生必賴時間，尤當知人群亦必賴時間。當知「羣」，不限在同一空間之會合團聚者為羣，尤貴在其經歷了長時間之緜延持續之為羣。空間羣如人有軀體，物質生命。時間羣乃見人類之心靈生命。物質生命不過百年，心靈生命可亙萬代。財富權力，皆在空間羣中求推拓，而引起羣體之分裂；惟性情心靈，乃可由現在上通過去下通未來，在時間羣中傳遞滋長而永存不朽。亦可謂空間羣富時代性，時間羣富歷史性。固似時代積累成歷史，然亦當知由歷史始分別出時代。亦猶人生幼、少、壯、老，乃在整體生命過程中始有此分別。生命存在，此諸分別始存在。故必有時間存在，乃始有空間存在。如是則先有了歷史，乃始有時代。有了時間羣，乃始有空間羣。鳥獸中如獅象，亦知有夫婦，亦知有父子，故亦有羣道。然只有空間羣，不能有時間羣。人若僅知有空間羣，只在空間羣中生活，則每一人不過百年而止。代代在變，實亦代代不變。只有能在時間羣中生活，乃可上百世下百世而無窮，乃始有歷史，乃始有文化，乃始有所謂動與進。中國舊俗，每於家宅東建祠堂，家宅乃空間羣所居，祠堂則時間羣所聚。近代人迫於生業，父子各自離散，並固定家宅亦無之。一若認為職業即吾生之實質，家庭乃成為吾生之虛文。然無虛又何以容實？莊子書謂：「胞有重閬，心有天遊。室無空虛，則婦姑勃谿。」今日之時代，則尚不止於婦姑勃谿。人不安其家，又焉能安其羣，其羣亦何以自安。舉世惟中國民族乃為一最富歷史性之時間羣，此下何以自處，亦誠值吾儕之深慮。

七五

再進而言「內」「外」。身屬外，心屬內。身外更有物，更屬外。攫取外物以養己身，此為凡生物所同。然「鷦鷯巢林，不過一枝。鼹鼠飲河，不過滿腹」，其事亦易足易止。人類自羣居為生，所求應更易足，更易止。乃惟物質人欲，永無滿足可期。飲食男女，反覆交乘，一若人生可於此無終極。今人晨間一席餐，可羅致環球五大洲食品。一苦力之奉養，可勝過百年前一帝王。但其所奉養，亦僅止於口腹。衣食佳美，養不出高情勝慧。若即認此為人類之進步，此誠淺見之尤。

泛觀蟲魚鳥獸，小食暫飽，即無不有悠悠自得、偃爾自足之一頃。此亦可謂是蟲魚鳥獸一種初步心生活之表現。亦可謂凡屬有生，同亦有心。一是其求生之意志，二是其營生之智慧，三是其樂生之情感。人為萬物之靈，人類之心生活，固應遠超於其他有生之上。而在上述三項中，應尤以樂生之情一項為更實在，更超越。鳥獸能嚎叫，能哭，然不能笑。人生呱呱墮地，亦先能哭，數月後始能笑。故哭為獸生所同，笑則人生所獨。亦如其他生物，多以殘殺生命為其營生求生之手段，人類獨能以畜牧耕稼，繁養生命，為其營生求生之手段。人類此項智慧上之前進，實亦由其情感上之前進而來。而因其智慧前進，情感亦相隨日進。原始洞居人出外狩獵覓食，歸來飽腹有餘，偶感一頭羔羊馴良可愛而留下。翌日再出覓食，又幸果腹，此羊仍留。日久情生，乃不忍殺。人類由漁獵轉入畜牧，顯然由情感來，更要過由智慧、意志來。

漁獵人生命若在外，出外漁獵，即不啻出外尋覓其生命。畜牧人之牛羊，常近在身邊，隨宰隨食，其生命乃不啻逐步拉近到自身來。耕稼人生命更安定、更親切。稻麥桑麻，鷄豚狗彘，長此天地，長此生業，既不煩再逐水草而遷徙，更不煩再向渺茫的外面去搏奪攫取。生命愈收拾向內，轉覺其生命乃愈能擴展而向外。心生命之較於身生命，其事更如此。

生命中表現有「心」，乃始表現有「羣」。人自進而有婚配生育，夫婦子女，生命安放在家庭中，愈收縮，愈擴展。愈在內，愈向外。小生命轉成為大生命。主要亦非由意志、智慧來，乃從情感來。在蟲魚鳥獸中，亦非無此相似之情感，惟人類因於生事日易，其情感乃日深日摯。子女養育，日親日厚，人類遂開始有了比蟲魚鳥獸遠為持久之家庭。更由前一代包涵進後一代，乃至無窮的宗族傳遞。又擴大而有戚黨，有鄉里，有社會，有民族，有國家，使人類生命和會成一更大更久之生命。此皆從人類最先一念之「情」孕育而來。自情感發生智慧，再由智慧建立意志。此等意志，乃非大自然「求生意志」一語可盡。於是人文社會乃有種種理想，種種建設。由情感而智慧而意志，其順序乃與自然生命恰成一倒轉。

自生命之進展過程言，先有身生活、物質生活在前，此可謂之是「自然生命」。繼有心生活、精神生活在後，此可謂之是「人文生命」。此乃生命之由外向內。今專就心靈生活言，好生求生之意志最先，營生謀生之智慧次之，而樂生懷生之情感最後，此亦為自然順序。但自人類展演出羣體，展演出人文歷史以後，其謀生之事，既與蟲魚鳥獸大異；而人與人間之心靈生活，則已融成一大生命。尤其是樂生懷生之情感方面，乃更遠超於其他生命之上而到達一新境界。於是人類生命，乃以樂生懷生之情感為主，而以營生謀生之理智為副。至於大自然所賦個別的求生意志，轉若退隱在一不重要地位。

具體言之，孤單為生，決不如夫婦有配，齊眉偕老。又不如父母子女，世代同堂。更不如有宗戚鄉黨，隣里邦國。乃至於有如「中國一人、天下一家」之大同世界之可樂可懷。魯濱孫飄流荒島，亦自有其肉體物質生活，但決不是人生所樂所懷所嚮往之所在。

但人生到此階段，不免又生歧途。自有羣體，而物質供養易足，但物質欲望亦隨之俱增。一飽之餘，進求兼味。奇饌異膳，山珍海錯，不為果腹，乃為縱欲。何曾侈汰，食日萬錢，猶曰無下箸處。又且「欲」愈強則「情」愈弱，過去不值一回顧，亦不慮將來，僅快目前，爭奪攫取，名之曰個人主義；而全部人生，則依然轉向外。

老子曰：

五色令人目盲，五聲令人耳聾，五味令人口爽，馳騁田獵令人心發狂，難得之貨令人行妨。

聲色貨玩非生命，而誤認為是生命。人生欲望階段已過，而誤認為未過。人生已進入情感階段，當收縮向內，認體此心，始得生命之滿足；而仍是一意誤向外面物質界。老子曰：

為腹不為目。

此言有雋味。為腹是收縮生命向內，為目是寄託生命向外。生命要求本易足而永感不足。工商社會從耕稼社會來，而反欲回頭吞噬耕稼社會，務使兩敗而俱傷。今天一切社會問題，簡言之，則惟如此而已。

某西人曾言，人生有五階層需要，一曰「生理需要」。但當知此有節限，應使易滿足為要。管子言：

倉廩實而後知禮節。

倉廩乃物質實用品，其藏易足。果使倉廩轉為金玉，成為象徵玩好品，則不易滿足。又若使滿堂金玉，轉變為今天大企業家之自由資本，則數字積累，成為抽象的功利品，更難滿足。故農村人生成易滿足，都市人生則否。第二階層曰「安全需要」。此已轉移進心理問題。生物學家言，地球上動物，已有九千八百萬種滅絶，賸下僅兩百萬種。試問生命焉有安全之保障？但低級動物，暫獲温飽，即暫感安全。較無的比之較有的更較感安全。今天人類，自獲有了核子裝備，而其安全需要乃更緊張，更惶恐。今天的世界人類，還是困留在此上面兩階層中無法超越，無法渡過。第三階層曰「愛的需要」。此亦本易解決。如觀於其他禽獸即可知。但今天的人類，欲愈增，情愈減。常見是缺憾，而不感有滿足。循至婚姻制度無法維持而提倡性解放。第四階層曰「敬的需要」。敬屬情，乃亦轉而為欲。我不敬人，卻欲人之敬我。財富權勢，究需達何程度，乃得滿足此要求人敬之需要。第五階層曰「自我實現」。今日人類，此心永向外，永感內不足，永成一空虛，自我早失存在，再儘在外圍四周計較打算，攘奪攫取，儘增外面擾亂，亦終難塡此自我之欲壑。則眞實之自我，更何從得實現？

篇二十七

七六

繼此再言「爭」與「讓」。物質人生必多爭，心靈人生始有讓。強於欲則爭，豐於情則讓。注重物質人生，必感內不足，引起多欲，自多爭。注重心靈人生，乃感內有餘，引起多情，乃多讓。爭而得，欲愈增，愈感不足，繼之者仍是爭。讓而意愜，情愈深，愈感有餘，必更讓。「爭」的人生，把內外羣己造成分裂，爭於外則內不足，爭於羣則己不足。近代提倡自然科學與個人自由，物質方面愈擴展，自我心靈愈孤虛。乃求以外面物質塡此空虛，而心靈愈窒塞，乾枯燥烈，愈無快樂安頓。家國民族歷史，必從心靈上建立成就。物質愈囂張，家國民族歷史之精神滋養愈枯竭，人生成為一唯物鬥爭的局面。資本主義、個人自由、自然科學對此無可挽回，乃有共產政權之產生。然共產極權，乃求從外面建立起一「羣體心」來代替各別之「小我心」，至少想在人類心理上有一番嶄新創造。但不知羣體心乃從小我心和合會通而來。苟無下層基礎，何來上層建築。而且共產精神，依然是一個「爭」。而人類生路，則貴能轉爭向「讓」。沖淡物質欲望，濬深心靈情感。此惟中國建基農村之傳統文化有此精神。孔子曰：

君子無所爭，必也射乎？

又曰：

能以禮讓為國乎，何有。

尚爭，必制之以法。崇讓，乃行之以禮。中國獨有此一套讓的人生。惟曰「當仁不讓」，惟此乃為當前世界人類救星，我國人當出面擔當，無可讓也。

「爭」與「讓」之辨，亦即「義」與「利」之辨。利只在外面物質上打算，義則從內心靈感上激發。故曰：

為富不仁。

仗義疎財。

財富之與仁義，則分在天理、人欲上。又曰：

君子喻於義，小人喻於利。

君子、小人之辨，亦只在此心之瞭解面。

七七

再言「羣」與「己」。羣己本屬一體，如叠磚成塔。七級浮屠，即由一塊塊磚堆砌而來。沒有磚，何來塔。但每一磚，即貢獻在此塔上。非是每一磚各求在此塔上占有一地位，獲取一表現。家庭乃人羣中一基本單位，其本身即成一小羣；夫婦相敬愛，父慈子孝，兄友弟恭，男女老幼，各有一地位，各有一表現，即在其各別地位之各別表現上而成此家庭，沆瀣一氣，和睦一體。非是此各分子皆向家庭謀占有，求表現。此乃個人小己主義，於羣體有害無益。

苟此家庭，抹煞其子女之地位，子女始向家庭爭地位。此家庭抑制子女之表現，子女始向家庭爭表現。此一家庭，已成為各分子互爭地位互爭表現之一場合，而非是一羣體。故人類大羣，先須從家庭小羣中求教養。人類不能組成一家庭，何能組成一大羣體。

不幸當前人類大羣，多以利合，少以親成。抹煞個人以為羣，斯各個人亦將不惜毀滅其羣以求各自之占有與表現。換言之，此羣體乃是從外面勢力合成，非由人生內部和會而來。惟有農村社會乃最合人類成羣之大原則。因農業為人類共同基本所需，農村人各於此所需上作貢獻。五畝之宅，百畝之田，乃其所占有。春耕夏耘，秋收冬藏，長年辛勞，乃其所表現。農村人雖分散離居，只鷄鳴犬吠之聲相聞，而不害其能成一大羣。「天下一家，中國一人」，乃是農村人想法。固不聞農村人在其羣中爭自由，爭獨立，爭平等。實際上，農村人早已在此大羣中各自自由、獨立、平等了。故農業羣，則必然是一和平大羣。

工商都市人則不然。製造貿易，乃為各自牟利。在各自牟利的活動上則必有一限制，於是始有法律，否則此羣將汲汲不可以終日。農村人只為天時、地宜、物性所限制。此為自然法。而在人與人之間，其交接相處則有禮。都市工商業人，不覺有自然法，非有人文法，變幻將不知所究極。為利則聚，獲利則散。墟集所晤，皆是陌路。「禮」之一字，亦為彼輩所不知。

近代工商業盛起，大工廠，大企業，亦各成一單位，各成一羣體。然更見是以利合，不以親成。勞工在工廠中，雇員在商店中，應亦各有其地位，各有其表現與貢獻；然乃為人不為己，只得一分微薪薄酬，勉得補償其物質人生上之低級需要而止。此皆盡量犧牲其小我以完成此羣體，而此羣體實非一羣體，在其背後，實只是少數廠主與企業家之牟利計畫在操縱。則此輩勞工雇員，焉得不高呼自由、獨立、平等為反抗。此實今日社會羣體中所最值擔憂之事。

社會羣體當能滿足此羣體內各個小己之要求，不僅是低級物質要求，更要在高級的心靈要求。人類之有羣，即為完成此理想。而今日之羣體，則多違背此理想。不加改進，勢將使社會無「羣」，而「己」亦不立。今日人生之最堪擔憂者，又何踰於此。

七八

繼此再言「職」與「權」。小己處羣，必有其職。職必分任，故曰「職分」。子弟在家庭，有子弟之職。百官在政府，亦各有分職，故曰「職官」。掌一職，即有一位，故曰「職位」。盡職不盡職有其責，故曰「職責」。職散在各人，權則操於少數。西方人好言「權」，乃言有父權家庭、君權政治。中國人觀念，父慈子孝，君仁臣敬，乃其「職」。盡職所以成德，成德乃以盡職。盡其對羣之職，即成其在己之德。羣己內外，一貫兼盡。論「權」則啟爭，一人有權，百人聽命。重權之羣，實則非羣，權散則羣亦散。不如各盡其在己，己立則羣亦立，己達斯羣亦達。君尊臣卑定於「職」，不定於

「權」。夫唱婦隨，亦由「職」，不由「權」。其間大有分別，不可不辨。

七九

繼此而言「工作」與「娛樂」。在情感的人生中，表現應即是滿足，工作應即是娛樂。夫婦相敬愛，父母慈而子女孝，兄長友而弟幼恭，心靈生命，人我已成一體，同在此一片情感中，向外展擴表現；一切工作，即是生命之自活動，自享受，豈不一切皆成為娛樂！欲望人生，乃是向外以獲取為滿足，事隔一層。故工作只是手段，娛樂乃為目的。二者分成兩截。工作一面，固是千差萬別；娛樂一面，亦復如是。大別之，可分為靜的娛樂與動的娛樂。如進劇場、歌院，觀者聽者，是為娛樂，此是一種靜的娛樂。但在演者唱者出場，實為工作。一方是以他人之工作為娛樂，另一方則以我之工作供他人之娛樂，在工作後乃自尋娛樂。固是「五色令人目盲，五音令人耳聾」；但造此色發此音者，何嘗不先盲聾了自己的耳目，再來盲聾他人的耳目。在自然生命中，觀色聽聲，皆為生命，今則為生命以外事，故說其不啻如盲聾了耳目。若耳目只如此用，試問與生命所關緊何。故在此等觀色聽聲之先，必有工作，完得生命需要，乃得入劇場，進歌院。此仍是把人生分成了兩截，把工作認成不得已之前截，把娛樂認成自己生命之眞意義眞價值所在。這實不是耳目盲聾了，乃是其心也盲聾了。他的生命，乃不啻寄放在外面的聲色上。

原始人當明月良夜，相携出其洞居，圍集曠野，亦可有戲劇歌唱。至農耕社會，人生益安定，戲劇歌唱之為娛益進步，是則人生固不害於工作之餘有娛樂。惟最可戒者，乃在其工作之商業化，娛樂亦成為商業化。戲劇歌唱本屬藝術內發，商業化了，則成為一種外在之引誘。此等外在之引誘，則決不當認作人生正當之娛樂。

近代科學發明靜的娛樂，益離其原始之本質。劇場歌院，不自然之聲光，助其引誘成分者益進。又轉而有電影，有電視。現代化的社會，幾乎人人得進電影院，家家得有電視機，即安坐在家，亦可靜靜獲得聲色觀聽之娛。然而深求其底裏，則電影電視既益趨於商業化，陽春白雪，斷不能比下里巴人更可滿足商業化之要求。多數人之娛樂，實際乃為滿足少數商人要求，滿足少數商人之牟利期圖為交換之條件。於是其娛樂內容，乃益不可問。數十年來電影電視日趨於機械化、大眾化、庸俗化、引誘化，離奇怪誕，遠離於人類生命內部之眞誠要求，此一趨勢，已無可諱言。

動的娛樂，乃指雖亦擁有多數觀眾，而觀賞對象之本身，亦依然仍是一娛樂。如運動場上賽跑、賽球之類，一趨於比賽競爭化。循至有職業化之運動，其運動本身亦成商業化。又循至於賽船、賽車、賽馬、賽拳，凡屬人事，一切皆賽，甚至於有吐西瓜子之比賽。勝者獲賞，乃成賭博化。環而觀者，常可達數萬人，引誘、刺激，兼而有之。一若非此則人生無內容。

回憶童年時居鄉村，所見漁、樵、耕、讀。漁則一網一鈎在水濱，樵則一斧一斤入深山，牧童一笛在牛背，讀書一卷在籬間，此亦未嘗非娛樂。歲時節令，迎神賽會，鑼鼓雜耍，乃至如清明上墳，新春賀歲，在日常人生過程中，亦復時有娛樂。雖極平淡，卻值追念回味。一俟引誘日多，刺激日強，一番娛樂，反而轉瞬即成一番空虛。非再找新娛樂，即若生命無所放。一若我之生命眞在電影院、賽馬場。生命之意義價值只如此。

在農村人觀念中，並不有工作與娛樂，只有工作與休息。「日出而作，日入而息」，一日間，便有作有息。「春耕夏耘，秋收冬藏」，一歲間，亦有作有息。一日工作始於晨，一歲工作始於春。一日之晨，一歲之春，正是人生工作開始，亦象徵着生命開始。日之暮，歲之晚，天然安排了農村人之休息。娛樂即寓在此一作一息中。現代社會工商化，乃把休息時間引誘去另尋娛樂。但娛樂究應在內，不在外。在身，不在物。在心，不在身。

雲淡風輕近午天，傍花隨柳過前川。旁人不識予心樂，將謂偸閑學少年。

少年不識人生眞趣，故要偸閒尋樂。不知人生自有閒，不煩偸。自有樂，不煩尋。只為偸閒，轉若無閒。只為尋樂，乃至無樂。都市人生，恰如人之少年。農村人生所特富之天然樂趣，乃轉為此少年所嗤鄙。

中國詩人歌詠人生，有廟堂，有都市，有山林，有田園鄉村。而所樂多在後二者，不在前二者。

試翻閲中國詩人任何數家詩集，便知我言不虚。中國詩人歌詠人生，其最高境界，正在其不偷閒而自有閒，不尋樂而自有樂。更進一層言之，如曾點之莫春春服，浴沂風雩，歌詠而歸，雖曰可樂，然論其境界，實不如顔淵之在陋巷，簞食瓢飲，乃眞為孔子所許。正為曾點尙有偷閒尋樂心，而顔淵無之。然要之，曾點亦同是鄉村人情味。

至如古希臘雅典，則是一商業都市，早有劇場，乃為西方文學最高正宗。其次有史詩，亦可沿途歌唱，供人娛樂。娛樂乃有特定地點，特定内容，可以供羣衆多數人同時享受。於是娛樂若轉成在外不在内。中國文學中，戲劇遠起在後。詩人所詠，只是日常人生，亦不成為史詩。如：

松下問童子，言師採藥去。只在此山中，雲深不知處。

此詩平淡清空，遠非荷馬史詩驚動熱鬧之比。詩中人一為採藥師，一為為師守院之童子，一為訪師之詩人。若各有事，亦各無事。若各在日常中，與娛樂無干，然亦樂趣盎然。讀此詩者，身不在山中，若與此三人各無關；即在一千幾百年後之今天，苟一讀此詩，亦覺其心油然自生樂味。以近代人眼光言之，實亦非樂，只是此心閒曠，無引誘，無刺激，然此乃生命之眞樂。生命眞樂，亦可大别為二，一曰辛勞之樂，一曰閒適之樂。或作或息，其樂同自存在。

正為都市商業人生之辛勞，非為生命直接作辛勞。一切奇技淫巧，皆與自己生命無關。必待轉手售出，從他人身邊攫取利潤，乃為自己生命所在。則不啻自己生命乃寄放在他人身邊。則宜乎其辛勞不感有樂，乃必於工作外另尋娛樂；雖犧牲休息時間，亦所不惜。一俟心習既成，遂若工作非生命，休息非生命，惟娛樂乃始是生命。其實離開工作休息來別尋娛樂，則決非正常之娛樂，亦非正常之生命。

自科學發展，機械代替了人工，工作又附屬於機械，於是工作中更不見娛樂，娛樂必於工作外另覓。於是娛樂全成商業化，工廠中盡日辛勞所得，跑馬場中頃刻化盡。無資產則成無娛樂，甚至無生命。人生到此，必興劇變，而共產主義乃與資本主義為代興。然馬克斯所預言，亦有錯誤。農業社會為資本社會剝削殆盡，起而為生命搏鬥，非為娛樂搏鬥，故其勢憤厲不可扼。在資本社會中，勞工奮起反抗，仗罷工為武器，其實乃只為娛樂奮鬥，稍加工資，即可妥協。馬克斯認共產革命應起於工業社會，不起於農業社會，此即一錯。而且馬克斯心中依然捨不得放棄此一項資本。在他心中，根本不懂得農業人生與農業文化，故使他由資本論展演出一套「唯物史觀」的歷史哲學來。他不知資本社會之致命傷，實不在共產革命，而在其不斷增出之種種娛樂，勢必蝕盡全社會之心智與其生命；其前途之可憂，尚遠在共產革命之上。

要之，從工作中生娛樂，此乃內在生命所自發之眞娛樂。以工作換娛樂，乃是在生命外之假娛樂。不從生命內在自發，乃憑資財向外交換取得。眞娛樂應是一種「心情」，不是一種貨品，可以化錢買得。今把工作、娛樂分別看，使娛樂一趨於商品化，乃至誤認此種種商品化之娛樂，若成為我之眞生命所在。於是生命亦外在，可用資產換取。先獲理想之資財，乃可得理想之生命。今日資本社會、工商都市人生，其喪心大病即在此。

以上言工作、娛樂非兩項事。如一藝術家從事藝術工作，此工作即是其人生，同時亦是其娛樂。文學亦然。工作、娛樂之與生命，非有三別。若以藝術文學工作，獲取財富，再求娛樂，此之所成，決非眞藝術眞文學。當其從事藝術文學工作時，其實亦乃是一種手段，非其目的所在。手段用以對外，目的始是為己。人人盡在大羣中施手段，背後各自另有目的，試問此羣，何以存在而暢盛？至如馬克斯，乃主以「鬥爭」為手段，那更每下愈況了。

故必使工作、娛樂、人生三位一體，始是一種正常人生，在此人生中，始得有理想之羣。原始人漁獵時代，乃在生死邊緣作決鬥，斯則漁獵不得即視為娛樂。以漁獵為娛樂，乃人文演進後事。在原始時代，縱有少許娛樂滲進漁獵工作中，要之不得認為是娛樂與工作之合一。游牧時代，工作、娛樂，漸相接近。然游牧多在大漠曠野，在天時地理的大環境上多缺憾，又常與大羣馬牛羊橐駝為伍，亦覺粗獷單調。待至農耕社會，工作、娛樂始更見合一。農人固是工作辛勞，然在其辛勞中，卻富詩情畫意。耕織圖，畫中有詩。田園詩，詩中有畫。田中之農夫，桑間之蠶女，牛背上之牧童，身在大自然，「以贊天地化育」為其工作，其本身之娛樂成分，乃於人生百業中為獨富。

若言辛勞，父母之於子女，辛勞已極。詩有之：

又曰：

哀哀父母，生我劬勞。

父兮生我，母兮鞠我。拊我畜我，長我育我，顧我復我，出入腹我。欲報之德，昊天罔極。

然為父母者，孰不欲有子女，享此辛勞。工作、娛樂與生命之合一，正可引此為例。此之謂正常人生。亦惟於正常人生中，乃可有理想羣體之出現。

工商人生，往往不正常。尤其如今日，一勞工入工廠，不啻變成一機器，或為機器一零件。一雇員在大公司，亦復類似。熬過工作，別尋娛樂。人生乃在此工作與娛樂之敵對雙方，核算盈虧。工作多過娛樂，是不幸。娛樂多過工作，乃有福。大羣在逼其工作，小我則專求娛樂。如此則決非正常之人生，亦非理想之群體。

篇二十八

八〇

繼此而言「儲蓄」與「消費」。農村人以勤儉為生，必尚儲蓄。三年耕，有一年之蓄。九年耕，有三年之蓄。「倉廩實而後知廉耻，衣食足而後知榮辱」。倉廩有積，衣食無憂，即感其生命之有保障。生命有保障，乃始感其生命之內在，可由我自身為主。廉耻、榮辱，則乃其內在自主生命一種自由心情之感發。

商業人則有生命外在之感。因必憑其商品向外換取生命所需，故若我之生命，乃寄放在他人之消費上，而不寄放在他人之儲蓄上。故商業都市人，必競尚消費，乃見各自生命有生機、有前途。凡工商都市，無不提倡消費。即論消費，亦必向外，必喜新，必愛動，必求變。惟崇尚儲蓄，乃始轉而向內、守舊、喜静、愛常。此雙方，若成為人生哲學上一種爭論，其實乃是農業人與工商業人人生所必有之相歧。

人知從貨財物品上言儲蓄與消費，但亦可從生命上言儲蓄與消費。從生命上言，則當是以儲蓄為主，消費為從。情感、智慧、意志，皆須儲蓄，厚積而薄發，否則皆不易長成。幼小時，儲蓄多，消費少，故生命日以茁壯。中年後，儲蓄少，消費多，故生命日以衰竭。不論心生命、身生命，皆當以儲蓄為主，消費實屬不得已。

繼此又當言「隱藏」與「顯露」。人生必同有此兩面。惟知珍重生命之內在者必喜隱藏。僅認生命之外在者，則必務為顯露。老子之戒孔子，有曰：

> 良賈深藏若虛，君子盛德，容貌若愚。

道家言人生，偏主隱藏，不可詳論。儒家言人生，雖若隱顯兼顧，而實亦以隱藏為主。易乾卦，「天行健，君子以自強不息」，然初九一爻為「潛龍勿用」，則隱藏固在先。九五飛龍之上為上九之亢龍，則顯露必有限。孔子論語有言：

> 隱居以求其志，行義以達其道。

志屬內在生命，藴藏在心，非從幽隱處無可求。既無志，何言行。此亦猶如龍之先潛而後飛。又曰：

用之則行，舍之則藏。

則不得於行，仍貴能藏。中庸引詩「衣錦尚絅」，而曰：

君子闇然而日彰。

「闇然」乃人生根本，「日彰」是其應有之成效。李白詩：

嫫母衣錦，西施負薪。

負薪不能掩西施之美，則尚絅何害有錦衣之藏。惟其嫫母之醜，乃必仗衣錦以為飾，務求在外之顯。至如西施之美，則內有餘而轉欲藏。

文學之美，自知明，自信深，亦求藏。司馬遷成史記，乃曰：

將以藏之名山，傳之其人。

蘇軾遊京師詩，乃曰：

惟有王城最堪隱，萬人如海一身藏。

則不惟螻居農村有藏，即轉至京師大都邑，亦求能藏。大抵隱藏本屬農村人觀念。老子曰：

知我者希，斯在我者貴。

孔子曰：

莫患不己知，求為可知。

又曰：

人不知而不愠。

又曰：

知我者其天乎！

此皆知其生命之內在，自知明，自信深，乃能有此言。若果如都市人，認其生命外在，斯必向外求表現，將惟恐顯露之不足。

中國人凡言立身，皆不主顯露。小戴記：

君子隱而顯。

隱者其身，顯者其德。故詩曰：

嘉樂君子，顯顯令德。

至如春秋時，晉介之推告其母，曰：

言，身之文也。身將隱，焉用文之，是求顯也。

功名事業，彰顯於世，非必欲避，乃不欲求。故曰「道洽幽顯」。然非內在生命自足自信者即不足語此。

城市商人，炫貨求售。惟恐知其貨者之不多，又恐售其貨者之不速。其售貨所得，即是其生命所寄。故曰其生命外在，因亦惟恐其貨之不顯露。及至今世，廣告宣傳，無所不用其極。乃循至於人之整個生命，亦惟求顯露為主。試先言感情。農村人非不知有男女之愛，然夫婦敦倫，常隱藏在閨門之內。張敞為婦畫眉，傳為千古佳話。此非無風流韻事，然見之事，仍常不忍出之口。西方人男女相處，必先言我愛，又常屢言之不去口。街頭相擁而吻，羣睹不為怪。然感情屬於內在生命，若儘求宣洩顯露於外，則不免耗散虛竭於內。果論真情內蘊，東方人宜不弱於西方。宋代理學家言：「失節事大，餓死事小」，近人目為怪論。不知節操乃屬內在生命事，餓死屬外在生命事。甘守節而餓死，乃真情所在，其事亦非常有。今世乃有以一國元首之尊，一旦死於非命，舉國為之悼痛；為之妻者，既以自由戀愛始，是其所愛既獲一世之選，亦為全國億兆人之所共仰，宜何等自滿自足，珍惜終生；乃墳土未乾，竟又移心別戀，其新愛又是一世之豪富。是則其所愛者，果為內在之生命乎，抑僅外在之富貴乎？若為內在之生命，巨富大貴，已屬外緣不同，一則馳逐於政臺之上，一則爭競於市場之間，斯其人之內性所好，亦當有大不同者。而同一婦人，乃可前後兼愛此兩人，不數年間，失於此而償於彼。此惟其內心所愛，係屬外在生命，乃可得其解。惟專就西方社會言之，朝為巨富，暮轉政要。或朝辭朝宁，暮入闤闠。此皆濡染沉浸於都市商業文化外在生命之活動中既深且久，雖若忽彼忽此，實則同屬向外，亦使人不覺其有異。至如農村文化中人，一旦辭官去職，乃即退而歸隱。在此謂之為「身分」。身分即猶言「人格」。其實身分亦即是職分。由中國傳統觀念言，從政之與經商，其事即其「職」乃大不同。彼既置身政要，豈有退而經商之理！在古代有陶朱公，事當別論。近代西方，並有高踞一國元首，退職後寫一回憶錄，交出版商，亦可牟大利。若就中國傳統文化言，即決不肯亦不敢為此等書。若果為之，後人亦決不厝之於正史或信史之列。

此乃雙方文化傳統不同，故其人生觀乃及批評標準亦不同。今日國人，必一意依據西方觀念返而批評自己傳統，於是所謂「身分」一觀念，亦大為國人所詬病。轉業改嫁，皆涉一人之自由，可不受外來之批評。其實中國人之所謂身分，其中皆涵有極深之內心情感，與其志向所趨，有不願為外在條件所移轉，而有其所不為。此亦是一種內心自由，亦無可厚非之處。而今日國人，身坐此山望那山，只覺那山之好，乃若此山不堪一日居。農村人亦有驟入都市，樂不思返者，今日吾國人乃似之。

今再就內在生命之觀點言，感情愈深藏乃愈眞摯。轉言理智，亦非可全求顯露。不僅索解人不易得，即在我言之，書不盡言，言不盡意。無言轉勝於有言，少言轉勝於多言。故孔子有「予欲無言」

之歎。又曰：

言之不出，耻躬之不逮。

理智必融會入全人生，言語必與行為相一致。珍重內在生命者每不尚言。孔子告其門弟子曰：

二三子以我為隱乎，吾無隱乎爾。吾無行而不與二三子者，是丘也。

內在生命亦必有其顯露部分，惟顯露，在行不在言。又曰：

不憤不啟，不悱不發，舉一隅不以三隅反，則不復也。

必其人有某種內在條件，言語始有作用可言。言語亦屬生命中之顯露部分，惟其為用則有限。莊子曰：

弔詭之言，萬世之後而遇大聖知其解者，是旦暮遇之也。

又曰：

惟其好之者以異於彼，非所明而明之，故以堅白之昧終。

其時名家者流，如惠施之徒，非不有其獨到之見解，然一己見解，有時非盡他人能明。苟其人內心之明有所不照，則在我言辭語辨之用，即不足以相通。非彼所明而必欲明之，乃至如堅石、白馬之辨，競出無窮，而亦終於昧然無所明；此如對牛鼓簧，止為人笑。但西方人以工商社會之心理，其有立言持論，必盼人人能曉。故政治場合中則重演說，哲學論辨乃有邏輯之建樹，然從來西方哲學思想，縱經邏輯發揮，亦豈能人人共曉乎！惟在思想上，東方人重內向，主藏，不尚言。西方人重外向，主露，而尚言。言之不盡，則尚辯。東西雙方思想走上此兩條甚不同之路。深言之，其背後乃有生命內在、外在之辨。淺言之，則亦惟農村人與都市人之觀念不同而已。

以上言情感、理智各有內藏外露之兩面，而意志亦然。惟此層更較難言。東方人言「志」，主能藏而不露。大戴禮：

貫乎心，藏乎志，形乎色，發乎聲。

是志固貴藏。至如聲色之形而發，此已淺露無足道，當為有志者所不貴。淮南子：

建心乎窈冥之野，而藏志乎九旋之淵，雖有明目，孰能窺其情。

道德指歸論：

遺形藏志，與道相得。

可見中國人不論儒道兩家，莫不重視志貴能藏之意。此因人各有志，各不相同；若各務顯露，則相互間自難免衝突。又若有向外求助之嫌，斯即表示其志之不內定。又且合志同方之士，每不易得，故懷志貴於能藏也。韓詩外傳：「同志相從。」范雲詩：「同志互相求。」此乃人生中難遇一大事。當知志於物質衣食貨利，此屬自然人生，即禽獸亦皆然，本不足以言志。若言志，當別有在。故不僅同志難求，即每一人欲自宣己志，亦非有極高文學修養不可。堯典曰：「詩言志。」莊子曰：「詩以道志。」揚子法言：「説志者莫辯乎詩。」曹操觀滄海：「歌以詠志。」可見中國人言志，常以與文學詩歌連言。苟非有難達之趣，則何煩如此。然苟不明此意，即亦無以喻中國人之所謂志。

今若志在外，在衣食，在貨利，在物質生活，此在中國人言之，即謂之無志。故中國人言志，所指常不在外而在內。不在物質之獲得，而在內心之情趣，與夫其行於外之道。故凡言及志，遂有其難言者。小戴記有言：

善歌者，使人繼其聲。善教者，使人繼其志。

又曰：

孝者，善繼人之志，善述人之事。

此等所謂志，皆非徒務於外在人生者之所知與所有。亦可謂惟農村人生之文化傳統中乃始有此意。終始沉溺於聲色貨利都市物質人生中者，則其志大同，亦皆顯露在外，與人共喻，斷無此等難言難繼之意味也。

易繫辭傳又言之，曰：

聖人極深研幾，惟其深，可以通天下之志。

天下指人羣大眾言。可見人羣大眾，除卻物質貨利外並非無志；惟其志內藏，乃並不為其本身所自知。若果羣眾各無志，惟物質貨利是求是欲，則人孰不知；既各自知，又互相知，又何待有聖人者之出而通之。而且各務於物質貨利，除攘奪鬥爭以為志，其志亦無可通。惟都市人生不知此意，故不言志。苟言之，則曰「生活意志」。其所指，則亦「人欲」而止耳，何「志」之可言乎？斯又僅知外在人生者之難與言此志也。而中國聖人之極深研幾，亦又豈人人之所能共喻共曉哉！

篇二十九

八一

人生又有向上與向下兩趨勢。向上者，謂其趨向於同類中少數之一面。向下者，謂其趨向於同類中多數之一面。不論有生物無生物，少數必可貴，多數必可賤。空氣與水，乃自然界中不可一日缺乃至不可瞬息缺之兩物，然人不覺其可貴。由其可以大量供應，不愁缺少。在生命中尤然。如蟻有蟻后，蜂有蜂后；若果無之，何以為羣？人類尤然。車載斗量，此何足貴；「千人之諾諾，不如一士之諤諤。」惟在中國人，乃若尤知尊重少數之意義。

孟子荀子分持性善、性惡論，其實人性中有善亦有惡，尤其是善少而惡多。若就多數論，荀子主性惡，未為不是。孟子道性善，言必稱堯舜，堯舜即屬少數。然而後世儒家，終於尊孟而抑荀。乃因孟子主尚少數，始是高見。荀子尚多數，則成俗論。換言之，孟子乃以人類中之少數為代表，作標準；而荀子乃以人類中之多數為代表，作標準。尚少數可使人生提高；尚多數，則必使人生墮退。孟子道性善，言必稱堯舜，堯舜豈不為人類中之少數，然孟子曰：

堯舜與我同類者。

其引顏子之言曰：

彼人也，我亦人也，有為者亦若是。

可知凡求人類向上，則必求以少數為榜樣，資鞭策。凡論做人大道，亦必求以少數為準繩，作依歸。故孟子論性，不比之於禽獸與庶人，獨取例於堯舜與聖人，此乃孟子論性之淵旨所在也。

即如孔子言仁，而仁人之在人羣中，乃為少數之尤。孔子曰：

我未見好仁者，惡不仁者。

又曰：

有能一日用其力於仁矣乎，蓋有之矣，我未之見也。

又曰：

顏回其心三月不違仁，其餘日月至焉而已。

則多數人皆不得當是一仁人。論語中評隲歷史上名人賢公卿，孔子每不以仁許之。而孔子獨教人以仁。教人必以仁道為標準。若以今世論人道必崇尚多數之觀點衡之，則孔子殆所謂一不民主之人物也。孟子曰：

仁者人也。

豈不說成不仁即不足以為人？故孟子又曰：

人之異於禽獸者幾希。君子存之，小人去之。

君子乃人中少數，小人則在人中為多數；由孟子之言，豈不成多數人僅如禽獸，獨少數人乃算得是人乎？然而孟子又獨主人之性善，正因在人類中有少數能如堯舜，而人類正當以少數為代表，不當以多數為代表。孔子之門人則曰：

夫子賢於堯舜遠矣。

是孔子又人類中少數中之尤少數者，而孟子又曰：

乃我所願，則學孔子。

故知人之為學，必學人中之少數，而尤貴乎能學其少數中之少數，此為人道向上一大關鍵所在。然中國人非不知重眾。惟論語言：

君子尊賢而容眾。

老子言：

大道容眾。

是則儒、道兩家之於眾，亦僅止於容之而止。不容眾亦即是不人道。論語又曰「寬以得眾」，易曰「容民畜眾」，左傳曰「安眾」，大率從政治場合言之；其對於眾之態度，不過如是。乃絕不言「從眾」。惟晉范武子曰：

善鈞從眾，善眾之主也。

善在眾人中是少數，然為眾人之主，故得稱之曰善。人生大道，惟當從善，不當從眾。若在少數中，其善相等，始擇其善中之多數。則仍是從善，非從眾也。

中國人於眾，亦常多賤視意。如曰「眾口鑠金」。又曰「眾煦漂山」。漂山鑠金，其力非不大，然而中國人意見，終主尚德不尚力，故亦尚賢不尚眾。士為人中之少數，「士希賢，賢希聖，聖希天。」所希在更少數，乃得更上進。詩曰：

天生蒸民，有物有則。

可見多數本有一標準，惟此標準獨為士以上之聖賢得之。聖希天，即希得此天賦蒸民之物與則，即人生大道之標準也。蒸民非可侮，然不聞其可希。東方朔七諫：

羣眾成朋兮，士浸以惑。

士若不能上希少數之賢聖，乃下同於多數之羣眾，則亦流俗中人而已，其陷於惑固宜。

近代人好言羣眾，論其緣起，當亦起於工商都市向外人生之中。一商品必求迎合多數眾人之眼，能獲眾心之喜悅，乃能速售多售。至於一藝術品，則往往是孤標獨特，非為取悅羣眾耳目。但在都市中出生一藝術家，其作品亦仍必求售，仍必迎合羣眾。果在農村山林中出生一藝術家，其藝術作品，必能自出心手，每為自怡悅，否則持以贈同好，初不以出售羣眾間為貴。文學亦然。凡屬向內人生，其文學作品亦貴隱藏，貴少數同好人欣賞。所謂「奇文共欣賞」，此種欣賞，乃屬少數人事。至如云「洛陽紙貴」，亦只少數豪貴家競相傳寫，初不為求售謀利。若在工商都市向外人生中，文學亦傳播如商品。如戲劇必登臺表演，求能場場滿座。史詩乃沿街歌唱，求能人人動聽。小說亦期於羣眾間傳閱，求能暢銷為貴。此皆須在多數中顯露。而中國人之傳統文學藝術，則決不作如是想。

此因都市向外人生，一切皆取之外，故必炫於衆、譁於衆以求償其所欲；縱使文學藝術，亦未能自外。然論其內在之意義與價值，實亦未能高出於羣衆之所能瞭解之上。羣衆亦易覺醒，見其有利可圖，起而相效相競。於是文學藝術，乃不期而日趨於羣衆化，亦即日趨於商品化。而羣衆之情，又每喜新而厭舊，喜變而厭常。故凡向外人生中之商品乃及其藝術文學，既求大衆化，又必新奇化、時代化，貨利化、淺俗化，乃不貴於少數之傳統化。不如向內人生中，即論商品，亦知求精求美。其出品貴少不貴多，貴舊不貴新，貴能經久，有傳統，不貴能常變常新，只趨時代之愛好。即如中國之絲織、陶瓷，豈不是商品而即成了藝術，一家得之，可以傳世永寶。故其商品亦具傳統性，不貴所謂現代化。而藝術文學，則據此可推。

在戰國時代有和氏璧之故事，可為上述作一象徵式之說明。韓非子：

楚人和氏得玉璞楚山中，獻之厲王，玉人相之，曰：「石也。」王以為誑，刖其左足。後獻於武王，玉人相之，又曰：「石也。」王又刖其右足。文王即位，和抱其璞而哭於楚山之下，三日三夜，淚盡，繼之以血。王使人問之，和曰：「吾非悲刖也，悲夫寶玉而題之以石，貞士而名之以誑，此吾所以悲也。」王乃使人理其璞而得寶焉，遂命曰「和氏之璧」。

此和氏之璧，固可成一商品，然同時乃是一高貴之藝術品。而此一故事，則成為一極端性的文學故事。石屬多數，玉屬少數。少數可貴，多數不可貴，中國人每以玉石喻之。和氏識玉，屬少數，楚廷兩代玉人，乃不識玉，此亦當屬多數。多數不可貴，少數可貴，此又一例。和氏既不是一商人，也不是一貴族，彼之獻璞楚王，並不為期求厚賞重祿。彼心中所珍重者，乃是由彼識得此璞中所藏之玉，乃是彼之孤見特識。彼能識得此璞中之玉，而又能有堅信不移之貞，此乃彼之內在生命之大可珍貴處。彼之所以兩刖足而不悔者，埋沒了此玉，正如埋沒了彼之生命。故必求表白。彼之此一番心情，正即是彼之最高度之藝術生命，亦即是彼之最高度之文學生命也。若移之於其他人事，亦可為是一種最高度之道德生命。此非眞識得人之內在生命者，不足以語此。若使人僅知有外在生命，一切向外覓取滿足，則此璞中之玉，亦僅得為能滿足其生命欲望之一物，於彼宜無深情與大志可言，何為乃兩刖足而不悔。都市向外人生，多知有欲望，乃不知有情與志。至於和氏之對此璞中之玉，則只見有在彼內在生命中之一番情與志，而不見有欲。人生中之藝術與文學，亦只當從情與志來，不當從欲望中來。惟情與志則必屬少數而藏於內，欲則必屬多數而顯於外，此又是一種極自然之劃分也。

杜甫詩：

絶代有佳人，幽居在空谷。在山泉水清，出山泉水濁。侍婢賣珠迴，牽蘿補茅屋。摘花不插髮，采柏動盈掬。天寒翠袖薄，日暮倚修竹。

此詩中之一絕代佳人，亦決然為女性中之少數，而非屬多數。此一佳人之生活，亦為一種情志的、藝術與文學的內在人生之生活，而非物質的、貨利的、多欲望的外在人生之生活。但彼亦必在山乃有此人生，出山後此人生即不易保。而且此種人生，在喪亂之世轉尤易見。苟使在喪亂世，外面物質貨利條件全失，即不能保有此人生，則喪亂以後如何得重來安泰。亦可謂中國人生乃特富此種藝術，而中國文學，亦惟以歌詠此等人生者為多。故使中國文化，乃能緜亘四千年而不絕。

近代中國人，乃一意慕嚮世俗化。一若泉水則必求出山，不出山即不成其為泉。而世俗之最大特徵，則厥在其尚多數。物質貨利，必為多數人所爭奪；而欲望貪婪，亦為多數人所崇重。淮南子云：「背世離俗。」人物志云：「超俗乘高。」史記云：「有高世之名，必有遺俗之累。」又如言移風易俗、匡時拯俗、制世御俗、鎮風靜俗。中國古人凡言及此「俗」字，幾乎全無好意。俗之反對面為「雅」。俗是多數，雅則必屬少數。所謂「夫惟大雅，卓爾不羣」，可見凡事一涉世俗羣眾即不雅。雅既不隨羣眾化，亦不隨現代化；中國人之所謂雅，乃必從古傳統中求之。故中國人稱「古雅」、「典雅」。其實亦未必古則必雅，在古代亦有羣眾，在當時亦即是其現代，乃亦有其世俗，與今無異。惟只在其當時多數中之少數之留存至今者乃見為雅。中國人又稱曰「文雅」，亦稱「雅麗」。物相雜謂之文。黃茅白葦，一望皆是，屬多數，不成文，斯不雅。多數中有少數，彼此各相異，集而觀之乃成雅。又稱「淡雅」，濃硃抹粉則不淡，亦即不雅。即施硃粉，亦不貴多，而貴少。薄施硃粉，轉亦成雅。

故中國人言雅，雖亦兼指物言，其實主要在指人生言，乃指人生中少數深具情志之成為藝術與文學之內在人生言。若藝術與文學亦趨外在化，亦走上羣眾化與現代化道路，藝術作品必經展覽，以多售為主；文學作品必經宣傳，以暢銷為主；斯則皆成商品化、貨利化，即必以隨俗善變為主。而雅則貴於不隨時俗，有其內在一貫傳統之存在。

近代的民主政治，亦可稱為是一種多數政治。但多數民意，則必在物質貨利上。孔子告冉有，既庶則富之，既富又教之。中國傳統，必常以政教並言。為政亦乃少數人事，教則更屬少數人事。耶穌言：「凱撒事由凱撒管」，西方人乃離於政而言教，因亦離於教而為政。既離於教而為政，則為政惟有聽命於羣眾，庶可少弊。然聽命於羣眾，斯其弊又有不堪言者。近代西方，其先為資本主義與帝國主義之向外侵略，受其害者乃在國外，國內則競相得意，若不知其有害。然不知國內之害亦不能免。逮及帝國主義向外侵略之道路受阻塞，獨存資本主義，終不免轉而向內，而其弊乃日顯日露。要其弊之大端，則在多數之倀倀而無教，不知所如往，永自陷於時代世俗中。以中國語評之，資本主義，乃可謂其無雅人之深致。以近代語詳說，則資本主義之人生，乃僅有多數追求物質貨利之外在人生，而不能達於情志、藝術與文學之內在人生之境界。然此亦惟有少數人能知之。今後之新世界，則終必待少數能領導多數，庶於化民成俗，以漸挽此頹趨。然不講中國文化，亦將永無此路之出現。

八二

今再言人生演化，則必自多數中展演出少數；此少數之所以異於多數者，厥在其情與志。如舜之孝其父母，父頑母嚚，愛其少子，欲殺其長子。此亦多數人情中所可有，非必可稱之為一種特殊之惡。而舜之孝，則成為一種少數特殊之善。自荀子言之，多數之惡，乃本天賦，故主「性惡」。自孟子言之，少數之善，乃出人為，然人為亦本於天賦，故主「性善」。荀子著眼在自然，孟子著眼在人文。然在天賦中演出人為，在自然中演出人文，事並不易。故曰：

五百年而有名世者出。

然又曰：

待文王而後興者，庶民也。豪傑之士，雖無文王猶興。

庶民是多數，豪傑之士是少數，少數中之尤少數者則為聖賢。何以能在多數中展演出此少數，又展演出此少數中之尤少數者來，一則曰天挺天縱，人文仍在自然中演出，並不是反自然。故天賦亦可分兩種，一曰多數之平等性，一曰少數之傑出性。其實草木鳥獸，亦各如此。草木鳥獸亦忽然會在多數中爆出少數的特殊品種來。人亦然。如舜，如文王，如孔子，皆是。若謂此少數傑出人不出於天，則反非情實。但既有了少數傑出人，多數亦知慕效追隨，然此等終亦是多數中之少數。如孔子夢見周公，孟子願學孔子，此皆非同時並世之人，然不害其有志氣相通，性情相投。孟子稱前一種傑出人曰「性之」，後一種傑出人曰「反之」。「性之」是自然的，「反之」則成人文的，反之於己身己心而感其當如此。荀子著重在自然多數上，孟子著重在人文少數上，分主性善、性惡，其實皆有事實根據，其說皆可通。

聖賢之下尚有士。士以上為少數，士以下為庶民，為多數。士則有性情，有志氣，不甘心於為庶民、為多數，而立志寄情於追隨慕效其上層少數之聖賢。士又可分兩等：一曰狂士，此乃正面積極慕效為聖賢者。一曰狷士，此乃反面消極不願為庶民多數者。尚有一批貌若士而實非士，孟子稱之曰「鄉愿」。鄉愿只依阿多數，無志氣，無性情，不樂為少數，亦不敢為少數。大家這般，我亦這般。今若推廣孟子意，「鄉愿」之外，應可有「市愿」。在市井闤闠中，孳孳為利，眾人如是，我亦如是。擁大財富，人稱之曰企業家、資本家，時亦出其盈裕，亦分行善事。依孟子意，亦可稱之曰「市愿」。鄉愿為一鄉之愿人，市愿為一市之愿人。其實「愿」字不是一壞字眼，愿人亦如稱好人。只其人無志氣，無性情，亦可謂其無個性，儘可能在多數人中庸庸做一人，多數人皆目他為好人。但孟子則稱之為「德之賊」。因在人文社會中，人應有品德，無品無德，便成沒有了我。自然人亦可成羣，人文人則應在羣中有己。己必與人有異，但異中仍有同。但此只是少數。多數則同而不異，有羣不有己。市井多數人皆是「為富不仁」，少數人始知「為仁由己」。但較不易出生在都市中。

人道由羣道來，羣道由仁道來，仁道由人與人之相會通和協、配搭結合來。要人與人配搭結合，先須有一與人不同之「己」。故在人文社會中眞實做一人，必須有志氣，有性情，有各別相不同之品德。此固是人中之少數，但人道當由少數逐漸擴大向多數。若只有多數，更無少數，只有羣眾，更無個人，此羣亦只將如禽獸，不成其為人。即只得為自然人，不得為文化人。

如一家庭，夫唱婦隨，父慈子孝，兄友弟恭，在家中，各個人有各個人之地位，各個人有各個人之身分，即各個人有各個人所應有之品德，亦即各個人有各個人所應備之志氣與性情，乃始得成一家。所以家庭是人類中最合標準最合理想的「羣」。羣中有己，因己成羣。推至於社會大羣，亦貴有各相異之「己」。此己縱是少數，亦貴由少數來參進此多數，不貴由多數來吞滅了少數。

但不幸其他人羣，往往不易如家庭然，由各別中見大同。如一個市場、一個衙門、一個工廠、一個軍隊，其多數人幾乎一色一樣，無可分別。但尚幸有少數人在上主持領導。凡此等羣，多數必聽命於少數，乃得成其羣。若倒過來，要少數聽命於多數，則其羣必渙，不能存在。成一國家，有一政府，此亦由少數來統治多數。但凡屬少數統治多數，此一少數，必該是特殊的，不能是普通的。普通多數，都是為物質，為貨利，求生存。由少數來統治，此少數必將不為物質，不為貨利，不為只求自己生存，乃得授以此權位與勢力，而使此權位勢力庶能為利不為弊。故政府中之官吏，軍隊中之將帥等，必該具有一種特殊品德，以自異於其所統治。若此特殊少數，在品德上，實與普通多數無異，同樣為物質，為貨利，為私人小我求生存，而高高在上，來統治其下；此種統治，則成為攘奪與霸佔。多數必將起而反抗，在政治上乃有革命。其實革命亦仍出於少數，非出於多數。多數人起來反抗，只成一種騷亂，其事必轉歸到少數手裏，有領導，有統治，乃成為革命。然使革命新政權成立，若仍只為物質，為貨利，為此少數人自我打算，則此少數仍又墮落入多數，仍將繼續有革命。人道仍不光昌，仍將陷黑暗中。

近代西方，政治上由革命轉歸選舉，每三五年一選舉，等如政府一革命。只是由鬥爭軍事轉入和平競選，此亦是人道一大進步。但選舉必爭多數人投票，少數反而要聽命於多數。其結果所至，如當前之所謂「民主政治」，乃不期而逐步轉成為「多數政治」。此種政府，則又將不勝其弊。若再推廣孟子所言，鄉愿、市愿之外，又將出現「政愿」。政治上一領袖，須得多數人説他是一好人；在其內裏，乃變成了一庸人。庸人握大權，乃可變為一惡人。因其沒有了個性，無志氣，無性情，一惟聽命於多數。而從上講來，多數只是一自然，不是一文化理想，故多數並不可貴。於是多數政治之領袖，極其所至，非成為大政愿即大政惡不可。最近世界又有「極權政治」，由一人或三數人獲得絕大政權來統治多數。在此一人或三數人之下，絕大多數人之上，其間則更無少數人可以樹異。於是遂使無人可以為狂，亦無人可以為狷。換言之，乃是無一人可以自成其品德。故曰鄉愿乃「德之賊」，其實市愿、政愿，皆更是「德之賊」。大好人轉是一大惡人。但此實非此一人之惡，實乃多數人之惡。荀子之性惡論，在此不該忽視，不該抹殺。

在中國傳統文化中，常極注意培養輔植敬重多數中之少數，此少數則曰「士」。士中之尤少數，乃曰「聖賢」。孟子言：

有一鄉之士，有一國之士，有天下之士。

一鄉之士，乃一鄉中之少數。一國之士，乃一國中之少數。天下之士，則成為天下中之少數。其占數愈少，則愈可貴。換言之，在一鄉一國乃至一天下中，必保持有少數。孔子曰：

士志於道，而恥惡衣惡食者，未足與議也。

衣食物質財利，必為多數人注意，果其人能不注意這些而有志於道，此所以成其為少數。中國傳統文化，對此一輩謀道不謀食之少數之士，每特予以不尋常之培養與輔護與敬重。戰國時，列國君卿爭於養士；兩漢有士的選舉，唐以下有士的考試。自漢以下，中國傳統政府乃成為在特定的選士考士制度下所產生而形成的一種「士政府」。故使中國在上層政治與下層社會之間，特有一中層，此中層即可謂之「士階層」；士階層乃在中國社會中之一少數階層。此一少數階層，進則在政府中為官，上自卿相，下至僚吏，皆出此士階層。退則在社會中為師。不斷有人，承其衣鉢，上治下教。此兩千年來之文化傳統，則盡歸此士階層領導。

農工商庶民在社會下層，是多數。士在社會中層，屬少數。在中國歷史上秦漢以下，實更無一上層之貴族。皇室宗親，固得豐衣厚祿，但不成一階層，僅依附於皇室而存在。故中國自秦以下兩千年社會傳統，乃是一少數領導多數之傳統。西方現代國家，最先乃是統治階層與被統治階層之對立。嗣後乃有議會政治、政黨政治，逐步演變，而成為今日之所謂民主政治，其實乃是多數政治，而多數則不外乎爭物質爭財貨。爭而得者，若為少數，其實仍屬多數。爭得與爭不得，只成一丘之貉。於是爭而得者轉為爭而不得者所爭之對象。於是又有工會罷工，乃至階級鬥爭，以與大企業大資本家作對抗。其趨勢所極，亦仍只是要多數控制少數。然人類文化演進，主要乃在由多數中展演出少數來。心靈進展，無論情感、理智、意志，其有價值有意義者，皆不在多數。多數之情感惟有冷漠與狂暴，多數之理智則為愚昧，多數之意志則為自私。必於多數中展演出少數，乃能深情遠慮大公，乃能領導羣眾以向前。在西方社會中有宗教信徒，略似中國社會之有士階層，而實又不同。宗教信徒，實乃要求脫離於羣眾以成其為少數者。故宗教之最後歸宿在出世，與政治宜分不宜合。不如中國士階層乃以「治國平天下」為職志。「先天下之憂而憂，後天下之樂而樂」，「以天下為己任」，乃惟中國社會之士階層有此意趣。西方人認政治有神權、君權、民權三階段，不知中國傳統別有一套「士權」政治，其寓意深遠，乃非神權、君權、民權之所及。

由於近代政治趨勢崇尚多數，逡巡達於一切人生皆尚多數，於是人生標準愈益墮落，而藝術文學最先受其影響。大眾化即是現代化，亦即是庸俗化，亦不啻成為貨利化。惟有科學知識，必經特殊訓練，有其承先啟後之傳統，若於知識境界中猶保留一少數性質。然近代科學知識所探討，亦復在於多數之物質要求與物質應用之目標下進行，與人類知識所應追求之天地眞理與人生大道實際亦尚有別。如發明原子彈，亦未嘗非一種眞理，然不得謂其乃人類所欲尋求之天地眞理。當時發明原子彈，初意亦謂可以為人類獲得和平；然憑原子彈獲得和平，亦不可謂其乃是人類謀求和平之人生大道。又如最近石油增價，乃競用心於能源問題。如是之類，皆為應付人類當前需要，豈得謂與天地眞理、人生大道有關。要之科學探討之前面，終是少一最高目標之指導，則一切科學探討，仍不免於庸俗化、物質化、貨利化。今稱此曰「自然科學」，實仍應屬於多數的。竊謂自今繼起，應有屬於少數的「人文科學」，或稱「文化科學」，或庶更有當於當前人類之所迫切之需求。

人類當自多數中展演出少數，此乃人類天性要求，有其潛在之希期。即在都市文化中人，亦未嘗不各自盼望其為少數。爭貨利，爭權力，富貴超人，若成為少數，其實仍與多數人一致。此可謂乃假少數，非眞少數。旁途雜出，如競技比賽，亦為都市文化中人所樂於從事。就今日言之，如賽馬、賽球、賽車、賽船、賽棒、賽劍、賽拳，凡可比賽之事，無不比賽，列舉之，幾乎可達百種以上。參加競賽者，雖屬選手少數，環而觀者，每逾千萬人，乃至五六萬人以上者亦有之。而此等比賽，亦常有懸獎，甚至有類於賭博，仍亦不脫貨利化、庸俗化。此等少數，實亦顯露的是假少數，非能確然與多數異其品類而成為眞少數。其他類是者，如探險，如登額菲爾斯峯，如扁舟橫渡大西洋，步行遍歷全世界，如是之類，莫不獨出心裁，求為人之所不肯為、不敢為。亦不甘常在多數中庸庸碌碌，而求有所表現。等而下之，如最近之有嬉皮，蓄長鬍，留長髮，穿迷你裙，裸體行街市，奇裝異服，詭僻其行；論其動機，亦只為不甘長自埋沒於多數中。而不知從其內心情志品德操持方面之能確然傑出，超乎多數，而又能領導多數以前進向上者，乃為人類文化演進中之眞少數。亦惟中國文化傳統，乃自始即能注意及此。此亦中國文化一特徵、一優點之所在也。

篇三十

八三

次言「文」與「質」。論語棘子成曰：

君子質而已矣，何以文為。

子貢曰：

惜乎夫子之說君子也，駟不及舌。文猶質也，質猶文也。虎豹之鞟，猶犬羊之鞟。

人生有質與文之兩面。「質」屬先起部分，「文」屬後加部分。質在內，文在外。亦可謂質屬物質人生，文屬心靈人生。原始人惟賴物質為生；文化人雖在生活上一切進步，但仍不能不賴物質為生，遂若物質人生乃人生原始之本質，而心靈人生乃屬後起附加而有。中國道家乃有反本還璞之論。老子曰：「為腹不為目。」腹即指物質人生之內在本質，目即指專在外面作粉飾之人類文明言。惟老子此意，過分為人生先後內外作劃分；棘子成之主張存質滅文，似已先有此意。然前已言之，人類以好生求生為先，營生謀生次之，樂生懷生為其最後。若根本無生則不論。今既有生，而此生乃若一無可樂可懷之處，則又何貴有此生！皮之不存，毛將焉附。人生固不能因文而滅質，然虎豹之毛文終是較之犬羊之毛文為斑斕而可愛；今虎豹既同樣存其皮，又何必惡其毛之文而必欲求去以為快。

中國儒家言人生，主要在求樂生懷生，使其生可樂可懷。即如子貢之言文質，其意將使自然物質人生之與人文心靈人生，終始一貫，天人內外融和成體。其間乃有一番絕大學問之存在。即如孔子曰：

十室之邑，必有忠信如丘者焉，不如丘之好學也。

「忠信」是其質，「好學」則質而濟之以文。又曰：

博學以文，約之以禮。

「禮」即以忠信為質，是又文而濟之以質。文質彬彬，庶以成其為君子。君子即理想人生之標準人與代表人。故知物質人生，終不可棄。然如老子之「為腹不為目」，此亦無當。在物質人生中，自有輕重緩急，然當渾成一體，不當過分彼此。更不當存質滅文，在人生自然進程中，作一限劃。

孔子又曰：

學而時習之，不亦悅乎。有朋自遠方來，不亦樂乎。人不知而不愠，不亦君子乎？

孔子終其生學不厭教不倦，在其長時期學與教之中，乃有其無窮樂趣。生命、工作、娛樂三者合一，孔子大聖，乃為此理想人生親身展演出一番最高最具體之示例。此則大待吾人之參究。

孟子亦曰：

君子有三樂，而王天下不與存焉。父母俱在，兄弟無故，一樂也。仰不愧於天，俯不怍於地，二樂也。得天下英才而教育之，三樂也。

父母俱在，兄弟無故，此有命；命外在，非盡人隨時可得。然在大部分人生中，得此境者固不少。乃亦有得此而不樂者，故此處仍須學。孔子曰：

弟子入則孝，出則弟，謹而信，汎愛眾，而親仁。行有餘力，則以學文。

孝弟即子弟時所須之學，不僅學其外行，乃亦學其內心。文者，即前人行與心之所在。故孔子又曰：

述而不作，信而好古。

又曰：

默而識之。學而不厭，誨人不倦。

若僅知孝弟，不能進而學文，則質勝而野。若僅務於學，而不知反之當己之身心，則文滅其質。孔門之學，本忠信，兼文行，學即所以學為人，即學此實際人生。一己之學與外面大羣之整個人生，乃能融會交幷，達於學即人生、人生即學之境界。樂生即樂學，樂學即樂生。亦可謂生是質而學是文，

「文質彬彬，然後君子」。若以學為滿足人生一手段，家庭之內，父母俱在，兄弟無故，為子弟者不知學此孝弟之現前樂處，而妄謂我今日之學，乃將期求他日之所樂；此亦如工商業之將本牟利。但人究不為工商業而生，工商業亦究不是人生之極終目標。孔門之所謂學，則決不如此。

有子曰：

孝弟也者，其為仁之本歟，本立而道生。

此謂孝弟為人生仁道之本。仁道即人與人相處之人羣大道。人羣之本在仁不在利。故曰「為富不仁」。求富求仁，此兩者適是背道而馳。人自幼年，能知孝弟，中年立達，乃有朋來。朋來言其外，不愧不怍言其內。在此境界中，自生無窮樂趣。若結黨成朋，為爭財利，愧怍叢生，樂於何有！然所以能知愧怍，亦由幼年敦行孝弟，發見自己性情之本眞而得。若果不孝不弟，對一切事，亦復不感有愧怍。蓋愧怍之生，由於心不樂。若其心根本不知有樂，斯亦愧怍不生，而仁道亦絕。

逮於道益宏，行益尊，孑立群儕，知我者希，於是而有「道不行」之歎。然「窮則獨善其身」，猶有所樂在我，則亦可以無慍。惟君子之道，亦非為不求知。「懷道而迷其邦」，亦屬不仁。至是則惟有仍期之於教育，而望之於將來。孔子稱顏回為好學，而曰「今也則亡」。故其哭顏子，有「天喪予」之歎。而顏回之於孔子，則言無不悅，不違如愚。孔顏師弟子之間，兩心恍如一心。如此始謂之仁，始謂之道，始為人生之大樂。父子隔世相接，亦能兩心如一心，此乃本於天賦之性情，乃其質。師弟子隔世相接，仍能兩心如一心，此乃「學不厭教不倦」之人文工夫，乃其文。文則必待於教，必待於化。孔子曰：「回也視我如父，予不能視回如子。」乃指孔子不能如葬其子伯魚之亦依禮薄葬顏回，乃只有由其門人弟子厚葬之。然孔子與顏回，固情親如父子；孔門諸弟子視回，亦情親如兄弟。一堂之中，「以文會友，以友輔仁」，當時朋來之樂，乃千古如見。

孟子願學孔子，然當孟子時，學人競務自闢門戶，各樹宗派；孟子弟子如萬章、公孫丑之徒，較之洙泗，則有間矣。故孟子有「得天下英才而教育之」之想。此固人生之至樂，然亦孟子當時深慨所寄。以此言之，孔孟當時所言人生樂事，初無二致。家庭相聚之樂，本於天地自然所賦；師弟子修道講學之樂，則由人文興起。理想人羣之建立，可謂孝道乃其質，師道乃其文。中國古人稱「天地君親師」。君者羣也。自有君而其羣始達於穩固靜定之地位。然君道亦必建本於親道與師道。故孟子曰：

> 君子有三樂，而王天下不與存焉。

蓋羣道立於君子，不立於君。若認羣道立於君，則其羣必不可久。為君者，亦必知孝弟，知親師重道，斯其人亦得為君子。羣道必維持於君子，而不維持於君。然孔孟只主張納君於羣道，未嘗主張廢君以立羣。孔孟亦只主張納工商於羣道，未嘗主張廢工商以立群。換言之，孔孟只主張本於質以興文，未嘗主張廢文以存質。西漢儒者董仲舒有言：

明其道不計其功，正其義不謀其利。

羣中有君與工商，權位財富之所湊，其事易趨於功利。孔孟主張納功利於道義，固未嘗主張毀功利以為道義。功利若近人生之質，而實不為質。道義若偏於人生之文，然實本於質以為文。惟道義，乃為文質之彬彬，而功利亦寓乎其中矣。

抑且質生文，文亦可以化質。原始洞居人，惟以漁獵為生，包犧氏始結繩以為網罟，以佃以漁，至是而佃漁之為業始變。神農氏斲木為耜，揉木為耒，耒耨之利，以教天下，而佃漁之人生更變。黃帝堯舜垂衣裳而天下治，至是而較之上古原始洞居人生更大變。昔為野人，今為文化人，同是人也，而其變則大。子貢曰：

質猶文也，文猶質也。

人生從質上言，則君子、小人無別。即禽獸與人生亦相差幾希。從文上言，則虎豹毛文，顯與犬羊有別。抑且皮生毛成文，又何傷於皮之為質。故孔子曰：

郁郁乎文哉，吾從周。

孔子於人生，重文教，重文化，其意可知。功利，只從物質着眼，本亦是質。道義、文學、藝術，均從質上增添脫化而成文。而此三者之間亦有別。藝術對象常在物。洞居人飽食無事，在洞壁上畫一羊自玩，此即一種藝術也。但此已是為目不為腹。可見莊老言人生，尚質輕文，實有其過偏處。惟莊子書中乃好言藝術人生，並極有佳趣。如言痀僂丈人之承蜩：

天地之大，萬物之多，而唯蜩翼之知。不反不側，不以萬物易蜩之翼。大馬之捶鈎者，於物無視，非鈎無察。假不用以長得其用，而達乎無不用。

此皆藝術心情之最高描寫。其他類此者，不勝縷舉。故藝術心情貴能「忘」，忘卻外面一切萬物，其心極純無雜，只用心於一物上。如蜩如鈎，此一物甚卑微，若無足重輕，而藝術家對之一心深入，惟此卑微一物，不啻即外在之宇宙，亦不啻即內在之生命。宇宙、生命，不啻即於此卑微之一物上組成一體。在此時，外無宇宙，內無生命，亦無此卑微之一物，而要之唯有此一獨立之存在。莊子稱此曰

「神」。故曰：

用志不分，乃凝於神。

由是而達於天人、心物、內外合一無間之境。此是無所為而為，無為而又無不為，此亦人心至樂所在。既無絲毫物質觀念，亦無絲毫功利打算。無機械心，無造作心，無誇耀心，無爭競心。一任自然，是亦工作、娛樂、生命合一之一種境界。人生到此境界，即猶子貢之言「質猶文也，文猶質也」，並不需再分文質。此實為道家言藝術人生精義所在。

惟人世間藝術，亦未必能盡符此意。如古埃及人建造金字塔，秦始皇帝建造阿房宮，耗廢多少人力物力；此等大興築，究為何來。惟埃及金字塔，迄今尚在，供後世萬萬人憑弔驚歎，而無救於古埃及之消失。阿房宮曾不幾年，即付一炬，後人曾不顧惜，又加之以儆戒與責備。亦賴有此，故使中國文化，不隨阿房以俱燼。然此亦見中西方人對藝術觀感有不同。東方藝術所嚮往，乃以憑藉極少物力而能表達極富心情者為主。可使欣賞藝術者之心情，亦一如創造藝術者之心情，雖曠世相接，而兩心可恍如一心。由人文來創造藝術，不使藝術來淹沒人生，此乃為藝術之至上品。

自藝術人生轉進到文學人生，又是一變。藝術對象主要在物，文學之主要對象則在人。原始洞居人，方其夜間無事，羣聚聽長老演述神話故事。其主要內容，則屬人與事。是否世間眞有此人與事，可不論。要之為人心所樂聞。於是父傳子，子傳孫，此一神話故事，乃可緜歷數十百年，傳遞勿輟。其後乃始見之於文字。今讀詩大雅生民之什之歌詠后稷，其詩曰：

厥初生民，時維姜嫄。生民如何，克禋克祀，以弗無子。履帝武敏歆，攸介攸止，載震載夙，載生載育，時維后稷。誕彌厥月，先生如達。不坼不副，無菑無害，以赫厥靈。上帝不寧，不康禋祀，居然生子。誕寘之隘巷，牛羊腓字之。誕寘之平林，會伐平林。誕寘之寒冰，鳥覆翼之。鳥乃去矣，后稷呱矣，實覃實訏，厥聲載路。誕實匍匐，克岐克嶷，以就口食。蓺之荏菽，荏菽旆旆，禾役穟穟，麻麥幪幪，瓜瓞唪唪。

此乃西周人自古相傳一番神話故事。由此故事中，可以窺見天人、物我、內外融和成為一體的一個理想宇宙與理想人生，可以給人心以慰安鼓舞與快樂。雖是一神話故事，然較之世界各大民族其他宗教神話故事，如上帝創造宇宙，人類挾原始罪惡以生，有待於末日審判之來臨；乃及無窮止之輪迴報應，與夫涅槃眞空之最後期望等；其與人心以安慰鼓舞與快樂之相差為何如？

下至豳風七月之篇，乃迅由神話詩轉向為田園人情詩。即在此日常平實之人情中，亦可備見天人、物我、內外融和成為一體之宇宙與人生，供人心以慰安鼓舞與快樂。此下中國詩歌，神話成分逐步退出，生民之詩漸絕響，豳風七月乃大行。要之以田園生活而極富人情味，不失此一天人物我內外融和合一之傳統想望為主題。而詩之主要功用，亦在其能教人心而使之化。故曰：

溫柔敦厚，詩教也。

又曰：

樂而不淫，哀而不傷。

詩歌之於心情，乃亦如影隨形，不可或離。

古詩之後有楚辭。楚辭中若仍雜有許多神話成分。然司馬遷論其意，則曰：

國風好色而不淫，小雅怨誹而不亂，離騷可謂兼之矣。

又曰：

蟬蛻於穢濁之中，以浮游塵埃之外，不獲世之滋垢，皭然泥而不滓。

此皆專指辭人之心情言。此下中國詩歌文學，一本此傳統，不詠財富，不詠戰爭，不詠怪力亂神，皆平實描寫日常人生，而皭然不存其滋垢。若不勝其忠厚惻怛，而不失於和平中正之規範。

故在中國傳統文化中，藝術、文學，同占重要地位。而中國人之重視文學，則更過於藝術。即如古代殷周鐘鼎彝器，與夫詩三百首，同為後人寶愛尊重，而尊詩尤更重於尊彝器寶物。又如音樂，其事在藝術、文學間。古人誦詩，重其辭尤過於重其音。後人亦重視人聲更過於器聲。直至近代，如戲劇演唱，亦惟人聲為主，絲竹弦樂器聲僅為配合。而人聲又必以表達人心內情為主。其情又必以忠孝節義，通天人物我內外、融和成為一體者為主。

自文學人生轉進到道義人生，又是一大變。文學對象在人，而道義對象則更有超乎人之上者。如文王乃聖父，固當得周公之孝。瞽瞍乃一頑父，何以亦得舜之孝。當知人心之孝，乃由內發，而及於外。若必計較父之為人，乃定子之當孝與否，則孝亦成為一種市道。因物論價，價在物，不在心。如此則孝之意義與價值，亦轉成為在父不在子，在外不在內。人生孝道，乃由外面條件作主，不由人心內在自主。此又烏所謂「道義」。

亦可謂宇宙中心在人，人羣中心在己，己之中心在此方寸之心。孔孟言孝弟、忠信、敬愛，皆指此心言，又皆指此心之內在眞情言。亦惟此心有情，乃能使天人、物我、內外融和成為一體。在心謂之「仁」，發於外謂之「道」。故道義對象，乃在心與心之間，由己心及他心，渾然形成為一心。舜以孝心感格其頑父瞽瞍，而後聖子與頑父終亦得兩心相通如一。一人之心，可通於千萬人之心。然後此心乃可感格於天地萬物，一若天地萬物之莫不有心，而其心亦莫不與吾心相通。故天人、物我、內外之融和合一，其主宰與樞紐，即在己之一「心」。己之一心，質之至，亦文之至。人生到達此境界，乃成為人生一大藝術，亦人生一大文學，乃亦人生一大道義所在。藝術、文學與道義之三人生，其究亦是融和合一，非有多歧。故論物質人生，即人生之質，則人生與鳥獸草木之生無大異。若論人文化成之人生，則如上所述，由藝術而文學而道義，三階層之遞進遞化而日臻於文，而要其原始，則仍不喪其原始之質。所謂「文質彬彬」，其義如此。

中國自秦以下，工商繁興，城市林立，而其文化傳統則仍建基於農村。此下發展，未離本源。孔子於詩於樂，於琴於射，於弋於釣，飯疏飲水之中，生趣盎然，彙藝術、文學、道義人生於一身。因此中國古聖人生活，乃與世界各大宗教教主生活遠不同。且不論先秦莊老之道家人生。晚漢以下，儒學衰，道家盛，士人於藝術文學生活，更益注重。遂為此下中國社會人文，別開生面。佛家東來，生活嚴肅，亦恰與道家閒逸情趣相調濟。故其時儒學雖消沉，然社會人生之心生活方面，則仍有其維持。唐代武功、經濟，雖極壯盛，亦終不使人生全陷入物質人欲中。唐亡而有五代，得免於如西方羅馬帝國之崩潰，而卒致於文化中絕、一蹶不復振者，其故端在此。

北宋諸儒復興儒學，亦如西方之有文藝復興。歐陽修自稱六一居士，曰：「集古錄一千卷，藏書一萬卷，琴一張，棋一局，酒一壺，吾老其間。」此雖歐陽氏一人之辭，大可為同時一般文人寫照。

中國士人之日常人生，每脫離不了琴棋詩酒。琴棋屬藝術，詩屬文學，酒則在藝術文學之間，歐陽氏所謂「醉翁之意不在此」，亦可謂人生一醉，亦仍是一種文學與藝術也。故中國士人縱不能飲，亦喜淺斟低酌，求以陶性情而沃靈智，又稱琴棋書畫。書法為中國人一種特有藝術，士人縱不學畫，亦必習書。縱不作詩，亦必吟詩。一為士人，吟詩寫字，乃其日常消遣。亦使其沉浸淫佚於藝術文學之心靈生活中而感染欣賞於不自知。此風積而愈厚，濬而愈深，乃為維持中國傳統文化一重要因素。

管子曰：

心以藏心。

一人之心，可以藏於別一人之心，乃至千萬世人之心中。此即所謂「文化傳統」。吟詩寫字，一諷一誦，一鈎一劃，乃使此心上接前人所濬導積累深厚蘊藏之藝術文學心，得於簡單物質人生獲得初步滿足後，有其心靈上更高之享受。

邵堯夫詩：「梧桐月向懷中照，楊柳風來面上吹。」程明道稱之曰：「眞風流人物。」石曼卿詩：「樂意相關禽對語，生香不斷樹交花。」明道曰：「此語形容得浩然之氣。」謝上蔡稱明道善言詩，但優遊玩味，吟哦上下，便使人有得處。張橫浦言，明道書窗前有茂草覆砌，或勸之芟，曰：「不可。欲常見造物生意。」又置盆池，畜小魚數尾，時時觀之。或問其故，曰：「欲觀萬物自得意。」理學家主張道義人生，其實與文學藝術人生之心情處處相通。一砌之草，一盆之池，又是飯疏飲水人隨力可得。

人生演變，有逆境、困境、病境、衰境，此非向外攫取物質所能解消。或向外攫取物質，更增加此等困逆衰病之由來。此而不解，將陷絕境。中國人自幼即習吟詩寫字，不必為書家，不必為詩人，有所寄託，堪以自娛。使此困逆衰病諸境不易侵襲。此亦正如道義人生，孝父母非存心要作一孝子。存心要孝，轉非純孝。藝術、文學、道義三者，同為一番至純無襍之心情，不於外面物質上起念，不於種種功利上動意，只親身投入此生活中，親證親悟，親自喻其境界而默識其所以然。人人可行，人人可知。亦並不要在外面建立一套純思辨純理智的哲學來求人開悟，強人必從。莊子曰：「非所喻而喻之，則以堅白之昧終。」名家堅白，是為純思辨、純理智，遠不如藝術文學之直訴人生。而道義一本心性，亦近藝術文學，而遠理智功利。

當今世界潮流，全部人生，幾全為工商貨利所主宰、所驅使。人盡陷入物質要求之深穽中。理智亦徹底功利化。藝術文學，全變為商品，若一切必待投入市場，乃始有其意義與價值。於是乃失其內在的至純無雜心，而代以市場求售心。一切惟尚時代化、大眾化、通俗化、外在化，不貴內心自得；循至各人本初具有之一顆心靈，為藝術文學之眞泉源者，亦湮沒窒塞，不復萌生。則全部人生終必淪胥以盡，更何論於道義。

孟子曰：

天之將降大任於斯人也，必先苦其心志，勞其筋骨，餓其體膚，空乏其身，行拂亂其所為，所以動心忍性，增益其所不能。然後知生於憂患而死於安樂。

人類當物質條件缺乏之時，反會爆出內心火花，逼出人生大進步。否則原始洞居人，又何能轉變成今日之文化人。但其物質條件優裕充盈，反又會腐蝕內心，使其貪欲日滋，而靈性日窒。否則古埃及巴比倫乃至希臘人，何以又忽不存在。中國東漢晚季，猶幸有莊老玄學與門第禮法。晚唐五代，猶幸有山林間之禪寺道院，以及社會流行之藝術文學。此皆前人遺產，餘燼未熸，殘壘可守。心靈人生未臻全部崩潰，而終以重啟後代之光明。晚明萬曆以下，又是盛極轉衰。滿清入主，亦幸有亡國諸遺老，碩果僅存，井渫不食，使時人猶得霑其餘瀝，丐其賸潤。西方羅馬帝國覆亡，亦尚有基督教在長期黑暗中明夷未晦，終有彼中文藝復興之轉機。可證物質人生有病，終望心靈人生之拯救。心靈有病，則物質無可替代。

朝旭初升，群鳥在離巢覓食前，先作一番鳴唱；暮靄既沉，群鳥在歸巢投宿前，又作一番鳴唱；此亦是禽鳥生命中一番藝術文學心情之端倪發露。果使禽鳥僅知覓食投宿，不復有此一番鳴唱心情，此必為禽鳥生命中一大缺憾。而此禽鳥生命亦恐不可久。今日人類，物質要求太過緊張，似乎已沒有了禽鳥那一番嚶鳴嚦囀的閒逸心情。乃轉而乞靈於理智，益從功利上打算。此不啻揚湯止沸，抱薪救火，不待蓍蔡，前途可知。惟有中國傳統文化，堪為當前人類迷途作指針。救己救世，責惟在我。不知吾國人，其果必欲為「死於安樂」乎，抑亦求「生於憂患」乎？則亦惟吾國人之自擇。而吾先民之所篤實踐行以為明白昭示者，則固已宣竭無餘蘊矣。來吾道夫先路，則有待於吾國人之善察其中情。

八四

繼此請再言「偏」與「中」。上面列舉諸端，已成覶縷。若循此演繹引伸，勢將無窮無端。要之宇宙間萬事萬物，乃至義理，終必可分兩端，在論語則稱之曰「異端」。孔子曰：

> 攻乎異端，斯害也已。

攻是用力義。凡事物、凡義理，苟只從其一端用力向前，攻取無厭，勢必有害。故孔子又告子貢、曾子，曰：

吾道一以貫之。

當知兩端只從一線上生。猶之兩邊合成一面，兩面合成一體。中庸曰：

執其兩端，用其中於民。

我們該懂得把握到相反相對之兩端，這即是把握到了其全體。如是乃始有中道可言。用其中於民，民即指人羣大體。不把握到中道，只在相反相對之任何一端上努力前進，終是於人羣全體有害無用。此是吾文化傳統精義要旨所在。今天的國人，則儘好攻異端；而且其所攻之一端，又是外面別人的，不是內面自己的。斯其必將無用而有害，可不煩深論而知。孔子又教人因一以反三，上面所舉，已不啻教人因三以反之。若果儘不回頭，則茫茫人海，恐終不免有淹沒之虞，斯亦末如之何也已矣。

《錢穆先生全集》總書目

甲編

國學概論
四書釋義
論語文解
論語新解
孔子與論語
孔子傳
先秦諸子繫年
墨子　惠施公孫龍
莊子纂箋
莊老通辨
兩漢經學今古文平議
宋明理學概述
宋代理學三書隨劄
陽明學述要
朱子新學案（全五册）
中國近三百年學術史（一、二）
中國學術思想史論叢（全十册）
中國思想史
中國思想通俗講話
學籥
中國學術通義
現代中國學術論衡

乙編

周公
秦漢史
國史大綱（上、下）
中國文化史導論

中國歷史精神
國史新論
中國歷代政治得失
中國歷史研究法
中國史學發微
讀史隨劄
中國史學名著
史記地名考（上、下）
古史地理論叢

丙編

文化學大義
民族與文化
中華文化十二講
中國文化精神
湖上閒思錄
人生十論
政學私言
從中國歷史來看中國民族性及中國文化
文化與教育
歷史與文化論叢
世界局勢與中國文化
中國文化叢談
中國文學論叢
理學六家詩鈔
靈魂與心
雙溪獨語
晚學盲言（上、下）
新亞遺鐸
八十憶雙親師友雜憶合刊
講堂遺錄（一、二）
素書樓餘瀋
總目